Synagogen und jüdische Friedhöfe in München

Synagogen und jüdische Friedhöfe in München

Herausgegeben von Wolfram Selig

mit Beiträgen von

Gabriele Dischinger, K. E. O. Fritsch,
Karl W. Schubsky, Wolfram Selig und
Hellmuth Stahleder

ARIES VERLAG MÜNCHEN

© 1988 Aries Verlag München
ISBN 3-920041-34-8
Gesamtherstellung: Gorenjski Tisk, Kranj

Zum Geleit

„Sie stecken in Brand dein Heiligtum, schänden deines Namens Stätte..." Dieses Wort aus dem 74. Psalm ist in den mächtigen Granitblock gemeißelt, der als Mahnmal jenen Ort markiert, an dem sich von 1887 bis zum 8. Juni 1938 die Hauptsynagoge der jüdischen Gemeinde Münchens befunden hatte.

Die nationalsozialistische Gewaltherrschaft ließ auch in München das Wort des Psalmisten schreckliche Realität werden. Die Schändung des Gotteshauses — als „Beseitigung eines Verkehrshindernisses" deklariert — geschah wenige Monate vor jenen schmachvollen Ereignissen des 9. November 1938, die unter der zynischen Bezeichnung „Reichskristallnacht" zum Kainsmal deutscher Geschichte wurden. Die züngelnden Flammen wurden zum Fanal für die Vernichtungsmaschinerie des Terrors. Unter vielen anderen fiel ihm auch beinahe die gesamte in München ansässige jüdische Gemeinde zum Opfer.

Geblieben sind noch nicht einmal Grabstätten. München beherbergt zwar zwei israelitische Friedhöfe. Doch die Gräber, die sie bergen, sind Hinterlassenschaften aus Epochen unserer Lokalgeschichte, deren sich die Stadt lieber besinnt. Sie sind Zeugnisse aus Zeiten, da Juden weit mehr als geduldete, vielmehr geachtete und geschätzte Bürger unserer Stadtgemeinde waren. Wir erkennen dankbar an, daß jüdische Mitbürger allen vergangenen Vorkommnissen zum Trotz München heute wieder mit Vertrauen begegnen, sich im besten Sinn des Wortes hier „beheimatet" fühlen.

Dieses Buch, zu dessen Autoren auch kenntnisreiche Mitarbeiter des Münchner Stadtarchivs zählen, hat sich die Spurensicherung jüdischen Lebens und Sterbens in unserer Stadt zum Ziel gesetzt. Wer sich mit dem Thema „Synagogen und jüdische Friedhöfe in München" befaßt, kann und darf sich nicht auf versteinertes Erbe beschränken. Das Thema gebietet vielmehr auch Nachsinnen darüber, was jüdische Mitbürger für München über die Jahrhunderte hinweg bedeutet haben; welche Anregungen sie in das geistige, kulturelle und politische Leben der Stadt eingebracht haben; aber auch, welchem Mißtrauen, welchen Anfeindungen, Verfolgungen und Pogromen sie ausgesetzt waren.

Die Landeshauptstadt bemüht sich nach Kräften um die Restaurierung jüdischer Grabdenkmäler (wohlwissend, daß man an Steinen nicht wiedergutmachen kann, was man Menschen angetan hat).

Nicht minder wichtig erscheint es mir jedoch, daß sich unsere Stadt die Fülle des Erbes bewußt macht, das sie jüdischen Wurzeln verdankt. Daß sie die prägende Kraft und die Bereicherung zu würdigen lernt, die sie durch ihre jüdische Gemeinde erfahren hat und heute wieder erfahren darf.

Wenn auch die vorliegende Dokumentation dazu einen Beitrag liefern kann, hat sie ihre Bestimmung bereits erfüllt.

Georg Kronawitter
Oberbürgermeister

Grußwort

Die Israelitische Kultusgemeinde München gedenkt im Jahr 1988 der Ereignisse vor 50 Jahren, die in München und in ganz Deutschland mit dem Traum von der deutsch-jüdischen Symbiose aufräumten. Überall werden im November Gedenkveranstaltungen durchgeführt werden, die an den Pogrom „Reichskristallnacht" erinnern sollen.

Am 9. und 10. November 1988 wurden überall in Deutschland Synagogen zerstört, unsere Friedhöfe verwüstet, jüdisches Eigentum sinnlos verwüstet. Dabei wird oft vergessen, daß so ganz nebenbei Menschen verhaftet wurden, nur weil sie Juden waren. Das Unfaßbare, ja Perfide an diesem Pogrom war die Entschuldigung der Reichsregierung, die von einem spontanen Ausbruch des Volkszornes sprach, als seien diese Verbrechen nicht in ihrem Auftrag und von ihren Helfershelfern vorbereitet und durchgeführt worden.

Über einen Zeitraum von 120 Jahren (1813—1933) hatten sich die Juden in Bayern darum bemüht, gleichgestellt und gleichberechtigt leben zu können, in einem Gebiet, in dem sie mindestens seit dem 10. Jahrhundert lebten. Sie leisteten in allen Bereichen des Lebens ihren Anteil an der Entwicklung Bayerns zu einem modernen Staat, auf geistigen, ökonomischen und gesellschaftlichen Gebieten. 1914—1918 fielen allein 180 Mitglieder der Israelitischen Kultusgemeinde München für ihren Traum einer Heimat. Doch mit der Machtergreifung 1933 setzte — staatlich gelenkt und gefördert — eine schrittweise Entrechtung und Ausschaltung der Juden aus dem öffentlichen Leben ein. Diejenigen, die sich nicht vertreiben lassen wollten und hier ausharrten, stempelte sie zu Rechtlosen ab. Sie wurden gezeichnet und gedemütigt. Doch die Entrechtung genügte dem System nicht; es entmenschlichte uns und verdammte uns zu minderwertigem Leben, freigegeben zur Ausrottung.

1933 wurden in München Bücher verbrannt, 1938 die jüdischen Kultuseinrichtungen zerstört. Die Münchener Juden wurden in den Vernichtungslagern des Ostens verbrannt und nur eine kleine Zahl der ehemaligen Mitglieder kehrte nach der Befreiung hierher zurück.

Zwölf Jahre konnte sich das Verbrechersystem an der Macht halten und während dieser Zeit starben nicht nur Millionen von Menschen, sondern wurde auch das Erbe der jüdischen Geschichte und Kultur in diesem Land in einem großen Ausmaß vernichtet. Unschätzbares Wissen ging verloren. Weitere Verluste an Wissen und Information trat durch die Zerstreuung von Quellenmaterial über die ganze Welt ein, sodaß wir heute über ganz selbstverständliche Dinge keine Aussagen mehr machen können. Um so begrüßenswerter ist darum die Arbeit des Teams um Wolfram Selig, das sich um die Aufhellung des Dunkels bemüht, das die jüdischen Einrichtungen Münchens teilweise umgibt. Zerstreutes Wissen wurde zusammengetragen und für dieses Buch ausgewertet. Im Rahmen der Aufarbeitung der Geschichte der Juden in München ist dieses Buch ein großer Schritt vorwärts. Gleichzeitig rufe ich alle Leser auf, uns beim Schließen von Informationslücken behilflich zu sein, damit weitere Projekte in Angriff genommen werden können. Für die Israelitische Kultusgemeinde München stellt dieses Buch eine wertvolle Bereicherung dar.

München, im Juni 1988

Charlotte Knobloch
Präsidentin der Israelitischen
Kultusgemeinde München

Vorwort des Herausgebers

In der Nacht von 9. auf 10. November 1938 wurden in ganz Deutschland die Synagogen verwüstet und niedergebrannt. Münchens Hauptsynagoge war bereits im Juni 1938 auf Befehl Hitlers abgebrochen worden, die beiden weiteren Synagogen in der Herzog-Rudolf-Straße und in der Reichenbachstraße fielen dem Novemberpogrom zum Opfer. Die damals aus dem Stadtbild getilgten jüdischen Gotteshäuser sind heute, 50 Jahre nach diesen Verbrechen, weitgehend aus der Erinnerung der Menschen in dieser Stadt verschwunden. Das Gedenken an die Zerstörung der Synagogen soll Anlaß sein, mit diesem Buch einen Teil der Geschichte der Juden in München dem Vergessen zu entreißen.

Wenig ist über die Juden und ihre Kultstätten im mittelalterlichen München bekannt, und das meiste, was darüber geschrieben wurde, ist falsch. Im ersten Beitrag dieses Buches wird daher die Geschichte der Münchner Juden im Mittelalter auf die gesicherten Grundlagen der historischen Quellen gestellt, wird Legendenhaftes von den geschichtlichen Tatsachen geschieden. Die neuzeitlichen Synagogenbauten, die Geschichte ihres Entstehens, ihre Bedeutung für die jüdischen Bürger dieser Stadt, ihre kunsthistorische Einordnung, schließlich auch die Vernichtung, werden in verschiedenen Beiträgen in Text und Bild beschrieben. Da der Friedhof im religiösen Leben der Juden eine besondere Bedeutung hat, wird hier auch die Geschichte der jüdischen Friedhöfe Münchens mitbehandelt.

Die Geschichte der Juden in München ist, außer der Zeit der Verfolgung durch die Nationalsozialisten, bisher nur bruchstückhaft wissenschaftlich bearbeitet, in der breiten Öffentlichkeit sogar weitgehend unbekannt. Mit diesem Buch hoffen Verlag, Autoren und Herausgeber einen ersten Schritt in Richtung auf ein breiteres Verständnis für die Geschichte der Juden dieser Stadt zu tun, weitere Schritte sollen folgen.

Im Jahr 1986 erhielt das Stadtarchiv München den Nachlaß von Hans Lamm, dem langjährigen Präsidenten der Israelitischen Kultusgemeinde München. Diese wertvolle Sammlung von Judaica wird derzeit erschlossen und soll laufend erweitert werden. Sie wird die vorgesehenen weiteren Veröffentlichungen zur Geschichte der Juden in München künftig sicher wesentlich erleichtern.

Den Autoren dieses Bandes wurden Teile des Nachlasses Lamm für ihre Arbeit bereits zur Verfügung gestellt. Dafür sei dem Leiter des Stadtarchivs, Stadtdirektor Richard Bauer, herzlich gedankt, ebenso wie für die Erlaubnis, die Fotosammlung des Stadtarchivs zu benützen, aus der ein Großteil der hier wiedergegebenen Abbildungen stammt. Dank gebührt auch dem Stadtmuseum und der Architektursammlung der Technischen Universität, die ebenfalls Bildmaterial zur Verfügung stellten sowie der Israelitischen Kultusgemeinde für die Erlaubnis, die in ihrem Besitz befindlichen Bildtafeln der ehemaligen Hauptsynagoge wiederzugeben. Die Herausgabe dieses Buches wäre nicht möglich gewesen ohne die Unterstützung der Landeshauptstadt München und wiederum auch der Israelitischen Kultusgemeinde München. Auch dafür sei hier gedankt.

München im Juli 1988

Wolfram Selig

Helmuth Stahleder

Die Münchner Juden im Mittelalter und ihre Kultstätten

In kaum einem Bereich der mittelalterlichen Münchner Stadtgeschichte wird nüchterne Bestandsaufnahme, kritische Durchleuchtung der Quellen und nachprüfbare Darbietung der Ergebnisse, kurz der wissenschaftliche Umgang mit dem Forschungsthema in solchem Maße durch die freie Phantasie ersetzt wie bei der Geschichte der Juden. Es scheint deshalb von Nöten, wieder einmal die Spreu vom Weizen zu trennen und die Geschichte auf den festen Boden der Quellen zu stellen.

Die erste Nachricht über Juden in München stammt vom Jahr 1229 und kommt aus Regensburg, wo in diesem Jahr ein Jude „Abraham de Municha" in einer Urkunde als Zeuge genannt wird.[1] Angebliche frühere Belege für Münchner Juden beruhen auf Unkenntnis der Quellen und oberflächlichem Studium der Literatur, so die gelegentlich behauptete Existenz einer Synagoge in München bereits im Jahr 1210.[2] Riezler gibt in seiner „Geschichte Baierns"[3] eine korrekte Darstellung: danach bezieht sich die Quelle von 1210 ausschließlich auf Regensburg, nicht jedoch auf München. Sie ist abgedruckt im Quellenwerk der „Regesta Boica".[4] Der Text lautet: *„Eberhardus, abbas ad sanctum Emmeramum, Abrahamo judaeo vendit quandam aream pro sepultura judaeorum Ratisponae habitantium"*.

Dies bedeutet nur, daß Abt Eberhard vom Kloster St. Emmeram in Regensburg dem Juden Abraham ein Grundstück zur Anlage eines Friedhofs für die Regensburger Juden verkauft habe. Von einer Synagoge ist selbst hier 1210 nicht die Rede, also nicht einmal in Regensburg. „Später", schreibt Riezler weiter, hätten die Juden dann auch eine Synagoge errichtet. Der Zeitpunkt dafür liegt zwischen 1210 und 1227,[5] was gemeinsam mit Riezler aus einer zweiten Quelle geschlossen werden darf: Am 31. März 1227 werden die Regensburger Juden von Papst Gregor IX. zur Genugtuungsleistung und Restitution gezwungen, weil sie *„synagogam Ratisponae construxerint"*, weil sie in Regensburg eine Synagoge gebaut hätten.[6]

Mit München hat dies alles gar nichts zu tun. Daß es trotzdem so ausführlich abgehandelt wurde, findet seine Rechtfertigung darin, daß der Regensburger Judenfriedhof immerhin lange Zeit sämtlichen im Herzogtum Bayern lebenden Juden, bis 1416 auch den Münchner Juden, als Begräbnisort diente,[7] wie überhaupt nach Riezler wahrscheinlich die Regensburger Judengemeinde die Keimzelle aller Judengemeinden in Bayern war.

Der Mord von 1285

Abgesehen von dem Einzelfall eines Münchner Juden in Regensburg für 1229 haben wir Nachricht über das Bestehen einer größeren Judengemeinde in München erst vom Ende des 13. Jahrhun-

---

[1] Aronius, Julius, Regesten zur Geschichte der Juden im fränkischen und deutschen Reiche bis zum Jahre 1273, hrsg. im Auftrag der historischen Commission für Geschichte der Juden in Deutschland, Berlin 1902, S. 197. Nr. 446

[2] Vgl. Leo Baerwald, Juden und jüdische Gemeinden in München vom 12. bis 20. Jahrhundert, in: Vergangene Tage, Jüdische Kultur in München, hrsg. von Hans Lamm, München 1958, S. 20; — Bayerland, Heft 1, März 1987 S. 54. — Vgl. auch Aronius Nr. 365, 432.

[3] Riezler Sigmund, Geschichte Baierns, 2. Bd., Gotha 1880, S. 192—193

[4] Regesta Boica (= Regesta sive rerum Boicarum autographa), Bd. II, München 1823, S. 42

[5] Nicht 1225 wie Baerwald schreibt, der auch noch die zu den beiden Daten gehörigen Fakten vertauscht

[6] Regesta Boica II S. 162: „Gregorii Papae IX. praeceptum, ut judaei, qui synagogam Ratisponae construxerint, ad satisfactionem et restitutionem compellantur".

[7] Solleder, Fridolin, München im Mittelalter, München und Berlin 1938, S. 131 Anm. 2

derts.⁸ Gleich ist es eine der bekannten Tragödien in der Geschichte der Juden und sogleich knüpfen sich an das Ereignis zwei für die Geschichte der Münchner Juden zentrale Fragen: die Frage über die Größe der Judengemeinde und die Frage über den Ort des Geschehens.

Der Mord an den Münchner Juden vom 12. Oktober 1285 ist in der Literatur bekannt. Verwirrung stiften die unterschiedlichen Angaben über die Zahl der umgekommenen Juden. Sie schwanken zwischen 100 und 180.⁹ Man weiß, daß solche Zahlenangaben in mittelalterlichen Quellen meist um ein Vielfaches übertrieben sind. Es gibt auch keine in München selbst abgefaßte Überlieferung. Die am nächsten am Ort des Geschehens lebenden Chronisten sitzen in Freising, Salzburg und Augsburg. Keine dieser Quellen überliefert Zahlenangaben. Diese stammen vielmehr ausnahmslos von Autoren, die, wie Veit Arnpeck (Zahl 140) und Aventin (Zahl 180), bis zu fast 250 Jahren nach dem Ereignis erst leben und schreiben. Es ist jedoch eine vorzügliche Quelle aus der Judenschaft selbst vorhanden, die die umgekommenen Juden namentlich aufführt, mit Angabe der Verwandtschaftsverhältnisse, so daß ganze Familienverbände rekonstruiert werden können.¹⁰ Insgesamt nennt das Nürnberger Memorbuch, abgefaßt um 1296, 67 Personen¹¹, eine Zahl, an der es nichts zu deuteln gibt. Sie ist in jeder Hinsicht realistisch, z. B. auch im Hinblick auf die Gesamtbevölkerung der Stadt München in dieser Zeit. Das Jahr 1285 liegt noch vor der Zeit der Stadterweiterung. Die Stadt endet in dieser Zeit im Osten am Rathausturm, im Westen am Kaufinger Tor, im Süden am Pütrichturm beim heutigen Ruffiniblock und im Norden auf dem Gelände des heutigen Marienhofes. Auf diesem Areal, das später die „innere Stadt" genannt wird und das die Wissenschaft heute gern nach dem Stadtgründer Heinrich dem Löwen „Heinrichsstadt" nennt, standen noch um 1370 nicht mehr als etwa 170 Wohnhäuser. Hinterhäuser und Nebengebäude werden als Lagerhäuser und Stallungen genutzt, nicht bewohnt, z. T. überhaupt erst im 16. Jh. nachweisbar. Jedes Haus mit zehn Bewohnern gerechnet, ist den Erfahrungen nach auch für die Zeit nach 1368 noch ein zu hoch gegriffener Durchschnittswert. Rechnet man trotzdem jedes Haus mit einer Bewohnerschaft von 10 Personen, dann dürfte eine Einwohnerschaft Münchens im Jahr 1285 mit etwa 1700 Personen realistisch sein. Eine Judenschaft von 140 oder 180 Personen würde im Höchstfall über 10 % bedeuten, einen Prozentsatz, der ungewöhnlich hoch wäre, wenn er stimmen würde.

Größe der Judengemeinde

Aus der Zeit um 1425 gibt es eine Quelle, die sämtliche Haushalte der Frauenpfarrei in ihrer personellen Zusammensetzung aufführt, einschließlich des Hofgesindes von Herzog Albrecht, den Insassinnen der Regelhäuser (von Bürgersfamilien gegründeten klosterähnlichen Gemeinschaften für Frauen, die nach den Regeln des 3. Ordens leben), des Bordells und der Judenschaft. Es fehlen lediglich der Weltklerus und die im Sprengel gelegenen Klöster. Für die jüdischen Haushalte ergibt sich folgendes Bild: 1) der alt Sälickman selb viert (= insgesamt 4 Personen); 2) Josepp Salickman selb dritt, dazu eine Tochter, die Freindlin; 3) Feyfl,

---

⁸) Das Martyrologium des Nürnberger Memorbuches, hrsg. von Siegmund Salfeld (= Quellen zur Geschichte der Juden in Deutschland Bd. III), Berlin 1898, S. 21 bzw. 146; — Solleder a.a.O. S. 532
⁹) Solleder a.a.O. S. 532
¹⁰) wie Anm. 8)

¹¹) Daß im Begleittext die Zahl 68 steht, beruht auf einem Interpretationsfehler: in einem Fall wird jemand als „Sohn des ..." bezeichnet und dieser Vater wurde ebenfalls zu den Toten gerechnet. Er ist aber nur genannt als nähere Kennzeichnung des Sohnes

Salichmans Sohn, sein Weib und 1 Dirn (Magd) namens Gaile; 4) Abraham, ebenfalls Sohn des Salichman, sein Weib und 3 Kinder; 5) Abraham von Dachau, mit Weib, 4 Kindern und Dyna, des Männdels Tochter von Dachau; 6) Joseph von Dachau, mit Weib und 2 Kindern; 7) Mosse, des Ysacks Sohn von Weilheim, mit Weib, 2 Kindern und dem Knaben Elias; 8) der „schulklopfer" Salmon selb viert. Dies sind 8 Haushalte mit 36 Personen, wobei alleine schon die Sippe des Seligmann mit 16 Personen zu Buche schlägt. Aufgeschlüsselt sind das 3 alleinstehende Männer, 1 Magd, 2 wahrscheinlich erwachsene, aber noch unverheiratete Töchter, 12 Kinder und 5 Ehepaare, dazu 8 nicht zu identifizierende Personen, wahrscheinlich Dienstpersonal. Es werden dieser Liste dann noch nachgetragen 2 alleinstehende Männer (Joseph von Traunstein, der „een" (Großvater) des Sälickman und Raffahel jud von Regensburg) und Swarczman jud selb sechst, also offenbar mit 5 Dienstboten, aber keinen Familienangehörigen. Es ist also noch gut gerechnet, wenn man Haushaltungsvorstände mit 4 multipliziert. Da sind dann auch bereits Kinder und Dienstboten eingeschlossen.

Ähnlich ist das Bild, das sich ergibt, wenn man die 67 Juden von 1285 aufschlüsselt. Es ergeben sich dann 23 Haushalte mit 67 Personen, also der Haushalt mit durchschnittlich drei Personen, erheblich weniger als 1425. Die 23 Haushalte sind: 1) Sabbatai mit Ehefrau Rebekka, Sohn Joseph, Sohn Salomo mit Ehefrau Lea und Sohn Elieser. Die Tochter 2) Fromut mit 4 Kindern ist als letzte aufgelistet und führt wohl einen eigenen Haushalt; 3) Schemarja mit Ehefrau Ruth, den Söhnen Israel und Chananel und den Töchtern Minna und Guta; dann zwei Söhne des Serubabel mit Familien nämlich: 4) Joseph mit Ehefrau Mirjam und 3 Kindern, und 5) Mose mit Sohn Meir und Schwiegersohn Jomtob halevi und Ehefrau Golda; 6) Frau Naama; 7) Mardochai hakohen mit Ehefrau Seltela und 2 Kindern; 8) Ephraim mit Frau Sara und 2 Kindern; 9) Simcha mit Frau Jona und 2 Kindern; 10) Chajim und Frau Esther; 11) der fromme David; 12) Menachem und Frau Sleltela und 2 Kindern; 13) Pinchas und Frau Perla; 14) Joseph der Franzose mit Frau und 1 Sohn; 15) Serubabel; 16) die fromme Frau Kosa mit zwei Söhnen Elisa und Elieser; 17) Frau Gersena; 18) die alte Frau Hanna; 19) Frau Bruna mit 2 Kindern; 20) und 21) die beiden jungen Männer Jakob und Isaak; 22) die Witwe Lea mit einer Tochter; 23) die Frau Nidna mit Sohn Joseph und einer Tochter. Das sind alleine 7 alleinstehende Männer, 2 kinderlose Ehepaare, 17 Kinder und 12 Söhne und Töchter, also wohl unverheiratete Erwachsene oder halberwachsene Personen und 5 alleinstehende Frauen mit Kindern. Das zeigt das ganze gemischte Spektrum, wie es allgemein und überall vorkommt. Es ist eine Personenzahl, wie sie im Verhältnis zur übrigen Bevölkerung in einer 1285 ja immer noch sehr kleinen Stadt glaubwürdig ist. Recht viel größer — wenn überhaupt—ist die Münchner Judengemeinde sicher nie gewesen. Wenn Solleder bei seinen Hochrechnungen gelegentlich auf bis zu 115 Personen kommt, weil er jeden Schutzgeldzahler mit 5 multipliziert, so ist dies auf jeden Fall zu hoch. Für das 15. Jh. gibt er auch selbst an, daß die Gemeinde kleiner wird. Er errechnet auch dies aus den zu zahlenden Schutzgeldern. Doch ist auch dies eine nur in Grenzen taugliche Methode. Die Geldabgaben schwanken, manchmal werden sie höher angesetzt, manchmal niedriger, wie gerade der Geldbedarf des Herzogs ist.

In den 70-er Jahren des 14. Jh. ist vor allem die Sippe des Sanbel in München tätig. Der alte Sanbel erscheint in den Gerichtsbüchern erstmals am 7. August 1368, wo er mit Jörg Ligsaltz um 208 Gulden prozessiert, letztmals am 21. Januar

1382.¹² Dazwischen erscheint er noch in weiteren 12 Einträgen. Die wohl als Ehefrau zu ihm gehörige „alt Sanbelin" finden wir am 13. August 1387 und 12. Oktober 1394. Leo der Jud und Abraham werden als ihre Söhne bezeichnet.¹³ Als Sohn des alten Sanbel wird Pendit genannt, der seinerseits wieder Bruder des Mändlein ist. Eysack ist der Schwiegersohn des alten Sanbel und „Sanbel der junge der jude" dürfte wohl ein Sohn sein. Sanbel der junge begegnet erstmals am 10. Juli 1374 und letztmals am 8. Aug. 1381.¹⁴ Er besitzt vorübergehend ein Haus, das er 1380 verpfändet und wird am 26. März 1381 als „gesessen mit Haus zu München" bezeichnet.¹⁵ Ob es sich um denselben handelt, der am 18. November 1387 noch einmal erscheint, ist ungewiß.¹⁶ Maendlein oder Maendel der Jud begegnet erstmals am 3. Juli 1368, letztmals am 28. Juli 1379 und dann noch einmal am 17. Oktober 1393, wo er gemeinsam mit dem Bruder Pendit gegen Andre Tichtl prozessiert. Die beiden Brüder treten überhaupt meist gemeinsam in Geschäften auf.¹⁷ Pendit selbst finden wir erstmals am 12. Dez. 1374, letztmals am 10. Januar 1379 und dann nochmals, wie bereits genannt, 1393¹⁸. Der Schwiegersohn Eysakh begegnet im Oktober 1380 und am 2. April 1381¹⁹. Es fällt auf, daß die ganze Sippe vom 21. Januar 1382 an nicht mehr vorkommt, erst wieder im August 1387 die alte Sanbelin, im November vielleicht der junge Sanbel und 1393 Pendit und Mändel.

Ähnliches gilt allerdings auch dür die Sippe des Schulmeisters Jakob, seine Söhne Leo und Abraham, Ädel des Schulmeisters Tochter und Leos Schwester und Götel, der Eidam von Leo dem Juden. Auch diese Sippe verschwindet ab August 1382, um dann ab Dezember 1387 wieder aufzutauchen. Meister Jakob der Jude von Landshut hat 1371 das Haus „Schneeberg".²⁰ Er ist identisch mit dem späteren Schulmeister Jakob und arbeitet geschäftlich u. a. mit dem jungen Sanbel zusammen. Das Haus „Schneeberg" hat er bis 1381. Am 5. Mai 1382 steht er letztmals im Gerichtsbuch.²¹ Des Schulmeisters Tochter Ädel kommt über eine Pfandsache am 12. Dezember 1387 in Besitz eines Hauses an der Theatinerstraße, das sie im Dezember 1389 verkauft.²² Abraham besitzt zusammen mit dem Vater das Haus „Schneeberg". Er begegnet nur im Januar und März 1381.²³ Ob er identisch ist mit dem Abraham vom August 1393 und dem vom 4. Juni 1405 und 13. Oktober 1416 ist wegen des langen Zeitabstands unsicher. Auf jeden Fall aber gehört die Abrahamin die Jüdin vom 16. März 1417 zu ihm.²⁴ Leo der Jud, des Schulmeisters Jakob Sohn, begegnet vom 7. März 1379 bis 22. Aug. 1382.²⁵ Vielleicht ist er identisch mit dem Leo dem Juden dem Älteren (6. Mai 1404 bis 30. April 1416),²⁶ zu dem auch Leonin die Jüdin gehört (25. Aug. 1411 bis 29. Januar 1417)²⁷ und wohl auch Leo der junge (18. Mai 1414) und Leos Schwiegersohn Götel.²⁸ Mit häufigeren Nennungen kommt dann nur noch Josep der Jude von Rain bzw. die Josepin die Jüdin von Rain vor: vom 9. April 1378 bis 13. Oktober 1383 (dann auch hier wieder die Lükke Mitte der 80er Jahre) und dann wieder am 26. Mai 1404 und 16. Juni 1405 die Jo-

---

¹²) Stadtarchiv München, Zimelie 26/I (=Gerichtsbuch I, künftig zitiert: GB I) 1/17; 153/3
¹³) GB I 230/8; GB II 78/1
¹⁴) GB I 51/15; 145/1
¹⁵) Vogel, Hubert, Die Urkunden des Heiliggeistspitals in München 1250—1500 (= Quellen und Erörterungen zur Bayerischen Geschichte, Neue Folge Bd. XVI) München 1960, Urkunde Nr. 136
¹⁶) GB I 232/17
¹⁷) GB I 1/7; 110/17; GB II 56/1; Hauptstaatsarchiv München (= HStA) Kurbaiern Urkunden Nr. 34934

¹⁸) GB I 57/13; 103/2
¹⁹) GB I 128/2; 129/6; 138/9
²⁰) GB I 17/14
²¹) GB I 105/12; 119/2; 137/10; 159/9 u.ö.
²²) GB I 232/14; 241/2; 242/19
²³) GB I 132/5; 137/10
²⁴) GB I 52/6; GB III 42/6; 177/20; 183/19
²⁵) GB I 105/12; 167/11
²⁶) GB III 27/8; 172/20
²⁷) GB III 108/16; 181/16
²⁸) GB III 150/6

seppin die Jüdin und ihr Mann und letztmals am 8. Oktober 1412.[29]

An Einzelnennungen sind feststellbar: Fruoman der Jude 20. Febr. 1383, Salmon der Schulmeister der Juden 16. März 1385, Mana der Jude 1. März 1387, Kristl Jud 1390—1394, die Jüdin von Landsberg, „die in des Nüssleins Eidams Haus ist" 7. November 1393, der Schulmeister (ohne Name) am 18. Dezember 1394, Penditit die Jüdin von Ingolstadt 13. April 1396, Falk der Jud 15. Februar 1397, Hochmeisterin die Jüdin 27. Februar 1397, Lew der Jude 1402/03, die alte Davyttin Jüdin und Abraham der Jude betätigen sich 1400/02 als Gastwirte, Frau Maid die Jüdin 30. Januar 1403, Marckhart der Jude August/Oktober 1403, der Jude Mair und seine Muhme Peleyn 21. Oktober 1405, Salomon 17. November 1405, Mairin die Jüdin 26. April 1406, Gabriel der Jude von Mittenwald (lebt nicht in München), Vinck der Jude 16. Dezember 1412, Simonin die Jüdin und ihre Kinder 6. November 1414 und 8. Mai 1416, Pelt die Jüdin 31. Mai 1415, Pästlein die Jüdin 7. Juni 1415, Vorach der Jud 16. März 1416, Saligkman der Jud 4. September 1416. Dieser besitzt auch 1423 ein Haus in der Theatinerstraße, und 1425 schließlich noch Kathrey die Jüdin.[29a]

Bemerkenswert erscheint vor allem die Große Zahl von Frauen, die sich am Pfandleihgeschäft beteiligen. Ob die im Steuerbuch von 1462, also 20 Jahre nach Vertreibung der Juden aus München, stehende „Ann naterin judin" ebenfalls in diese Gruppe gehört, oder ob sie mit Familiennamen Jud heißt, läßt sich nicht klären. Sie wäre ansonsten auch ein Beleg dafür, daß schon in dieser Zeit wieder vereinzelt Juden in der Stadt gelebt haben.

Viel mehr als 50—60 Personen dürfte also die Judengemeinde kaum gehabt haben, im Durchschnitt etwa 10 Familien. Denn mehr Personen können auch in den wenigen Häusern der Judengasse nicht gewohnt haben.

Das „Judenviertel"

Das wirft die weitere Frage auf, wo die bisher angenommene große Zahl von Personen gewohnt haben soll. Man müßte ja diesen Zahlen zufolge 10 bis 15 Wohnhäuser annehmen, eine Größenordnung, wie sie auch die spätere Judengemeinde nie erreicht hat, vor allem nicht in der Zeit, in der sie in der Juden- oder Gruftgasse ansässig ist. Erst für die Zeit nach der Mitte des 14. Jahrhunderts ist letzteres belegt und in diese Zeit gehören wohl auch die Anfänge der Konzentration der Juden in einer bestimmten Straße. Für die Zeit davor müssen wir davon ausgehen, daß die Juden verstreut in der Stadt in Bürgerhäusern gewohnt haben, wie dies auch später noch bis ins 15. Jh. herein in Einzelfällen nachweisbar ist: in der Landschaftsstraße bei der Häusergruppe 9—12 (auf dem Areal des heutigen Rathauses) steht auch das Haus, in dem 1394 „die Sanwelin die jüdin ansitzet". Die Jüdin von Landsberg hat 1393 ihre „Herberge" in des Nüssleins Eidams (Schwiegersohn) Haus, dessen Lage unbekannt ist, da wir auch den Namen des Eidams von Nüssel nicht kennen. In der Zeit der Bürgerunruhen von 1397/1403 bewohnt Lew der Jude das Haus des Spiegel, der aus der Stadt geflohen war. Das Haus lag etwa an der Ecke Theatinerstraße/Schrammerstraße (Nordseite). Etwa an dieser Stelle lag auch das „do-

---

[29] GB I 96/14; 191/12; GB III 41/15; 42/10; 128/4

[29a] GB I 175/10; 212/19; 227/10; Steuerbücher 1390, 1394; GB II 57/1; 83/5; 109/2; 124/12; 126/1 b; Kammerrechnung 1400/02 S. 104 r 1402/03 S. 26 r; GB III 8/2; 12/5,6; HStA GU München Fasz. 15 Nr. 177; GB III 46/10; 52/5; 115/14; 132/4; 153/6; 173/11; 164/19; 164/14; 171/7; 176/17; Steuerbuch 1423

mus (Haus) Seligmann", das 1423 und 1431 in den Steuerbüchern steht.[30]

Eine konzentrierte Ansiedlung der Juden in der Judengasse ist für die Zeit vor der Stadterweiterung, die wir in die Zeit zwischen 1285 und 1337 ansetzen, zweifelhaft. Es ist ja zu bedenken, daß die Nordseite der Judengasse an der Stadtmauer lag und es ist fraglich, ob die Mauer schon in der Zeit vor der Stadterweiterung und damit vor der Zeit, in der sie ihren strategischen Wert verlor, bebaut werden durfte. Grundsätzlich war es verboten, an die Mauer zu bauen. Die Mauer mußte rundum an der der Stadt zugewandten Seite begehbar und befahrbar sein. Für die Zwecke der Verteidigung war dies notwendig. Erst 1315 hatte aus gegebenem Anlaß König Ludwig der Bayer angeordnet — diesmal allerdings schon auf die neue, die äußere Stadtmauer bezogen —, daß alle Gebäude abgebrochen werden müßten, die zu nahe an die Mauer gebaut waren[31] und in der Zeit der Bürgerunruhen von 1397/1403 wurden alle Gebäude abgebrochen, die den freien Zugang zur Mauer behinderten.[32] Wenngleich dieser Grundsatz immer wieder durchbrochen wurde (vor allem von privaten Mauernachbarn) und dies in Friedenszeiten auch geduldet wurde, so ist es doch unwahrscheinlich, daß der Stadtherr selbst seine Mauer entwertet, indem er für die seinem Schutz unterstellten Juden Häuser an die Mauer baut, zu einem Zeitpunkt, wo sie ihrer Verteidigungsfunktion noch nicht entkleidet ist. Und dies traf auf jeden Fall noch für das Jahr 1285 zu.

Die Synagoge

Eine Konzentration der Juden in der späteren Judengasse in der Zeit vor Anfang des 14. Jh. dürfte demnach ausscheiden und damit auch die Ermordung der Juden angeblich in der Synagoge in der Judengasse (Gruftgasse). Die Salzburger Annalen wissen auch nichts von einer Synagoge, in der der Mord an den 67 Juden stattgefunden habe, sondern sprechen „vom oberen Stock eines vornehmen Hauses"[33] und eine Freisinger Quelle sagt nur allgemein „in einem Haus"[34] seien die Juden eingeschlossen und verbrannt worden. Eine Geschichte, die ihrerseits wieder zweifelhaft ist. In einem Haus in der Stadt unter anderen Gebäuden bewußt ein Feuer zu legen, war ja immerhin riskant, da man Gefahr lief, daß sich der Brand auf die ganze Stadt ausweitete. Vor nichts hatte man das ganze Mittelalter hindurch in den Städten mehr Angst als gerade davor. Es mag also dahingestellt sein, ob das Verbrennen einer Großzahl von Menschen mitsamt dem Haus *in* der Stadt vor sich gegangen ist. Daß es sich um eine Synagoge im eigentlichen Sinne gehandelt habe, in die sich die Juden 1285 flüchteten,[35] dürfte zumindest eine Übertreibung sein; ein eigenes Gebäude darf man sich wohl

---

[30] Nicht hierher gehören dürften der Kristel Jud, der nach den Steuerbüchern 1390 im Tal Mariae, dann am Markt Mariae, 1392 wieder im Tal und 1394 in der Landschaftsstraße etwa bei der Häusergruppe 9—12 wohnt. Auch die Kathrey Judin, die 1425 in der Burgstraße 8 wohnt, scheidet wohl aus. Sie dürften beide in die Gruppe derjeniger Personen gehören, die die Bezeichnung „Jud" als Familiennamen führen, ohne Juden zu sein. Alleine die für Juden untypischen Vornamen „Kristel" (Christoph oder Christian) und Katharina deuten schon darauf. Desgleichen die Tatsache, daß sie zur steuerzahlenden Bevölkerung gerechnet werden. Möglicherweise trifft dies auch auf die Jüdin von Landsberg zu. Quelle zu den übrigen: GB II 78/1; 57/1

[31] Dirr, Pius, Denkmäler des Münchner Stadtrechts, München 1934, Urkunde Nr. 52

[32] Stadtarchiv München. Kammerrechnungen Jg. 1398/99 S. 88 r, 93 v

[33] Monumenta Germaniae Historica, SS IX 810: „... ciyes Monacenses in unum convenientes judeorum 180 in quadam solempni domo in parte superiori claudunt et subter (!) ignem apponunt..." bzw. Josef Maß, Das Bistum Freising im Mittelalter, München 1986, S. 237, dort Wortlaut in deutscher Übersetzung

[34] ebenda SS XIII 57: „Eodem anno (=1285) judeorum plus quam 100 in quadam domo sunt exusti Monaci..." und Josef Maß. — Die verkohlten Mauerreste, die man (angeblich?) 1865 bei Grabungen in der Gruftstraße fand (vgl. Baerwald a.a.O. S. 30 Anm. 4) sind mehrfach deutbar und sagen wenig aus.

[35] vgl. auch Salfeld S. 147

kaum vorstellen. Sicher hatten die Juden einen Raum, in dem sie sich zum Beten und zu kultischen Handlungen treffen konnten. Für das 18. Jh. ist dies ja für ein Bürgerhaus im Tal belegt. Die Anfänge der Münchner Synagoge kennen wir sehr genau. Sie liegen im Jahr 1380. In diesem in München ein anderes Gebäude als die Synagoge als Gemeinschaftsbesitz nachgewiesen, so daß es sich zweifellos hier um den Erwerb des Hauses für diese Zweckbestimmung handelt. Bestätigung findet diese Annahme durch die schon von Solleder[37] berichtete Geschichte um

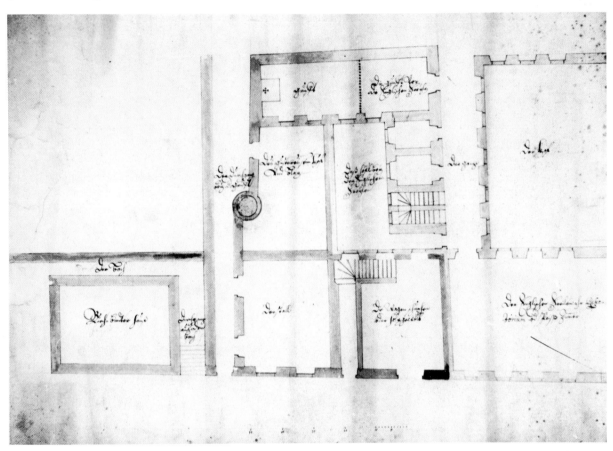

1 Plan der Gruftkirche von 1696. Am unteren Bildrand die Schrammer-Straße, oben die (untere) Gruftkirche, links daneben Durchgang von der Schrammer- zur Gruftstraße, rechts Teil des Gebäudes der Englischen Fräulein mit dem großen Innenhof. Die Gruftstraße (oben) ist nicht mehr auf dem Plan

Jahr am 4. August verpfändet der junge Sanbel der Jude Hainrich dem jungen Stupf ein Haus um 200 Gulden. Schon fünf Tage später überträgt Hainrich Stupf dieses Haus der Judenschaft zur gemeinschaftlichen Nutzung („den juden gemainichleich").[36] Nie ist für die Juden

[36] GB I 127/21; 126/5
[37] Solleder S. 132

den betrügerischen Juden Isaak Zarfati, der im Herbst 1381 unter Mitnahme aller von Münchner Bürgern, anderen Juden und Mitgliedern der Herzogsfamilie bei ihm verpfändeten Pretiosen heimlich die Stadt verlassen hatte. Die Münchner Judengemeinde selbst sucht ihn daraufhin in ganz Süddeutschland und schreibt dabei unter anderem an die Judengemeinde in Straßburg. Dabei weist sie darauf hin, daß Zarfati auch schon anderweitig innerhalb seiner eigenen Genossen Mißmut erregt habe, indem nämlich die Juden in München gerade beschlossen hätten, eine Synagoge zu bauen und ein Hospital (Hekdesch) einzurichten und sich dabei verpflichtet hätten, drei Jahre lang pro Kopf 5 % ihres Vermögens zu opfern. Nur Isaak Zarfati habe sich nach Jahresfrist geweigert, sich an den Zahlungen zu beteiligen. Der Brief stammt vom Jahr 1381, so daß diese Angaben zeitlich genau zum Erwerb des Stupf'schen Hauses 1380 passen. Damit dürfen wir die Errichtung der Synagoge in die Zeit von 1380/81 setzen. Vorher hat es eine solche nicht gegeben. Auch der Standort der Synagoge in der Juden- oder Gruftgasse (Hs.- Nr. 1) ist damit erst für diese Zeit sicher gegeben. Für die Zeit davor haben wir keinerlei Hinweis darauf, wo sich ein Betraum oder ein anderes Gemeindezentrum befunden haben könnte. Erst diese Synagoge liegt an der alten Stadtmauer der Heinrichsstadt, die zu dieser Zeit aber bereits zur Bebauung freigegeben, teils wohl abgetragen, teils als Rückwand für Gebäude verwendet war, die man an sie angebaut hat, wie das im Mittelalter allgemein üblich war. Seit wann das Haus überhaupt existiert, ist nicht bekannt. Die Nachbarhäuser lassen sich aber teils bis in die Zeit Kaiser Ludwigs zurückverfolgen.

Man kann lediglich den Versuch machen, aus dem späteren Bauzustand auf frühere Zustände zurückzuschließen. Dies ist insoweit vertretbar, als man im Mittelalter davon ausgehen kann, daß selbst bei sogenannten Neubauten meist nicht von Grund auf wirklich neu gebaut, sondern in der Regel auf vorhandenem Mauerwerk aufgebaut wurde. Vor allem Grund- und Kellermauern stehen deshalb zu Recht im Verdacht, ein höheres Alter beanspruchen zu können. Im Fall der Synagoge kommt hinzu, daß man gerneКulträume einer anderen Religion in christliche Kulträume (Kirchen) umgewandelt hat. Dabei ist im vorliegenden Fall die Tatsache auffällig, daß es nach der Vertreibung der Juden von 1442 im Haus der ehemaligen Synagoge gleich zwei christliche Nachfolgekapellen gab, die über der Erde im Hochparterre gelegene Kapelle und die eigentliche Gruft darunter in Kellerhöhe. Diese sogenannte „untere Gruftkapelle" ist wohl als erstes entstanden, danach erst die obere an das Kloster Andechs übertragene Neustift-Kapelle.[38] Ihre Lage ist eigenartig. Ein Plan vom Jahr 1696 (Abb. 1) zeigt sie:[39] sie liegt im rückwärtigen Bereich des Tiefgeschosses von Gruftstraße 1, also vorne nicht an die Gruftstraße grenzend, links von einem Durchgang, der durch das Haus Schrammerstraße 11 über einen freien Platz (des Küsters Hof und Platz) mit einem Brunnen sowie durch das Haus Gruftstraße 1 zur Gruftstraße herausführt. Das Sandtner-Modell zeigt von der Gruftstraßen-Seite aus das Portal zu diesem Durchgang (Abb. 3). Der Zugang zur unteren Gruftkapelle dürfte von diesem Gang aus erfolgt sein, ist aber auf dem Plan nicht zu sehen. Wahrscheinlich lag er auf einer anderen Ebene als derjenigen, die der Grundriß zeigt. Jedenfalls aber reichte diese untere Gruftkapelle merkwürdigerweise bis in das Nachbarhaus der Englischen Fräulein hinein, die von einem Gang in ihrem Gebäudekomplex (Weinstraße 13) ebenfalls einen Zugang hatten. Ihr Aufenthaltsraum innerhalb der Kapelle ist durch eine gepunktete Linie abgegrenzt. Es handelte sich also um einen langen, schmalen, kellerartigen Raum, unterir-

---

[38] Martin, Franz, Zur Geschichte der Gruftkirche in München, in: Altbayerische Monatsschrift Bd. 13, 1915/16 S. 22. — Schattenhofer, Michael, Die geistliche Stadt, in: Von Kirchen, Kurfürsten und Kaffeesiedern etcetera. Aus Münchens Vergangenheit, München 1974, S. 28

[39] HStA München Abt. I, Plansammlung Nr. 8542, Demnächst: Gabriele Dischinger, Zeichnungen zu kirchlichen Bauten bis 1803 im Bayr. Hauptstaatsarchiv, Wiesbaden 1988, 183 (Nr. 450). Für den Hinweis danke ich Frau Dr. Gabriele Dischinger

3   Ausschnitt aus dem Stadtmodell mit Gruftkirche an der Stelle der ehemaligen Synagoge

2   Stadtmodell von Jakob Sandtner (1570). Die Gruftkirche in der ehemaligen Synagoge lag an der Gruftstraße im Bereich des heutigen Marienhofes

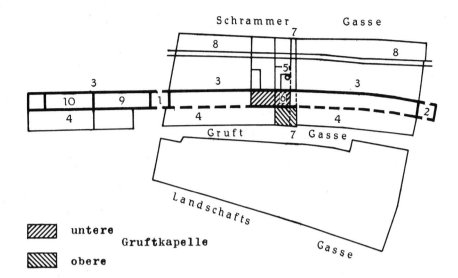

4 Lage der beiden Gruftkirchen: 1. Wilbrechtsturm an der Weinstraße 2. Krümleinsturm an der Dienerstraße 3. Verlauf der Stadtmauer (durch Grabungsergebnisse gesichert) 4. Angenommener Verlauf einer inneren Stadtmauer 5. Brunnen 6. Vermuteter Turm 7. Durchgang von der Gruft- zur Schrammerstraße und Zugang zu den Gruftkapellen 8. Verlauf des Stadtgrabens 9. Haus Weinstraße Nr. 10 10. Hof von Weinstraße Nr. 10

disch durch zwei Häuser hindurchreichend.

Die südliche Begrenzungsmauer dieses Raumes setzt — allerdings mit leichtem Knick — die innere südliche Begrenzungsmauer des Hofes der Englischen Fräulein fort, die ihrerseits wiederum einer Baulinie folgt, die die Innenmauer des Wilbrechtsturms (ehemaliges Stadttor an der Weinstraße) mit der Innenmauer des Krümleinsturms (ehemaliges Stadttor an der Dienerstraße) verbindet (Abb. 4). Die äußere Begrenzungsmauer dagegen steht auf der alten Stadtmauer der Heinrichsstadt. Mauerreste dieser Stadtmauer, die die genannten beiden Tore an der Außenkante miteinander verband, sind an mehreren Stellen gefunden worden, so jenseits des Wilbrechtsturms im Haus Weinstraße 10 und am Schönen Turm in der Kaufingerstraße[40] (Abb. 5). Die untere Gruftkapelle liegt also mit der Nordflanke auf der Stadtmauer auf, ja, möglicherweise auch an der Südflanke, falls die beiden Tore auch an der der Stadt zugewandten Seite durch eine Verbindungsmauer verbunden waren. Das würde bedeuten, daß es

sich um einen doppelten Mauerring gehandelt hat und zwischen beiden Mauern ein Zwinger lag. Aus diesem Zwinger wiederum wurde ein Segment herausgeschnitten, im Osten und Westen mit einer Mauer versehen und so ein fast oder vollständig unterirdischer Raum gewonnen, eingelassen in den Zwinger wie eine Badewanne. Übrigens wird auf der westlichen Seite des Wilbrechtturms seine der Stadt zugekehrte Mauer durch die Hausmauer von Weinstraße 10 fortgeführt. Auch dieses Haus ist sozusagen in den Zwinger hineingesetzt. Auch der an Weinstraße 10 Richtung Westen anschließende Innenhof folgt noch diesen beiden Mauerfluchten.

Die obere Gruftkapelle liegt *nicht* über der unteren, sondern neben ihr, aber erhöht, da sie im Hochparterre bzw. 1. Stock liegt. Beide haben eine Mauer gemeinsam: für die untere Gruftkapelle ist die Südmauer dieselbe Mauer, die für die obere die Nordmauer ist. Auch das Sandtner-Modell zeigt die Baufluchten so, daß die untere Gruftkapelle außerhalb des

---

[40] Müller, Karl, Von der ältesten Befestigung Münchens, in: Das Bayerland XXV Nr. 34, Mai 1914, S. 669 ff.

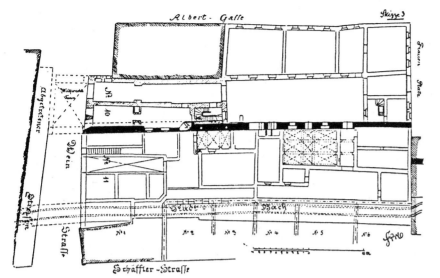

5 Verlauf der Stadtmauer westlich des Wilbrechtsturms in Fortsetzung der von der Außenmauer des Turms vorgegebenen Linie (dunkel gefärbt). Sie bildet die Nordmauer des Hauses Weinstraße 10. Die Baulinie der inneren Turmmauer wurde von der Südmauer des Hauses Weinstraße 10 weitergeführt bis zum Frauenplatz

Hauses Gruftstraße 1 liegt, aber unter der Erdoberfläche. Wenn man bedenkt, daß das Gelände zwischen Gruftstraße und Schrammerstraße ohnehin bereits abfällt, muß die untere Gruft sehr tief gelegen haben.

Natürlich hat der Gedanke etwas für sich, daß man sich so ein Schachtelwerk nicht absichtlich baut. Man beläßt es nur so, weil es schon vorhanden ist. Demnach hat dieses Raumsystem mit zwei — aber nicht deckungsgleichen — Kapellen schräg übereinander nicht der herzogliche Leibarzt Dr. Hans Hartlieb in den 40er Jahren des 15. Jahrhunderts so gebaut, sondern er hat es bereits so vorgefunden.

Wer hat es aber so gebaut und warum macht man diesen Raum zu einer christlichen Kapelle, wenn es nebenan noch eine größere, bequemere, hellere gibt? Der Gedanke an einen auch schon von den Juden für Kultzwecke genutzten Raum liegt nahe. Dann aber kann die untere Gruft entweder die Synagoge selbst gewesen sein oder ein gleichermaßen bedeutsamer Raum.

Die „untere Gruftkapelle" — das Bad?

Viel gesucht und nie gefunden worden ist bisher das Judenbad. Es ist leider in München nicht nachweisbar. Das Ratssatzungsbuch IV, das 1372 niedergeschrieben wurde, ordnet an, daß „dhain pader den juden, ir hausfrawn, irew chind, ir ehalten (= Dienstboten) nicht paden sol" bei Strafe. Dieses Badeverbot in öffentlichen, auch von Christen besuchten Badeanstalten, galt allgemein. In Augsburg stand es schon 1276 im Stadtrecht.[41] Ende 1290 ließen sich die Augsburger Juden dann vom Stadtrat erlauben, ein eigenes Badhaus errichten zu dürfen. Auch aus anderen Städten, so Passau, Landshut, Kelheim, sind Judenbäder belegt, in Abensberg und Neustadt am Kulm tragen Brunnen den Namen „Judenbrunnen".[42] Das Bad ist für die Ju-

[41] Schimmelpfennig, Bernhard, Die Juden als Randgruppe im mittelalterlichen Augsburg (= Protokoll über die Arbeitssitzung des Konstanzer Arbeitskreises für mittelalterliche Geschichte e.V. Nr. 287), Juni 1986 S. 4
[42] Bayerisches Städtebuch Teil 2, Regierungsbezirke Oberbayern, Niederbayern, Oberpfalz und Schwaben, hrsg. von Erich Keyser und Heinz Stoob, Stuttgart/Berlin/Köln/Mainz 1974. Dort die Artikel zu den genannten Städten, jeweils das Kapitel 15 e „Juden"

6 Wenng-Plan mit dem Verlauf der Gruftgasse. Im ehemaligen Gebäude der Englischen Fräulein war im 19. Jh. die Polizei-Direction

den ein unabdingbarer Teil der öffentlichen Einrichtungen. Es kann mit Grundwasser über Brunnen gespeist werden oder aus fließendem, aber reinem Wasser. Deshalb ist die Existenz eines Brunnens im Hof zwischen Gruftstraße 1 und Schrammerstraße nicht ohne Bedeutung. Zwar kennen wir seine Entstehungszeit nicht. Aber Brunnen gehören für gewöhnlich zu den langlebigen Bauwerken innerhalb der Stadt. Er kann durchaus schon zur Zeit der Juden hier gewesen sein. Es ist auch naheliegend, daß man sie — so wie man sie auch sonst von der übrigen Bürgerschaft abzugrenzen versuchte — auch bei der Trinkwasserversorgung unabhängig machte und ihnen innerhalb ihres Wohnbereichs einen Brunnen zur Verfügung stellte. Das Wasser für ein Bad aus dem Stadtgraben zu beziehen, dürfte sich für die Juden von selbst verboten haben, da es sich hierbei im wesentlichen um eine Kloake handelte. Alle an diesem Graben siedelnden Handwerksbetriebe — die Schäffler an der Schäfflergasse z. B. — verwendeten dieses Wasser bei der Arbeit und leiteten es hinterher wieder hinein. Für ein rituelles Reinigungsbad war dieses Wasser damit alles andere als geeignet. Von dem oben erwähnten Brunnen das Wasser in den tief gelegenen Raum der späteren unteren Gruftkapelle zu leiten, war nicht schwer. Möglicherweise gab es vom „Hof und Platz des Küsters" und dem Brunnen aus einen Zugang zur Gruft bzw. zum Bad hinein (oder hinunter). Ein Parallelbeispiel dazu finden wir in Heilbronn, wo es im Keller der Synagoge einen Raum gab, den man lange Zeit als Katakombe und damit als Bestattungsort interpretierte, weil er später zugemauerte Nischen enthielt, die man für Grablegen hielt. Erst in jüngerer Zeit entdeckte man, daß es sich bei diesem Kellergewölbe um einen Teil der Mikweh handelte, und daß die Nischen der Kleiderablage gedient hatten. Die Mikweh in Friedberg in Hessen war ähnlich angelegt.[43]

Vielleicht ist auch der kleine Vorhof beim Brunnen und vor der unteren Gruftkapelle kein Zufall. Hat doch in manchen Städten das Gericht der Juden nicht in, sondern *vor* der Synagoge bzw. im Judenschulhof getagt und zwar vor allem dann, wenn Juden von Christen verklagt wurden. In diesem Fall trat — z. B. in Regensburg — ein aus Juden und Christen gemischt Zusammengesetztes Gericht zusammen, und es war wohl in beiderseitigem Interesse, daß dieses sich nicht in der Synagoge selbst traf, sondern im Freien davor, sozusagen auf neutralem Boden.[44]

Es sei noch einmal betont, daß dies lediglich der Versuch einer Deutung ist. Einen Nachweis für ein eigenes Bad der Juden gibt es für München nicht. Es ist aber schwer anzunehmen, daß es demnach auch keines gab. Es im Bereich von Synagoge und Schule zu suchen, ist auch naheliegend, und daß man einen der Bedeutung der Synagoge fast gleichrangigen kultischen Raum genauso durch die Umwandlung in eine christliche Kapelle „reinigte" wie es bei den Synagogen geschah, paßt ganz zum mittelalterlichen Denken.

Das Schrammenbad als mögliches Judenbad dürfte von selbst ausscheiden. Es lag auf der Nordseite der Schrammerstraße, also jenseits der Straße. Es ist eines von etwa einem Dutzend Bädern. Seit es nachgewiesen werden kann, ist es ohne Auffälligkeiten in dieser Hinsicht. Nie wird es in irgendeiner Weise mit Juden in Verbindung gebracht.

---

[43] Franke, Hans, Geschichte und Schicksal der Juden in Heilbronn (=Veröffentlichungen des Archivs der Stadt Heilbronn Heft 11), Heilbronn 1963, S. 22/23 mit Abb. — Vgl. jetzt auch Schwierz, Israel, Steinerne Zeugnisse jüdischen Lebens in Bayern. Eine Dokumentation, hrsg. von der bayerischen Landeszentrale für politische Bildungsarbeit, München 1988, S. 25, 52, 53. Der Artikel „München" S. 307 ff. literaturbedingt fehlerhaft.

[44] Fischer, Herbert, Die verfassungsrechtliche Stellung der Juden in den deutschen Städten während des 13. Jhs., Breslau 1931, S. 33, 35, 168

Weitere Gemeinschaftseinrichtungen

An weiteren Gemeinschaftseinrichtungen für Juden ist vor allem noch das 1381 in dem Schreiben der Münchner an die Straßburger Juden genannte *Spital* (Hekdesch) zu nennen. Es wird außer in diesem Brief nie mehr erwähnt. Wir wissen nicht, ob es tatsächlich zur Errichtung kam. Zunächst steht in dem Brief auch nur eine Absichtserklärung. Zumindest dürfte es sich dabei kaum um mehr als einen einzelnen Raum gehandelt haben, eine Krankenstube oder Siechenstube, wie es sie für die Christen z. B. im Heiliggeistspital gab, falls der Bedarf überhaupt so groß war und man die Kranken nicht in der eigenen Wohnung pflegte oder in schwierigeren Fällen im Haus des Arztes.

Wenn es nicht eindeutige Beweise gäbe, würde niemand für möglich halten, daß es bis 1416 in München nicht einmal einen *Friedhof* für die Juden gab und daß verstorbene Juden zur Bestattung bis nach Regensburg gebracht werden mußten — und das auch noch gegen Zollentrichtung. Und doch war dem so. Vom Münchner Friedhof hat sich bisher keine archäologische Spur gefunden. Nur aus schriftlichen Quellen kennen wir ihn.[45] Die Lagebeschreibung in der Urkunde vom 29. März 1416 ist denkbar vage: „gelegen bey dem perg zwischen Mossach und dez Rennwegs". Der Rennweg ist der Straßenzug Schleißheimer/Lerchenauer Straße. Der Friedhof liegt also zwischen Schleißheimer Straße und Moosach, aber „bey dem perg". Sicher ist es richtig, dabei die Gegend des Maßmannberges im Auge zu haben. Doch darf man nach den Erfahrungen mit solchen mittelalterlichen Distanzangaben den Radius nicht zu eng fassen. Da Spuren bisher nicht gefunden wurden, sind genauere Lokalisierungen abwegig.

Nur der Vollständigkeit halber seien noch die *Judenfleischbank* und die *Geldwechselstube* auf dem Markt genannt.[46]

Zugänge zur Judengasse und Abgrenzungsversuche

Zum Haus Gruftstraße Nr. 1 wie auch zu den Nachbarhäusern auf dieser Straßenseite der Gruftgasse gehörten fast durchwegs auch die rückwärts entlang der Südseite der Schrammerstraße anstoßenden Häuser als Rückgebäude.[47] Diese lagen natürlich jenseits (außerhalb) der alten Stadtmauer, so daß diese teilweise abgetragen, teils mit Mauerdurchbrüchen versehen werden mußte, damit die Hauseigentümer ihre Rückgebäude und Gärten an der Schrammerstraße erreichen konnten, ohne jedesmal den Umweg über die Wein- oder Dienerstraße machen zu müssen. An anderen Stellen, z. B. dem Rindermarkt, wurde dies nicht anders gemacht. Diese Durchbrüche durch die Mauer haben wohl gelegentlich zu der Vermutung geführt, es habe in dieser Mauer ein eigenes Judentor gegeben, das die Juden beim Verlassen der Stadt zu benützen gehabt hätten. Tatsächlich ist so etwas nicht nachzuweisen. Es ist auch mehr als fraglich, ob man in dieser Gegend, wo ohnehin in geringem Abstand voneinander zwei Tore stehen, noch einen weiteren Einlaß eingebaut hätte, der ja auf jeden Fall — wie jedes Tor — ein Sicherheitsrisiko für den Verteidigungsfall bedeutete und zusätzlicher Anstrengungen bei der Verteidigung bedurfte. Diese Durchbrüche, Pforten, Durchgänge stammen erst aus der Zeit nach Beseitigung der Mauer, *nach* der

---

[45] Monumenta Boica Bd. 35 b S. 276; Solleder a.a.O. S. 131
[46] Solleder a.a.O. S. 254, S. 257
[47] Es sind dies in der Regel Ställe, Städel oder Schuppen. Auf dem Plan von 1696 werden die beien Rückgebäude zu Gruftstraße 1 (Schrammerstraße 11) noch als „der stall" und „die wagenschupfen oder holzgewölb" bezeichnet

Stadterweiterung und haben andere Ursachen. Ebenfalls ins Reich der Phantasie darf die immer wieder verbreitete Vorstellung verwiesen werden, die Judengasse sei gegen die Nachbarstraßen (Weinstraße, Dienerstraße) abgeriegelt oder abschließbar, ja sogar bewacht gewesen. Diese Vorstellungen mögen verschiedene Ursachen haben. Die eine ist sicher die Vorstellung vom Ghetto. Für München hat schon Solleder darauf hingewiesen, daß es ein durch Mauern getrenntes Ghetto nicht gegeben habe.[48] Auch für andere Städte in Bayern gilt dies, z. B. für Augsburg, wo innerhalb der Judenbezirke auch Christen gewohnt haben. Erst 1434 — vier Jahre vor der Vertreibung der Augsburger Juden 1438 — wurde in Augsburg die Judengasse mit *Seilen* begrenzt.[49] Für München ist nicht einmal das festzustellen. Da Juden auch außerhalb der Judengasse wohnten, zu den Häusern an der Judengasse/Nordseite mit Sicherheit auch Hinterhäuser an der Schrammerstraße gehörten, wäre so eine Maßnahme auch sinnlos gewesen. Eine andere Ursache für diese Legende mag sein, daß es in anderen Städten sogenannte Judentore gegeben hat.[49a] Dies kann auf andere Verhältnisse bei der Behandlung der Juden zurückzuführen sein, so daß gelegentlich tatsächlich zur Judensiedlung ein eigenes Tor führte, andererseits haben solche Tore aber auch nur so geheißen, weil sie in unmittelbarer Nähe der Judensiedlung lagen. Sie waren aber dann reguläre Stadttore und nicht ein Tor zur Judensiedlung. Schließlich mögen gelegentliche Einzelmaßnahmen in manchen Städten in unzulässiger Übertragung auf andere Städte zu einer falschen Vorstellung geführt haben. So hat z. B. 1281 König Rudolf den *Regensburger* Juden befohlen, während der Passionszeit (nicht das ganze Jahr über!) sich verborgen zu halten, Türen und Fenster verschlossen zu halten und alle Straßen und Wege zu meiden, um dem christlichen Glauben kein Ärgernis zu geben.[50]

Schließlich ein vierter Grund: das Sandtner'sche Stadt-Modell von 1572 zeigt an verschiedenen Stellen im Stadtbild kleine querrechteckige Hüttchen, teils nur mit einer Türe, teils dazu noch mit einem Fenster. Zwei davon stehen in der Gruftstraße, das eine hinter dem Haus Weinstraße 14 (zwischen Weinstraße 14 und Gruftstraße 7), das andere neben der Einfahrt in den Garten von Landschaftsstraße 4, neben dem Haus Gruftstraße 6. Es lag gegenüber dem Eingang in die Gruftkapellen. Diese Hütten versuchte man als „Wachhäuschen" zu deuten. Dazu ist zu sagen, daß das Sandtner-Modell aus einer Zeit stammt, in der es schon seit 130 Jahren keine Juden mehr in München gab. Gebäude sind zwar sonst sehr dauerhaft. Aber daß man diese kleinen Hüttchen 130 Jahre lang stehen ließ, ist reichlich merkwürdig und wie massiv müßten sie gebaut gewesen sein, daß sie diese Zeit überstanden haben! Wir kennen die Bedeutung dieser wie Verkaufs-Kioske aussehenden Häuschen nicht. Aber wohl ist am ehesten an Verkaufsbuden zu denken. Beliebt waren an solchen Stellen tatsächlich kleine Läden: in der Dienerstraße stand über der Einfahrt zum Garten des Alten Hofes beim Haus Dienerstraße 13 im 15. Jahrhundert ein Goldschmiedeladen. Um einen Laden über der Einfahrt zum Garten des Alten Hofs beim Haus Burgstraße 8 gibt es 1427 einen Prozeß. Offenbar benützte man gerne stillgelegte oder nicht sehr häufig

---

[48] Solleder a.a.O. S. 130
[49] Schimmelpfennig a.a.O. S. 2 bzw. S. 9. — In Regensburg war die Judenstadt mit einer Mauer und 6 Toren umgeben, vgl. Städtebuch Artikel „Regensburg".
[49a] Z. B. in Landshut, vgl. Regesta Boica Bd. XI S. 172 (12. 2. 1400), S. 210 (11. 5. 1401)
[50] Riezler a.a.O. Bd. II S. 193
[51] HStA Kurbaiern Urk. Nr. 16267; Monumenta Boica Bd. 35 b S. 346/348; HStA Kurbaniern Urk. Nr. 16220
[52] Dirr, Denkmäler S. 215 Art. 167
[53] Dirr, Denkmäler S. 516/6—14

benützte Garten- und Hofeinfahrten, um sie mit kleinen Behelfsbauten für Läden zu überbauen[51].

Das Häuschen in der Gruftstraße beim Haus Nr. 6 wird auch deshalb gerne mißdeutet, weil übersehen wird, daß es bei Anfertigung des Sandtner-Modells 1572 die Zwerch-Gasse noch nicht gab, die die Gruft- mit der Landschaftsstraße verband. Man sieht auf den Karten des 19. Jahrhunderts hier eine Gasse und deutete dann das danebenstehende Häuschen als Wachhaus für die Bewachung des Zugangs zur Judengasse. Diese Zwerchgasse gibt es jedoch erst seit 1585. Dazu später mehr.

Tendenzen, die Juden abzusondern und die Christen von ihnen und ihren Wohnungen fernzuhalten, hat es auch in München gegeben. Zunächst hägen sie mit Lebensmittelverordnungen zusammen. So verbietet ein Artikel im Ratssatzungsbuch A, aufgezeichnet um 1310, den Fischern, den Juden Fische ins Haus zu liefern.[52] Die Fische müssen auf dem Markt gekauft werden. Fleisch dürfen Juden überhaupt nicht bei bürgerlichen Metzgern kaufen.[53] Es wird für sie eine eigene Fleischbank, die Judenbank, eingerichtet.[54] Es ist ihnen aber erlaubt, auch zu Hause zu schlachten.

Auch ein paar Berufs- bzw. Amtsbezeichnungen deuten auf diesen Versuch der Distanz-Haltung. Am 28. Januar 1376 verpfändet „Haintz in dem paumgarten, judenknecht" seinen Anger an den Juden Pendit.[55] Wahrscheinlich ist der Judenknecht eine Sonderform des Bürgerknechts. Der Bürgerknecht war der Ratsdiener, der verschiedene Aufgaben hatte, u.a. Botendienste bei Ladung von Bürgern vor Rat und Gericht, Informationen vom Rat an die Bürger weiterzuleiten, eine Art Laufbursche des Stadtrates. Er war das Verbindungsglied zwischen dem Rat bzw. der ganzen Stadtverwaltung und den Bürgern[56]. Für die Kontakte der Stadt zur Judenschaft glaubte man offenbar um 1376 eine eigene Dienstperson beschäftigen zu müssen, was offenbar wieder aufgegeben wurde. Der Judenknecht kommt sonst nicht mehr vor.

Noch merkwürdiger mutet der „Judenmaler" an, der über Jahrzehnte in den Steuer- und Gerichtsbüchern zu finden ist. Offensichtlich ist die Bezeichnung bereits Familienname geworden, da es 1369 auch eine Witwe „Judenmalerin" gibt. Sie wohnt am Altheimer Eck, während Hänsel der Judenmaler am Roßmarkt (heute Oberer Anger) wohnt.[57] Sicher steckt hinter dem Namen eine Berufsbezeichnung. Warum aber für die Juden einen besonderen Maler? Vorausgeschickt muß werden, daß mit „Maler" in den mittelalterlichen Quellen nicht nur der Kunstmaler gemeint ist, sondern auch der Anstreicher. Diese Unterscheidung kennt aber das Mittelalter nicht. Der große Meister Jan Pollack malt nicht nur Porträts und Tafelgemälde für Altäre, sondern erhält Jahr für Jahr aus der Stadtkammer Geldzahlungen u. a. für das Anstreichen der Fensterstöcke und Türen im Rathaus mit Ölfarbe oder das Lackieren der Fahrgestelle von Geschützen im Zeughaus.[58] Weiter ist vorauszuschicken, daß den Juden das Ausüben von Kunst- und Handwerksberufen[59] ebenso verboten war, wie der Handel mit Waren. Für Dienstleistungen auf diesen Gebieten waren sie genötigt, die entsprechenden christlichen Gewerbetreibenden aufzusuchen, ihre Waren auf dem Markt zu kaufen und bei den bürgerlichen Handwerkern arbeiten zu lassen. Dies war bei Schustern, Schneidern, Bäckern problemlos: sie arbeiteten im eigenen Haus, verkauften im dazuge-

---

[54] Dirr, Denkmäler S. 434/435; Solleder a.a.O. S. 254
[55] GB I 73/4
[56] Solleder a.a.O. S. 321 u.a.
[57] Stadtarchiv, Steuerbuch 1369 S. 7 r, 11 v u.ö.

[58] Stadtarchiv Kammerrechnungen z. B. 1515 S. 99 v, 1518 S. 97 r
[59] Solleder a.a.O. S. 130

hörigen Laden. Ein paar Gewerbetriebe gibt es aber, die um ihre Arbeit tun zu können, notgedrungen das Haus oder die Wohnung des Auftraggebers betreten müssen. Zu ihnen gehören Bauhandwerker und — der Maler (Anstreicher). Der „Judenmaler" ist demnach wohl ebenfalls der Versuch, den Kreis derer, die Wohnungen von Juden betreten müssen, möglichst gering zu halten, vielleicht durchaus in beiderseitigem Interesse. Wahrscheinlich war es auch vielen Juden lieber, Christen nicht in ihrer Wohnung zu haben. Der Judenmaler wäre dann derjenige Maler, der generell in allen Fällen, in denen Juden einen Maler im Haus brauchten, aufgesucht werden mußte und der von der christlichen Bürgergemeinde sozusagen Dispens hatte, solche Aufträge annehmen zu dürfen.

Ähnlich zu sehen ist wohl auch der Titel oder Name „Judenschreiber". „Alhaid die judenschreiberin" kauft am 26. Juli 1369 ein Haus am Färbergraben.[60] Auch für die Inanspruchnahme eines gewerbsmäßigen Schreibers für Urkunden oder Briefe gilt das eben Ausgeführte. Auch bei solchen Schreiberdiensten war ein näherer Kontakt entweder in der Wohnung des Schreibers oder in der Wohnung dessen, der seine Dienste in Anspruch nahm, nötig. Deshalb darf man wohl auch hierin den Versuch sehen, in der Person des „Judenschreibers" diese Dienste von Christen an Juden auf eine einzige Person zu konzentrieren, sozusagen, um den „Schaden" nicht auch noch breit zu streuen, der für Christen durch den allzu engen Kontakt mit Juden befürchtet wurde.

Den Judenschreiber kennt man auch in Augsburg. Er heißt Ulrich und man nimmt auch dort an, daß es ein Nichtjude war, der im Auftrag der Judengemeinde die Korrespondenz mit den Behörden besorgte.[61] Auch einen eigenen Thorarollenschreiber beschäftigte man zeitenweise in Augsburg.

Nicht deutbar erscheint vorläufig der Begriff des „Judenzersers" oder „Judenzaglers", der in der Person eines Raepplein 1376 und 1378 vorkommt.[62] Wahrscheinlich ist es wirklich nur ein gehässiger Name,[63] mit dem das Mittelalter — auch in Bezug auf Christen — nicht sparte. Die Judenzerser sind im übrigen Geldwechsler, die auf dem Marktplatz eine eigene Hütte hatten, die noch 1444 bestand.[64] Deshalb ist es vielleicht ursprünglich auch nur eine Verbalhornung oder ein Wortspiel mit „Judenzahler". Weil es sich gerade so anbot machte man dann — zagler und weiter — zerser daraus.

Wie die Familie „Judenkopf" zu ihrem Namen kam,[65] muß ebenso ein Geheimnis bleiben, wie die Frage, wie Familien zum Namen „Jud" oder „Judmann" kamen.

Die von Berufsbezeichnungen abgeleiteten Namen dürfen wir aber wohl als ein Zeichen für den Versuch nehmen, die Juden auf Distanz zu halten, den Kontakt auf das Nötigste zu beschränken — die Anfänge von Diskriminierung und Ghettoisierung also.

---

[60] GB I 6/14
[61] Grünfeld, Richard, Ein Gang durch die Geschichte der Juden in Augsburg. Festschrift zur Einweihung der neuen Synagoge in Augsburg, Augsbug 1917, S. 17. — In Rothenburg ob der Tauber gab es auch einen „Peter Judensmit", Regesta Boica Bd. X S. 226 (12. 7. 1388).
[62] GB I 82/2; 97/17
[63] Zers, Zagel = Schwanz, penis
[64] Schattenhofer a.a.O. S. 16; Solleder a.a.O. S. 257. Daß sie später „Sudelhütte" heißt, hängt mit „sudeln" = sieden zusammen und dem Sudelkoch. Das ist eine minderwertige Art von Küchenbetrieb, auch Feldküche, eine einfache und billige Art der Verköstigung.
[65] zahlreiche Beispiele in den Gerichtsbüchern; GB II 49/13 (1393) und in den Steuerbüchern z. B. 1377 S. 17 v (Neuhauser Straße)

Das „Judenhaus" in der Gruftgasse

Das Haus, Gruftgasse 2 ist der sogenannte „Schneeberg" oder wie es im 15. Jahrhundert im Heiliggeistspital genannt wird — das „Judenhaus".[66] Es war im Obereigentum von Markgraf Ludwig dem Brandenburger und ging zu einem unbekannten Zeitpunkt von ihm an seinen Schutzjuden Salman. Von diesem kommt es wohl um 1346/47 an Peterman den Schennan, Burggrafen des Markgrafen Ludwig auf der Burg Tirol, der das Haus bis 1355 als Lehen innehat.[67] Seit 1355 hat bis 1371 das Haus Konrad der Fraunberger zum Haag, Hofmeister Markgraf Ludwigs, ebenfalls als Lehen.[68] Dann hat das Haus zehn Jahre lang bis 1381 Meister Jakob der Jude von Landshut, Leibarzt von Herzog Stephan III. Von ihm kommt es für ein Jahr als Pfand an Hanns Zenger von Tannstein,[69] Pfleger zu Neunburg vorm Wald, ebenfalls als Pfand. Schließlich erwirbt es 1382 der Hausnachbar Peter Krümlein, der Stadtschreiber. Er behält es bis zu seinem Tod im Jahre 1384 und vererbt es dann an seine Tochter Katharina, die mit Ulrich Tichtel dem jüngeren verheiratet ist.[70] Dieser ist der bekannte Wortführer des Aufstandes von 1397. Sein Vermögen wird nach Beendigung des Aufstandes 1403 von der Stadt eingezogen, so daß sich jetzt — 1404 — die Stadt im Besitz des Hauses befindet.[71] Da sie selbst Schulden beim Heiliggeistspital zu begleichen hat, überträgt sie dieses Haus noch 1404 an das Spital, das es bis in die Zeit zwischen 1420 und 1440 behält.[72] Der Zeitpunkt, zu dem das Spital das Haus aufgibt, ist nicht genauer zu fassen. Jedenfalls aber geht es in dieser Zeit vom Spital über auf Wernher von Waldeck, der 1442 stirbt. Die Waldecker haben das Haus dann bis 1496. Mindestens in den Jahren 1392—1399 und dann wieder mit den Waldeckern wurde das Haus vom Hauseigentümer selbst bewohnt und genutzt, u. a. auch vom Meister Jakob dem Juden, wie er selbst sagt. Besitzer des Hauses ist nur in den Jahren 1371—1381 ein Jude und zwar offensichtlich über eine Pfandschaft.[73]

Der Name „Judengasse"

Im Jahr 1380, in dem die Synagoge entsteht und in der Jakob der Jude das Haus „Schneeberg" besitzt, fällt auch erstmals der Name „Judengasse"[74]: am 9. August 1380 liegt das Haus des Hainrich Stupf, das bei dieser Gelegenheit ebenfalls „Schneeberg" genannt wird, in der „judengassen". Das dürfte im übrigen auch darauf deuten, daß zwischen beiden Häusern Gruftstraße 1 und 2 ursprünglich eine Einheit bestand. Von einer ganzen Gasse für die Juden oder gar von einem „Viertel", wie es in der Literatur gelegentlich heißt,[75] ist *vor* dieser Zeit nie die Rede und von einem ganzen „Viertel" auch danach nicht. Im übrigen ist darauf zu verweisen, daß bei Straßenbenennungen u. U. das Haus eines einzigen Bürgers genügt, um der Straße seinen Namen zu geben. Die Dienerstraße ist nach dem Haus des Konrad Diener benannt, das in dieser Straße lag, und der Kaufringer hatte mit Sicherheit ebenfalls nur ein einziges Haus in der nach ihm benannten Kaufringer- oder Kaufingerstraße. Für den Namen Judengasse kann es durchaus genügen, daß nur die Synagoge in dieser Straße lag oder nur das „Judenhaus". Es

---

[66] Vogel, Heiliggeistspital Urk. Nr. 136
[67] HStA Kurbaiern, Äußeres Archiv Nr. 1155/4
[68] Hund, Wiguläus, Bayr. Stammenbuch, Ingolstadt 1585/86, Bd. I S. 53; GB I 17/14
[69] wie Anm. 66)
[70] GB I 159/9; 122/1
[71] Solleder a.a.O. S. 520/21

[72] Vogel, Heiliggeistspital Urk. Nr. 204 und Salbuch I Nr. 255
[73] Zur Finanzpolitik Kaiser Ludwigs und seiner Nachfolger zahlreiche Hinweise bei Riezler und Solleder
[74] GB I 126/5
[75] Solleder a.a.O. S. 532

mußte für diese Namengebung also nicht unbedingt die ganze Straße von Juden bewohnt sein.

Gruftgasse Nr. 5—7

Die Judengasse besteht auch in der Neuzeit nur aus fünf Häusern (Abb. 6). Das sind die beiden Häuser an der Nordseite der Straße: Nr. 1 die Synagoge oder Judenschule, und Nr. 2 das Haus „Schneeberg", beide mit Rückgebäuden an der Schrammerstraße. Auf der südlichen Straßenseite liegen die Häuser 3—7. Die Zwerchgasse, die die Gruft- oder Judengasse mit der Landschaftsstraße verband, ist erst in den 80er Jahren des 16. Jahrhunderts durchgebrochen worden. Noch auf dem Sandtner-Modell fehlt sie: die Landschaftsstraße hat auf diesem Modell eine lückenlose Häuserzeile an ihrer Nordseite. Erst seit 1585 findet sich in den Steuerbüchern regelmäßig die Straßenbezeichnung „new Zwerchgässel". Unverändert bis 1622 wird dieses „neu" beibehalten. Erst dann tauchen Varianten auf.[76] Ein früherer Beleg ist nicht nachgewiesen. Im Jahr 1588 wird im übrigen auch erstmals das Haus Landschaftsstraße 4 als „Eckhaus" bezeichnet. Hinter dem Haus Landschaftsstraße Nr. 4 lag ein Garten, der bis an die Gruftgasse reichte. Er wurde für die Gasse verwendet, genauso wie ein Nebengebäude vom Haus Landschaftsstraße 4. Dieser Garten ist noch 1493 als Nachbar des Hauses Gruftgasse 5 angegeben.[77] Die Gruftgasse war also an ihrer Südseite noch in dieser Zeit nur lückenhaft bebaut. Ob die übrigen Häuser Gruftgasse 5—7 schon alle im 14. Jahrhundert existierten, ist demnach auch nicht sicher. Im 15. und 16. Jahrhundert sind sie z. T. Hinterhäuser der Häuser an der Landschaftsstraße und keine selbständigen Wohnhäuser.

[76] „Zwerch" von mittelhochdeutsch „twerches" = quer
[77] Hist. Verein von Oberbayern, Urk. Nr. 3763

Daß diese Grundstücke von einer zur anderen Straße durchgehen, ist nichts Besonderes. Schon im 14. Jahrhundert ist es belegbar, daß Häuser am Marktplatz bis zur Landschaftsstraße durchgehen (über 2 Höfe und mit 2 Hinterhäusern). Die Häuser an der Südseite der Kaufingerstraße gehen fast alle durch bis zur Fürstenfelderstraße und die Häuser an der Ostseite der Dienerstraße haben ihre Hinterhäuser an der Burgstraße. Das sind zum Teil riesige Areale, um ein Vielfaches größer als die Grundstücke an Landschafts- und Gruftstraße.

Die Häuser an den vier Ecken Weinstraße/Gruftstraße und Dienerstraße/Gruftstraße rechnen auch im Mittelalter nie zur Gruftgasse. Sie gehören ausnahmslos angesehenen Münchner Bürgern, die sie selbst bewohnen und deren Hauseigentümerschaft seit mindestens 1368, teils länger, nachweisbar ist: z. B. das Haus Dienerstraße 11/Ecke Gruftstraße dem berühmten und einflußreichen Stadtschreiber Peter Krümbel und anschließend seiner Familie bis Ende des 15. Jahrhunderts. Das gegenüberliegende Eckhaus Dienerstraße 10/Ecke Gruftstraße gehörte eine Zeit dem Kloster Polling, das es von einem seiner Klosterbrüder geerbt hatte. Auch die späteren Eigentümer sind bekannt. Das Eckhaus an der Weinstraße gehörte seit 1353 bis ins 16. Jahrhundert der Familie Wilbrecht und das südliche Eckhaus teils den Stupf, den Schluder und weiteren bekannten Eigentümern. Als Besitz von Kaufmannsfamilien, die sie einschließlich von Nebengebäuden selbst bewohnen und gewerblich nutzen, scheiden sie für ein Bewohnen durch Juden grundsätzlich aus.

Es bleiben damit für die Juden höchstens fünf Häuser, wobei zu beachten ist, daß die Häuser 5 und 7 an der Südseite in der Zeit vor 1442 nie in einer Quelle erscheinen, auch nicht als bloße Nachbarschaftsangabe für andere Häuser. Hier ist buchstäblich ein weißer Fleck, wie er an keiner anderen Stelle in der inneren Stadt zu beobachten ist. Es gibt dafür nur eine Erklärung: die Häuser Nr. 5—7 sind Zubehör anderer Häuser, sind Stallung, Stadel, vielleicht auch Wohnhaus, aber keine selbständigen Häuser mit eigener Besitzgeschichte. Anders ist das gänzliche Schweigen der Quellen kaum zu erklären. Auch die Annahme, es sei hier vielleicht stets herzoglicher Besitz gewesen, auf dem die Juden angesiedelt wurden, verfängt nicht, weil an anderen Stellen im Stadtbild solche Gebäude auch immer wieder in den Quellen genannt werden, gleich ob es sich um steuerfreie oder steuerpflichtige Gebäude von Kirchen, Klöstern, Mitgliedern des Hofstaats, der Herzogsfamilie oder um städtische Gebäude handelt.

Einen Beweis liefert das Haus Gruftstraße 6. Es gehört mit Sicherheit um 1410/11 als Hinterhaus zum Haus Landschaftsstraße 3. Hauseigentümer ist bis 1406 die Familie der Herrn von Abensberg, dann ab 1407—1410 das Kloster Fürstenfeld. Schließlich kommt es über Fürstenfeld 1410 an den Schneider Hanns Holzkircher, der es 1410/11 an seinen Stiefsohn, den Schneider Ulrich Reiseneck überträgt.[78] Die Reiseneck haben das Haus noch 1445. Zwischen 1445 und 1462 kommt das Haus dann an den Ritter Kaspar Winzerer, wahrscheinlich durch Kauf. 1410 und 1411 spricht der Holzkircher ausdrücklich von seinen „zwei Häusern, hinten und vorne, das eine gelegen an dem Schneeberg (also an der Gruftgasse, die häufiger insgesamt als Schneeberg bezeichnet wird), das andere an der „Schreibergassen" (= Landschaftsstraße). Das Haus Landschaftsstraße 3 — es ist durch die Nachbarschaftsangabe eindeutig lokalisierbar — hat das Haus Gruftstraße 6 als Hinterhaus. Noch Kaspar Winzerer besitzt bis 1486/90 beide Häuser, immer noch sind Landschaftsstraße 3 und Gruftstraße 6 wie Vorder- und Hinterhaus miteinander verbunden.

Das Haus Gruftstraße 5 begegnet erst sehr spät mit eigener Geschichte: erst 1482 — 40 Jahre nach Vertreibung der Juden — ist es belegbar. Es gehört in dieser Zeit einem herzoglichen Beamten, Thoman Piperl, u. a. Forstmeister zu Wolfratshausen, herzoglicher Türhüter, später Pfleger zu Pfaffenhofen bzw. Starnberg.

Das Haus Gruftstraße 7 ist mindestens seit den 40er Jahren des 15. Jahrhunderts mit Landschaftsstraße 2 vereinigt. Beide gehören dem herzoglichen Rat Albrechts III. und Propsts von Ilmmünster Konrad Siber.[79] Von ihm gehen sie zwischen 1442 und 1453 an die Antonier. Auch hier steht der Hauseigentümer in der Regel unter der Landschaftsstraße in den Quellen, das Haus an der Gruftstraße gilt als Hinterhaus.

Das Haus Gruftstraße 3 wurde erst um 1800 zu einem Wohnhaus umgebaut, und das Haus Nr. 4 stand auf einer ehemaligen Zufahrt zum Haus Dienerstraße 7. Zwischen Gruftstraße 5 und 6 lag, wie schon dargelegt, der Garten von Landschaftsstraße 4.

Soweit die Häuser des sogenannten „Judenviertels".

Weiteres Schicksal der Synagoge

Die beiden Häuser Gruftstraße 1 und 2 lagen an der alten Stadtmauer und damit auf einem Areal, das dem Herzog gehörte. Das Haus Nr. 2 verliert seine Bindung an den Herzog Ende des 14. Jahrhunderts. Die ehemalige Synagoge hatte aus der Hand des Herzogspaares am 14. September 1442 der Leibarzt Herzog Alb-

---

[78] GB III 107/15; 94/12, 13; Steuerbücher
[79] Steuerbücher; Oberbayerisches Archiv Bd. 97 S. 480—487

rechts III., Gelehrter und Schriftsteller, vielleicht sogar Schwiegersohn des Herzogs, Dr. Hans Hartlieb erhalten, der sogleich die Umwandlung in eine christliche Marienkapelle vornahm.[80] Der Besitz mit Rückgebäuden wird bald zertrümmert: am 18. Mai 1444 trennt sich Hanns Hartlieb bereits von den zwei Hinterhäusern Schrammerstraße 11[81]. Am 24. April 1443 und 20. November 1447 erwirkt Hartlieb Ablaßbriefe für seine Kapelle „conceptionis beatae Mariae virginis", die früher „synagoga judeorum" gewesen sei.[82] Am 29. Januar 1447 wurde „zu der newen stifft und Unser lieben Frawen Kapellen" ein Haus an der Residenzstraße gestiftet.[83] Fortan finden wir in der Gruftstraße 1 das bis 1803 vom Kloster Andechs aus betreute Neustift.

Unmittelbarer Nachbar ist immer das Wilbrecht-Haus Weinstraße 13.[84] Die Nachbarschaft ist so eng, daß das Kloster Andechs am 31. August 1523 dem Nachbesitzer des Wilbrecht-Hauses, dem Landhofmeister Christoph von Schwarzenberg, erlaubt, von einem Saale aus seinem Haus ein Fenster in (!) die Kapelle des Klosters zu Unserer Lieben Frau der Neuen Stift zu machen.[85] Er konnte also nunmehr direkt in die Kapelle schauen. Von dem Plan von 1696 wissen wir, daß die untere Gruftkapelle ja bis in das Nachbarhaus hineinreichte und die Englischen Fräulein von ihrem Haus aus einen Zugang zur Gruft hatten.

Hans Hartlieb hat Gruftstraße 1 übrigens nie als Wohnhaus benützt, wie fälschlicherwiese gelegentlich angenommen wird. Er hatte für diesen Zweck vielmehr mehrere Häuser am Rindermarkt/Ecke Rosenstraße. Der Besitz an der Gruftstraße diente von Anfang an zur Einrichtung eines Klosters. Hartlieb plante an Stelle der Synagoge die Errichtung eines zweiten Minoritenklosters in München mit Marienkirche und Glockenturm.[86] Der Plan wurde nicht ausgeführt. Es entstanden nur die beiden Kapellen mit dem Neustift. Als Wohnhaus aber war der Gebäudekomplex von Anfang an nicht gedacht. 1673 weiß man darüber noch folgendes zu berichten: „Hans Hartlieb ließ das Haus „zu seiner Notthurfft zurichten, die Grufft, so under der Erden, richtete er zu seinem Oratorio oder Bett-Hauß, allwo er ein Mutter-Gottes Bild hinein gestellt... Allgemach kamen auch andere zu diser Grufft, die ir Andacht allda verrichteten, und vermeinten, sie hätten von Gott erhalten, was sie begehrten, woltens für Miracul halten".[87] Die Gruftkirche war damit zum Wallfahrtsort geworden. 1803 wurden beide Kapellen säkularisiert, verkauft und abgebrochen.

Hausbesitz von Juden

Auch zur Frage, inwieweit die Juden in München Haus- und Grundbesitz hatten, ist ein Wort vonnöten. Tatsächlich hatten immer wieder einzelne Juden Hausbesitz. Der Jude Sanbel (Sanwel, Samuel) hatte um 1380 das Haus Gruftstraße 1, bis er es an Stupf veräußerte. Das Nachbarhaus gehörte schon in den 40er Jahren des 14. Jahrhunderts dem Juden Salman und dann wieder von 1371 bis 1381 dem herzoglichen Leibarzt Meister Jakob von Landshut. In allen Fällen kamen sie jedoch über Pfandleihgeschäfte bzw. die Schuldenpolitik des Landesherrn an diese Häuser, und sie haben diesen Besitz auch nicht lange behalten. Diese Beobachtung läßt sich mit zahlreichen weiteren Beispielen fortführen, die die Ge-

---

[80] Solleder a.a.O. S. 346—347
[81] HStA Kloster Andechs Urk. Nr. 14, 16
[82] HStA Kloster Andechs Urk. Nr. 13, 21; Privilegienbuch VIII fol. 32
[83] Ebenda Urk. Nr. 20
[84] Stadtarchiv Zimelie 20 S. 10 v (1450); HStA St. Peter Urk. vom 20. Oktober 1452
[85] HStA GU München Fasz. 37 Nr. 668
[86] wie Anm. [38]
[87] Gumppenberg, Guilielmo, Marianischer Atlas, Teil 2, München 1673, S. 71

richtsbücher enthalten. Der junge Sanbel hat 1375 Pfandanteile an einem Haus im Tal Petri,[88] wird 1381 als „gesessen mit Haus zu München" bezeichnet,[89] ohne daß erkennbar wäre, auf welches Haus sich die Bemerkung bezieht. 1368 ist Maendlein Pfandinhaber eines Hauses, das er 1370 wieder weiterverpfändet.[90] Am 12. Dezember 1387 versetzt ein Satler in der Theatinerstraße sein Haus Ädel der Jüdin, des Schulmeisters Tochter. Weil er die Schulden nicht zurückzahlen kann, übereignet er ihr das Haus im August 1389.[91] Sie behält es jedoch nur kurze Zeit: im Dezember 1389 verkauft sie das Haus an einen Färber.[92] Am 9. August 1403 hat der Jude Marckhart wegen 18 Pfund Pfennigen zwei Häuser in Pfand,[93] beide gelegen bei der Mauer bei Unseres Herrn Tor (Schwabinger Tor auf dem heutigen Platz vor der Feldherrnhalle). Sie werden am 12. Oktober von den Herzögen Ernst und Wilhelm ihrem Diener, dem Gleichs, übergeben, wobei Marckhart eine Urkunde erhält, in der ihm seine Pfandschaftsrechte gesichert werden. Am 21. Oktober 1405 wird der Jude Mair als in München „hausgesessen" bezeichnet.[94] Das Haus ist nicht lokalisierbar und in keiner Quelle auffindbar. Offensichtlich war auch dieser Besitz nur von kurzer Dauer. Der Jude Mair und seine Muhme Peleyn kommen auch sonst in den Quellen nicht vor.[95] Am 11. Januar 1412 geben Gabriel der Jud von Mittenwald und Ulrich Kastenmüller von Wolfratshausen ein Haus in der Graggenau auf, das sie sicher ebenfalls über ein gemeinsames Leihgeschäft in die Hand bekommen hatten.[96] Sie sind auch beide keine Münchner.

Mit Ausnahme von Meister Jakob, der das Haus am Schneeberg immerhin zehn Jahre besaß, hat nur noch der Seligmann ein Haus längere Zeit. Er steht damit sogar im Steuerbuch, sowohl 1423 als auch 1431. Er muß es zwischen 1419 und 1423 erworben und bald nach 1431 wieder veräußert haben. 1439 ist es nicht mehr nachzuweisen. Seligmann zahlt für dieses Haus auch Stadtsteuer, wovon die Juden ansonsten befreit sind.

Dies sind die einzigen Zeugnisse aus dem reichen Schatz der Münchner Quellen, in denen Juden Hausbesitz hatten. Solleder weiß über Haus- und Grundbesitz von Juden in München nur, daß sie der Bürgerschaft in Grundbesitz und Warenhandel „nicht gleichberechtigt" gewesen seien[97], was immer das bedeuten mochte. Ansonsten läßt einen die Literatur bei dieser Frage im Stich. Aus den genannten Fakten läßt sich aber jetzt sagen, daß zwar immer wieder in Einzelfällen Juden mit Hausbesitz vorkommen, ihn aber in allen bekannten Fällen — mit Ausnahme von Seligmann — über Pfandschaften erhalten, nie dagegen regulär gekauft haben. Die auf diesem Weg erhaltenen Häuser wurden stets kurze Zeit nach dem Erwerb wieder abgestoßen. Hausverkäufe von Bürgern an Juden und umgekehrt oder Verkäufe von Juden untereinander oder auch Vererbungen auf Kinder begegnen uns nirgends. Sie müßten vor dem Stadtgericht vollzogen worden sein[98] und dann auch in den Gerichtsbüchern erscheinen. Dies ist sicher kein Zufall, und es geschah sicher nicht auf Grund von freiwilliger Selbstbeschränkung. Auch wenn uns unmittelbare Gebote oder Verbote dafür fehlen, bestand sicher das Verbot, Haus- und Grundbesitz in der Stadt zu erwerben und das Gebot, ihn in angemessener Frist wieder zu veräußern, sofern er einem Juden über ein Pfand-

---

[88] GB I 59/12
[89] Vogel, Heiliggeistspital Urk. Nr. 136
[90] GB I 1/7; 10/10
[91] GB I 232/14; 241/2
[92] GB I 242/19
[93] GB III 12/5,6
[94] HStA GU München Fasz. 15 Nr. 177

[95] nur 1406 noch die Mairin die Jüdin, GB III 52/5
[96] GB III 115/14
[97] Solleder a.a.O. S. 130
[98] Steininger, Hans Karl, Das Zivilgerichtsverfahren nach den ältesten Münchner Gerichtsbüchern von 1368—1417, München 1965, S. 18/19, 32

leihgeschäft in die Hände kam. Ähnliche Vorschriften bestanden bespielsweise auch für Kirchenbesitz. Vor allem war die Stadt an solchen Abmachungen interessiert, damit ihr mit dem Hausbesitz nicht auch die Steuern entzogen wurden.

Rechtsstellung der Münchner Juden

Auch hierin unterschieden sich die Juden Münchens von denen anderer Städte, z. B. Augsburg. Zwar hatte am 21. Juli 1315 König Ludwig der Bayer der Stadt München gewährt, die Juden nach Augsburger Judenrecht zu halten,[99] doch wurden u. a. bereits Unterschiede in der Handhabung der Gerichtsbarkeit zwischen München und Augsburg festgestellt.[100] In Augsburg waren auch die von den Juden in der Judengasse bewohnten Häuser wirkliches Eigentum der Juden.[101] In manchen Städten, auch in Augsburg, besaßen die Juden außerdem das Bürgerrecht,[102] d. h. sie genossen alle Rechte und Freiheiten, die auch andere Bürger besaßen, mußten sich dafür allerdings auch an den Bürgerpflichten beteiligen. Dazu gehörten in erster Linie die Entrichtung der Steuer und die Teilnahme am Wachtdienst und an der Stadtverteidigung.[103] In München waren die Juden keine Bürger.[104] Sie unterstanden dem Schutz des Landes— bzw. Stadtherrn (Herzog), der ihnen seinen Schutz anbot und dafür die Judensteuer oder das Judenschutzgeld vereinnahmte.[105] Seine Höhe schwankte: im Jahr 1293 waren es 150 Pfund Münchner Pfennige, um 1340 waren es 60 Pfund. Gegenleistungen dafür waren der Schutz der freien Religionsausübung und die selbstherrliche Ordnung ihrer inneren Angelegenheiten durch den Judenmeister, Hochmeister oder Meister,[106] dazu die Befreiung von den städtischen Lasten wie Bürgersteuer, Grabengeld, Wehrpflicht und Wachtdienst. 1342 führte Kaiser Ludwig der Bayer zusätzlich zur Jahressteuer eine neue ein: den „Guldenpfennig", wonach jeder Jude und jede Jüdin, welche Witwe oder über 12 Jahre alt war und 20 Gulden Vermögen besaß, jährlich einen Gulden Leibzins als goldenen Opferpfennig zu geben hatte. Markgraf Ludwig der Brandenburger erlaubte den Juden 1344 alles Gut zu kaufen und mit Pfand zu beleihen, außer Ehekleidern und Getreide auf dem Halm. Hinsichtlich der Zölle und Strafgelder stellte er sie den Christen gleich. Die Gleichstellung bei den Zöllen wurde 1375 von Herzog Friedrich wiederholt.[107]

Letztlich stand der Schutz durch den Landesherrn aber doch nur auf dem Papier. Er hatte die Juden 1285 nicht vor dem Zorn der Menge schützen können und nicht 1349, als anläßlich der großen Pestepidemie die Juden aus München und Oberbayern vertrieben wurden. Den Austreibungen folgte in der Regel alsbald die Rückrufung. Schon 1291 gibt es in München wieder Juden und schon 1352 werden sie wieder zurückgeholt, in ihre früheren Rechte eingesetzt und erhalten für den erlittenen Schaden sogar zwei Jahre Steuerfreiheit.[108] Erst 1442 war die Vertreibung endgültig. Zwar lebten in der Folgezeit vereinzelt wieder Juden in München — laut Steuerbuch von 1462 bis 1500 eine „Ann naterin judin" bzw. „Anna die Täft jüdin" in der Maxburgstraße — aber zur Bildung einer Gemeinde kam es jahrhundertelang nicht mehr.

---

[99] Dirr, Denkmäler Urk. Nr. 49
[100] Steininger a.a.O.
[101] Grünfeld a.a.O. S. 10
[102] Solleder a.a.O. S. 130
[103] Solleder a.a.O. S. 293—298; Grünfeld a.a.O. S. 10; Schimmelpfennig a.a.O. S. 8—10
[104] auf eine einzige Ausnahme aus dem Jahr 1424 weist Solleder hin: S. 130 Anm. 3
[105] Solleder a.a.O. S. 130—134
[106] Solleder rechnet auch Simon den Schulklopfer zu den Judenführern, vgl. S. 133, weil er offensichtlich nicht weiß, was ein Schulklopfer ist: Schulklopfer ist der Synagogendiener, auch „Schulrufer" genannt. Er hat die Aufgabe, zum Gottesdienst, zu Trauungen, zu Beerdigungen zu „rufen», indem er mit einem Hammer an die Haustüren klopft, vgl. Grünfeld a.a.O. S. 17
[107] Regesta Boica IX S. 324
[108] Solleder a.a.O. S. 131/32, 496

Quellen und Literatur

Ungedruckte Quellen
Stadtarchiv München:
  Gerichtsbücher I—III (1368—1417), = Zimelie 26/I—III
  Steuerbücher 1368—1500
  Kammerrechnungen 1318 ff., = Kämmerei Nr. 1/1 ff.
  Kopialbuch der Priesterbruderschaft bei St. Peter, = Zimelie 20
  Historischer Verein von Oberbayern, Urkunden
Hauptstaatsarchiv München:
  Gerichtsurkunden München
  Kurbaiern Urkunden
  Kloster-Urkunden Andechs
  Urkunden St. Peter in München
  Privilegienbuch VIII
  Plansammlung

Gedruckte Quellen
Monumenta Boica, hrsg. von der Bayr. Akademie der Wissenschaften, Bd. 35 b, München 1849, = Urkunden der Stadt München

Monumenta Germaniae Historica, Scriptores (SS) IX

Regesta Boica (Regesta sive rerum Boicarum autographa), hrsg. von Carl Heinrich von Lang. Bd. II, München 1923

Aronius, Julius, Regesten zur Geschichte der Juden im fränkischen und deutschen Reiche bis zum Jahre 1273, hrsg. im Auftrag der historischen Commission für Geschichte der Juden in Deutschland, Berlin 1902

Dirr, Pius, Denkmäler des Münchner Stadtrechts, München 1934

Dischinger, Gabriele, Zeichnungen zu kirchlichen Bauten bis 1803 im Bayerischen Hauptstaatsarchiv, Wiesbaden 1988

Salfeld, Siegmund, Das Martyrologium des Nürnberger Memorbuches, = Quellen zur Geschichte der Juden in Deutschland Bd. III, Berlin 1898

Vogel, Hubert Die Urkunden des Heiliggeistspitals in München 1250—1500, = Quellen und Erörterungen zur Bayerischen Geschichte, N. F. Bd. XVI, München 1960

Literatur
Baerwald, Leo, Juden und jüdische Gemeinden in München vom 12. bis 20. Jahrhundert, in: Vergangene Tage, Jüdische Kultur in München, hrsg. von Hans Lamm, München 1958

Fischer, Herbert, Die Verfassungsrechtliche Stellung der Juden in den deutschen Städten während des 13. Jhs., Breslau 1931

Franke, Hans, Geschichte und Schicksal der Juden in Heilbronn, = Veröffentlichungen des Archives der Stadt Heilbronn Heft 11, Heilbronn 1963

Grünfeld, Richard, Ein Gang durch die Geschichte der Juden in Augsburg. Festschrift zur Einweihung der neuen Synagoge in Augsburg, Augsburg 1917

Gumppenberg, Guilielmo, Marianischer Atlas, Teil 2, München 1673

Hund, Wiguläus, Bayerisch Stammenbuch, Bd. I, Ingolstadt 1585/86

Maß, Josef, Das Bistum Freising im Mittelalter, München 1986

Mischlewski, Adalbert, Die Antoniter: Eine unbekannte Beziehung München — Memmingen, in: Oberbayerisches Archiv Bd. 97, 1973, S. 480—487

Müller, Karl, Von der ältesten Befestigung Münchens, in: Das Bayerland XXV Nr. 34, Mai 1914, S. 669 ff.

Riezler, Sigmund, Geschichte Baierns, Bd. 2, Gotha 1880

Schattenhofer, Michael, Die geistliche Stadt, in: Von Kirchen, Kurfürsten und Kaffeesiedern etcetera. Aus Münchens Vergangenheit, München 1974

Schimmelpfennig, Bernhard, Die Juden als Randgruppe im mittelalterlichen Augsburg, = Protokoll über die Arbeitssitzung des Konstanzer Arbeitskreises für mittelalterliche Geschichte e.V. Nr. 287, Juni 1986

Schwierz, Israel, Steinerne Zeugnisse jüdischen Lebens in Bayern. Eine Dokumentation, hrsg. von der bayerischen Landeszentrale für politische Bildungsarbeit, München 1988

Solleder, Fridolin, München im Mittelalter, München/Berlin 1938

Bayerisches Städtebuch Teil 2, Regierungsbezirke Oberbayern, Niederbayern, Oberpfalz und Schwaben, hrsg. von Erich Keyser und Heinz Stoob, Stuttgart/Berlin/Köln/Mainz 1974

Steininger, Hans Karl, Das Zivilgerichtsverfahren nach den ältesten Münchner Gerichtsbüchern von 1368—1417, München 1965

Wolfram Selig

Die Synagogenbauten der Neuzeit

Von der Betstube zur ersten Synagoge

Die Zerstörung der Münchner Hauptsynagoge durch die Nationalsozialisten im Juni 1938 bedeutete für die Juden der Stadt das Ende einer Entwicklung, die in den vergangenen 150 Jahren nach und nach und mit vielen Rückschlägen schließlich zur vollen Gleichberechtigung des jüdischen Bevölkerungsteils geführt hatte.

Nach der Vertreibung aus der Stadt im Jahre 1442 hatte es rund 300 Jahre gedauert, bis sich Juden ab Mitte des 18. Jahrhunderts wieder fest in München niederlassen konnten. 1750 gab es gerade wieder 20 Juden in der Stadt, 1781 waren es 53, bis 1790 war ihre Zahl auf 127 angestiegen[1].

Im 18. Jahrhundert war den Juden der Bau einer Synagoge und damit verbunden die öffentliche Ausübung ihres Glaubens verboten. Sie hatten ab 1763 lediglich eine Betstube in einem Privathaus im Tal 13. Das Haus gehörte damals Maria Sara Langer, die es von ihrem verstorbenen Mann geerbt hatte. Sie heiratete dann Johann Promberger, der nach ihrem Tod ab 1765 alleiniger Besitzer dieses Hauses war. Nach seinem Tod ging das Gebäude an seine zweite Frau Maria Theresia Bromberger[2]. In einem Buch über „Die Häuser und Gassen der Stadt" wird dieses Haus „Judenbranntweiners und Weiser Haus" genannt, „worin schon immer Juden wohnten"[3]

Beim Judenbranntweiner wohnte im zweiten Stock die Familie Abraham Wolf Wertheimer, die angesehenste jüdische Familie Münchens in der zweiten Hälfte des 18. Jahrhunderts. Sie stammte aus Wien, wo sie eine bedeutende Rolle in der Finanzwelt spielte. Abraham Wolfs Familie trat schon 1722 in Geschäftsbeziehungen zum bayerischen Hof durch Darlehensvertrag und Juwelenlieferungen zur Hochzeit von Karl Albrecht. Sie kam in den dreißiger Jahren des 18. Jahrhunderts nach München, Ursprünglich um ihre Forderungen gegen den bayerischen Staat durchzusetzen, nachdem Karl Albrecht seine Zahlungen eingestellt hatte[4]. Abraham Wolf war „hiesig Churfürstlicher Hoffactor und zwar der älteste"[5]. In einem Raum seiner Wohnung war die Betstube, in der sich die Münchner Juden zu ihren Gottesdiensten versammelten. Dabei handelte es sich um „eine lange, unverhältnismäßig schmale, viereckige Stube, die eine kleine, hölzerne, ärmliche Lade hatte" mit lediglich „etwas über 50 Männerbetstühlen"[6].

Im Jahre 1798 war die jüdische Bevölkerung der Stadt auf 220 Personen angewachsen: „Oberhäupter der Familien 35, deren Weiber 33, Kinder 98, Dienerschaft 54"[7]. Die zunehmende Zahl der Juden in der Stadt, die sich als Gemeinschaft immer noch quasi in rechtlosem Raum befanden, erforderte von Seiten der staatlichen Instanzen Maßnahmen zur Einordnung unter die übrigen Untertanen. Erleichtert und beschleunigt wurden dies-

---

[1] Stadtarchiv München (StadtA), Polizeidirektion 515
[2] Häuserbuch der Stadt München, Bd. 2, München 1958, S. 80
[3] München um 1800, Die Häuser und Gassen der Stadt von Johann Stimmelmayr, Neuauflage 1980, Herausgegeben von G. Dischinger und R. Bauer, S. 12
[4] A. Cohen, Die Münchener Judenschaft 1750–1861, in: Zeitschrift für die Geschichte der Juden in Deutschland 4/1930, S. 265f.
[5] StadtA, Polizeidirektion 515; Verzeichnis der in München 1798 ansäßigen Juden
[6] E. Kirschner, Gedenket der Tage der Vorzeit, in: Bayerische Israelitische Gemeindezeitung 4/1926, S. 88
[7] Judenschaftsdeskription, zitiert nach Cohen a. a. O. S. 263

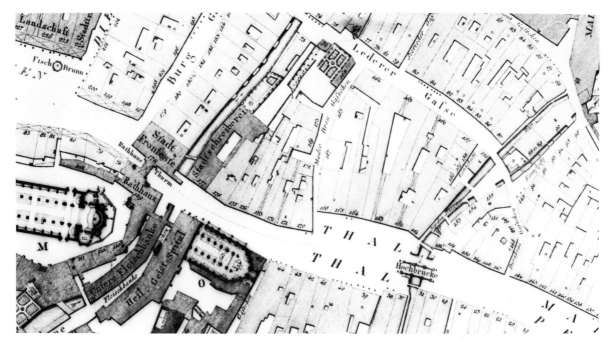

7   Stadtplan von 1806, im Haus 162 (später Tal 13), befand sich seit 1763 die Betstube

8   Ausschnitt aus dem Sandtner'schen Stadtmodell: Tal 13

9   Antrag auf Aufstockung des Hauses Tal 13. An der linken Seite der Bauzustand vor dem Umbau 1847

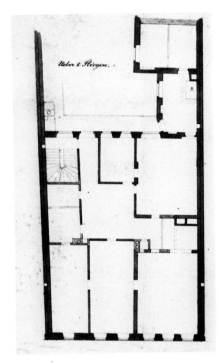

10   Umbauplan für den 2. Stock des Hauses Tal 13. An der linken Seite zwei längliche, hintereinander liegende Räume, in denen sich vermutlich die Betstube befand. Die etwas heller erscheinenden Zwischenwände und das Treppenhaus wurden erst 1847 eingebaut

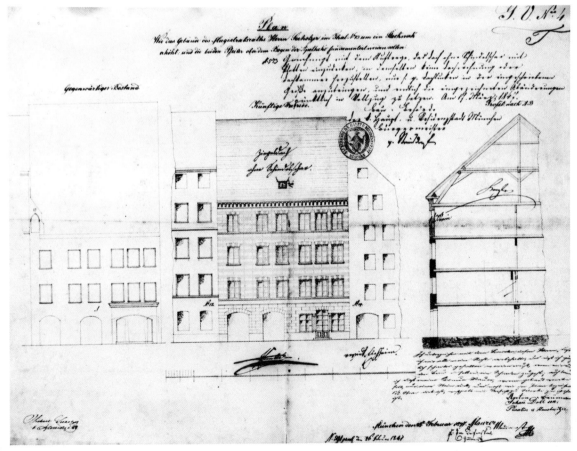

bezügliche Bestrebungen durch das von der französischen Revolution verkündete und verbreitete politische Gedankengut, das ja u.a. die Gleichheit aller Bürger postulierte. Ein erster Schritt zur „Eingliederung der Juden in das bürgerliche Leben der Haupt- und Residenzstadt" war das „Regulativ über die Münchner Judenschaft" vom 17. Juni 1805[8]. Dieses Regulativ unterwarf die Juden zwar noch weitgehenden Einschränkungen, sprach ihnen aber auch bestimmte Rechte zu. Neben Niederlassungsbeschränkungen für zweite und weitere Kinder jüdischer Familien standen in dem Regulativ u.a. die offizielle Genehmigung der Religionsausübung, wenn auch nicht in der Öffentlichkeit und in öffentlich zugänglichen Gebäuden, und die Erlaubnis zur Anlage eines eigenen Friedhofes[9].

Übergehen wir die folgenden Jahre, die gekennzeichnet waren durch die Suche nach Lösung der Probleme, die sich aus der unterschiedlichen Lage der Juden in den verschiedenen Landesteilen des aus unterschiedlichsten Territorien soeben entstandenen Königreiches ergaben[10].

Am 10. Juni 1813 trat durch Veröffentlichung im Regierungsblatt das sogenannte Judenedikt in Kraft, das sowohl Rechte als auch zahlreiche Beschränkungen für die Juden in Bayern bis ins Kleinste festlegte. Für das hier zu behandelnde Thema ist von ausschlaggebender Bedeutung, daß das Edikt die rechtliche Grundlage für die Bildung von Kultusgemeinden und die Einrichtung von Gotteshäusern und Friedhöfen schuf.

So gründeten zu Beginn des Jahres 1815 in der bereits erwähnten Wohnung der Judith Wertheimer, der Witwe Abraham

11 In der Mohren-Apotheke im Tal 13 (hier der Bauzustand nach der Aufstockung 1847) befand sich im 2. Stock die Betstube

Wolfs, 39 Männer die Israelitische Kultusgemeinde. Ihre ersten Administratoren waren Israel Hirsch Pappenheimer und Eduard Marx. Diese betrieben tatkräftig den Bau eines Israelitischen Friedhofes. Für diesen Zweck wurde auf Beschluß der Gemeindemitglieder ein Grundstück an der Thalkirchner Straße erworben. Bereits am 24. März 1816 fand hier die erste Beisetzung statt[11].

---

[8]) ebd. S. 269
[9]) vgl. S. Schwarz, Die Juden in Bayern im Wandel der Zeit, München-Wien 1963, S. 116ff.
[10]) vgl. ebd. S. 128
[11]) Hauptsynagoge München, 1887—1937, München 1987, S. 64f. Bei diesem Buch handelt es sich um eine Neuauflage der „Festgabe, 50 Jahre Hauptsynagoge München 1887—1937", München 1937; vgl. E. Orthenau, Aus einer jüdischen Familientruhe Münchens, in: H. Lamm, Vergangene Tage, Jüdische Kultur in München, München-Wien 1982, S. 110

Die Metivier-Synagoge an der Westenriederstraße

Vordringlichstes Projekt der jungen Gemeinde war der Bau einer Synagoge, der bereits im Februar 1815 beschlossen wurde. Von Seiten der Behörden wurde ebenfalls auf den Bau einer Synagoge gedrungen, wenn auch nicht aus Fürsorge für die jüdischen Mitbürger, sondern um in einem „offiziellen" Gotteshaus diese doch immer noch suspekt erscheinende Religionsgemeinschaft besser überwachen zu können. Schon Ende Februar 1815 forderte das Generalcommissariat „sich so schleunig wie möglich um ein Lokal zu bewerben, worin die kirchliche Gemeinde versammelt werden kann"[1]. Seit der Jahrhundertwende war die jüdische Bevölkerung so angewachsen, daß die Räumlichkeiten im Tal 13 zur Abhaltung der Gottesdienste zu klein geworden waren und sich „Privatgottesdienste" in verschiedenen Wohnungen eingebürgert hatten. Diese waren den Behörden ein Dorn im Auge, denn sie wurden als „heimliche Zusammenkünfte" beargwöhnt, die sich der Überwachung entzogen[2].

Probleme ergaben sich für die Gemeinde bei der Suche nach einem geeigneten Bauplatz, der ihrem Wunsch nach in der Innenstadt liegen sollte, nach dem Willen der staatlichen Behörden aber in einem Außenbezirk. Der Vorschlag, die Synagoge „nahe dem Theater am Isartor" zu errichten, wurde von der Gemeinde zunächst abgelehnt, da der Ort nicht zentral liege und außerdem die Nachbarschaft zu einem Theater für ein jüdisches Gotteshaus wegen der zahlreichen Abendgottesdienste nicht in Frage komme. Im Gegenzug versuchten die Juden das Haus 1400 an der Löwengrube zu kaufen, um dort im Stadtzentrum ihre Synagoge zu bauen. Das Kaufgesuch wurde abgelehnt[3].

Der Streit über einen geeigneten Standort für die Synagoge zog sich über Jahre hin und wurde schließlich durch staatlichen Zwang entschieden: Da die Räume im Tal, wie oben erwähnt, zu klein geworden waren und außerdem wegen Baufälligkeit kaum mehr benützt werden konnten, nahmen die „Privatgottesdienste" überhand. Sie wurden schließlich als „Winkelzusammenkünfte" polizeilich verboten. Unter Androhung von Geld- und Arreststrafen wurde der Bau der Synagoge an der Theaterstraße, der späteren Westenriederstraße 7, erzwungen. Es war also den Juden nicht gelungen, in der Innenstadt durch einen repräsentativen Kultbau ihre Emanzipation zu dokumentieren, dies gelang erst 60 Jahre später mit dem Bau der Hauptsynagoge an der Herzog-Max-Straße. Bis dahin sollte die Gemeinde in einem äußerlich bescheidenen, sich unauffällig der Umgebung anpassenden Bau ihre Heimat finden.

Im August 1822 erwarb schließlich die „Administration des Israelitischen Kultus" vom königlichen Irrenarzt Dr. Johann Baptist Sax das Haus Nummer 492b an der Theaterstraße, zwei Jahre später auch das angrenzende Gartengrundstück[4].

Gebaut wurde die Synagoge „Nach dem Entwurf und unter der Leitung des königlich bayerischen Bauraths und Hofbau-Decorateurs, Johann Metivier". Jean Baptist Métivier, geboren 1781 in Rennes in der Bretagne, stammte aus einer Familie von Bildhauern und Architekten. Er genoß eine Baumeisterausbildung in Paris und kam 1811 nach München, wurde

---

[1] H. Hammer-Schenk, Untersuchungen zum Synagogenbau in Deutschland von der ersten Emanzipation bis zur gesetzlichen Gleichberechtigung der Juden (1800–1871), Phil. Diss. Tübingen, Bamberg 1974, S. 48
[2] vgl. ebd. S. 49ff.; vgl. auch Hauptsynagoge S. 65
[3] E. Schöpflich, Zur Geschichte der Juden in München, in: Bayerland 37/1926, S. 616
[4] Häuserbuch der Stadt München, Bd. 4, München 1966, S. 558

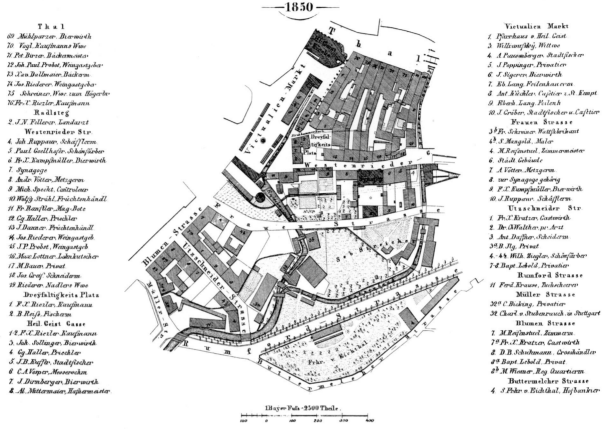

12 Wenng-Plan: Synagoge in der Westenriederstraße

Inspector der königlichen Baucommission, dann Hofbau-Decorateur, 1824 königlicher Baurath und starb hier 1853. In München baute er u.a. ein Haus für Graf Mongelas am Karolinenplatz, dort ebenfalls das Palais Lotzbeck, ein Schloß für den Kriegsminister Maillot in Schwabing und wirkte an der „inneren Decoration der protestantischen Kirche (alte Matthäuskirche in der Sonnenstraße), ebenso der Innenräume im Palais des Prinzen Karl von Baiern" mit. In Regensburg baute er das neue Schloß des Fürsten von Thurn und Taxis. Dieses und eben die Synagoge in München gelten als die bedeutendsten Werke Metiviers[5].

Der Architekt selbst edierte eine Beschreibung des Baues und „Grund-Plaene, Durchschnitte und Façaden" sowie einen Bericht über die Grundsteinlegung[6]. Metivier meinte zu seinem Werk: „Indem ich mir bey diesem Bau alle Mühe gab, die vorgeschriebenen Bedingungen zu erfüllen, suchte ich zugleich ein Monument zu errichten, welches zur Verschönerung der Stadt, worin seit einigen Jahren so bedeutende Fortschritte gemacht wur-

---

[5] Metivier, Johann Baptist, in: Allgemeine Deutsche Biographie 21, Leipzig 1885, S. 518

[6] J. Metivier, Grund-Plaene, Durchschnitte und Façaden nebst einigen Details der Synagoge in München erbaut im Jahre 1824/25, München 1826

13 Synagoge an der Westenriederstraße. Lavierte Bleistiftzeichnung von C. A. Lebschee, undatiert

den, beytragen könnte"[7]. Die Lage des Baugrundstückes mitten in der Häuserzeile machte Abweichungen von der üblichen Anlage beim Bau von Synagogen erforderlich. „Da bey dem Bau einer Synagoge es unerlässliche Bedingung ist, dass der Alter (Orenhakodesch) auf der Seite gegen Morgen angebracht sey, die auf der Abend-Seite an das Gebäude anstossenden Häuser mich aber verhinderten, den Haupt-Eingang in den Tempel, so wie es sonst gewöhnlich ist, dem Altar gegenüber anzubringen; so sah ich mich genöthigt, denselben auf die eine Seite zu versetzen, und auf der andern Seite den Eingang für die Damen, welcher von jenen der Männer abgesondert seyn muss, herzustellen, wodurch die beyden Vorbaue (Avant-Corps) erforderlich wurden"[8].

Wie oben erwähnt, war Metivier auch mit der Innenausstattung von Gebäuden befaßt und so hatte er auch die Gestaltung des Synagogeninnern übernommen. „Alle innere, zu einem solchen Tempel erforderlichen Bestandtheile und Verzierungen, als die Lampe für das ewige Licht, die Kronleuchter von Bronce und vergoldetem Eisen, der sammtne mit Gold und

[7] ebd. S. III
[8] ebd. S. IV

14 Innenansicht der Synagoge in der Westenriederstraße, Aquarell von F. Petzl, undatiert

Seide gestickte Vorhang des Altars, die abgesonderten Sitze für Männer und Frauen, von denen jeder mit einem zum Verschliessen eingerichteten Kasten versehen ist, ein reiches Gitter von Guss-Eisen, welches das Vorhaus C. von dem Tempel scheidet, so wie die ebenfalls aus Guss-Eisen bestehenden Gitter vor den Fenstern des Erdgeschosses u.s.w. wurden ebenfalls sämmtliche nach meinen

Zeichnungen und Entwürfen angefertigt"⁹.

Trotz der oben geschilderten Querelen zwischen Staat und Kultusgemeinde um den Standort der Synagoge wurde die Grundsteinlegung am 26. Juli 1824 für die Juden Münchens ein großes Ereignis und entsprechend feierlich und würdig begangen. „Nach vorgängig feyerlichem Gebet in dem Locale, welches die hierortigen Israeliten bisher zur Ausübung ihres Gottesdienstes unterhielten, begab sich die Administration des israelitischen Cultus mit mehreren ihrer Glaubensgenossen auf den Bauplatz, woselbst sich mehrere hohe Staatsbeamte, dann eine Deputation der beiden städtischen Collegien ebenfalls eingefunden hatten"¹⁰. Der Administrator Israel Hirsch Pappenheimer gab in einer Ansprache den Gefühlen Ausdruck, „wovon gewiss alle Mitglieder unserer Gemeinde durchdrungen sind. Es sind die Gefühle der innigen Verehrung und des tiefen Dankes für unseren erhabenen Monarchen, der schon durch das allerhöchste Edict vom Jahre 1813 die Rechte und Verhältnisse der israelitischen Glaubensgenossen festsetzte und ... uns die freye Ausübung der Religion unserer Väter, die seit Jahrtausenden sich unter unseren Geschlechtern erhalten hat, und die Vereinigung ihrer Bekenner in kirchlichen Gemeinden gestattete und bestätigte. Aus dem Innersten unserer dankbaren Herzen weihen wir dem gerechten und gütigen Könige unsere Verehrung und Huldigung, der uns so grosse Wohlthaten erzeigte! — Aus dieser Vereinigung in eine Gemeinde geht die Nothwendigkeit und das Bedürfniss eines anständigen und geräumigen Gebäudes für unsern Gottesdienst hervor ... Wir legen heute den Grundstein zu einem Gebäude, das unserem Gottesdienst gewidmet seyn soll, und durch sein Äusseres und seine innere Einrichtung der Bestimmung entspreche, Gott mit gerührtem Herzen für die Gnade zu danken, dass wir unter einem Könige leben, der den Frieden und die Duldung unter allen Religionen begründete, und dem wir diese Vereinigung in eine kirchliche Gemeinde verdanken"¹¹. Nach einem Hochruf auf den „König und sein Königliches Haus" las Pappenheimer die auf den Grundstein gravierte hebräische Inschrift vor, die in Übersetzung lautete: „Grundstein zur Synagoge, welche mit allergnädigster Erlaubniß unseres Herrn und Königs Maximilian Joseph in der Residenzstadt München erbaut wurde, gelegt im Jahre fünf tausend und fünfhundert vier und achtzig nach der Schöpfung". Neben verschiedenen damals umlaufenden Münzen wurde eine Denkmünze in den Grundstein gelegt, die folgende Inschrift trug: „Mit allergnädigster Erlaubnis Seiner Majestät des Königs wurde der Grundstein zur Synagoge gelegt am zweyten Tag der Woche am ersten Monatstag Ab 5585" (Diese Denkmünze erhielten auch 16 als Zeugen anwesende Kinder der israelitischen Gemeinde und deren Lehrer); außerdem ein Bericht über die feierliche Grundsteinlegung, der von folgenden Zeugen unterschrieben war: „A. W. Fink, königlicher Polizey-Kommissär; Max Ritter von Schmadel, rechtskundiger Magistratsrath; Anton Schindler, Benno Lunglmaier, bürgerliche Magistratsräthe; Johann Paul Göttner, Vorstand der Gemeinde-Bevollmächtigten; v. Maffey, Franz Zimmermann, Gemeinde-Bevollmächtigte; Metivier, Architect, königlicher Hofbau-Decorateur; Höchl, Stadtbaumeister; Peter Erlacher, Zimmermeister". Für die Administration der Kultusgemeinde hatten unterschrieben: Israel Hirsch Pappenheimer, Jacob von Hirsch, Hofbanquier, Raphael Kaula, Hofagent, Anselm Marx, M. H. Seligstein, L. S. Lilienthal.¹²

---

⁹⁾ ebd.
¹⁰⁾ Chronik der Stadt München, Eintragung von 26. Juli 1824, S. 92f.; vgl. Metivier a. a. O. S. 5
¹¹⁾ Metivier a. a. O. S. 6
¹²⁾ Chronik, 26. Juli 1824, S. 93; vgl. Metivier a. a. O. S. 6

Verkaufs-Urkunde

über

den Mann- und Frauen-Bethstuhl.

Ersterer mit N^{ro}. *5*___, und letzterer mit N^{ro}. *5*_____

bezeichnet.

Nachdem die Administration des hiesigen israelitischen Kultus, vereint mit dem amtlich aufgestellten Ausschuße unter den nachfolgenden allgemeinen Kaufsbedingungen die in der neu erbauten Synagoge bisher errichteten 128 Männer- und Frauen-Bethstühle in den öffentlichen Versteigerungen vom 6. und 7. October, dann 8. November dies Jahres auf den Grund des von der königlichen Regierung des Isarkreises genehmigten Bau- und Zahlungs-Planes verkauft hat, so bestättiget dieselbe, daß der Manns-Bethstuhl N^{ro}. *5*___, und Frauen-Bethstuhl N^{ro}. *5* zusammen um die Licitations-Summe von *1100* Gulden____ Kr. (mit Worten *Ein Tausend Ein Hundert* Gulden____ Kreuzer) vom *Königl. Bayer. Hofbanquier Herrn Jacob von Hirsch* dahier ersteigert worden sey, und räumt sohin dem Erwerber für sich und seine Erben Eigenthum und Besitzrecht auf die erkauften Stühle mit Vorbehalt und gegen Einhaltung der nachstehenden Kaufsbedingungen hiemit ein. Die Kaufsbedingnisse sind folgende:

1) Was vor Allem die Zahlung des Kaufschillings betrifft, so muß bey den Stühlen von Nummer 1 bis 69 ein Viertel des Kaufschillings sogleich baar, und die übrigen drey Viertel müssen in sechs Fristen von sechs zu sechs Monaten vom 1. Jäner 1826 anfangend, zu fünf Procent verzinslich, bezahlt werden. Von Nummer 70 bis 128 muß ein Sechstheil baar, und die übrigen fünf Sechstheile müssen in 10 Fristen von sechs zu sechs Monaten mit gleicher Verzinsung, zu fünf vom Hundert, ebenfalls am 1. Jäner 1826 anfangend, getilgt werden. Jedoch steht es den Käufern frey, den Kaufschillingsrest in größeren Raten, oder auch ganz zu bezahlen; jede geschehene Zahlung wird auf dieser Verkaufs-Urkunde von der Administration quittirt.

2) Der Gemeinde bleibt das Dominium ante rem traditam cum constituto possessorio bis zur gänzlichen Zahlung der ersteigerten Bethstühle ausdrücklich vorbehalten, und dieselbe bleibt in Folge ihres Eigenthums und Besitzrechtes berechtiget — im Falle eintretenden Zahlungssäumsals, und nach fruchtloser dreymaliger Anmahnung in Zwischenräumen von 14 zu 14 Tagen, mit Umgehung aller gerichtlichen Verhandlungen den von jedem Zahlungssäumigen erkauften Stuhl durch öffentliche Versteigerung weiters zu veräußern, und von dem Erlös sich den Kaufschillings-Rest gut zu machen. Der Mehrbetrag über die Schuldigkeit wird an den frühern Käufer hinaus bezahlt, welcher aber auch für einen Minder-Erlös der Gemeinde aus seinem übrigen Vermögen zu haften hat.

3) Die Plätze, welche an die Meistbiether als Eigenthum, oder später durch Kauf von einem Andern erworben werden, können nur von diesen, oder den hiezu authorisirten Personen eingenommen werden, und es darf an keinem Bethstuhle, ohne ausdrückliche Einwilligung der Administration, irgend eine Veränderung vorgenommen werden, so wie an den mit keinen Hintersitzen versehenen Bethstühlen auch der Eigenthümer niemals einen solchen Sitz anbringen, oder hinstellen darf.

4) Die Bethstühle können vertauscht und verkauft werden; jedoch letzteres niemals an einen fremden, hier nicht domicilirenden Israeliten, und es muß hievon der Administration jedesmal schriftliche Anzeige gemacht werden, um die Uebertragung gehörig bewerkstelligen zu können. Es steht dem Urkäufer frey, bey einem Verkauf oder Tausch die etwa an die Gemeinde noch haftende Fristen entweder gleich zu zahlen, oder er hat so lange für diese Fristen bis zu deren Berichtigung mit zu haften, nach obigem Art. 2.

5) Wenn ein Bethstuhl durch Erbschaft an einen Auswärtigen kommt, so kann er von selbem, so lange er Besitzer ist, Gebrauch machen; ein Verkauf eines solchen Stuhles kann aber auch durchaus nur an einen hier domicilirenden statt haben.

6) Die Gemeinde behält sich ausdrücklich das Recht bevor, zu jeder Zeit neue Bethstühle auf beyden Seiten innerhalb den Säulen der ganzen Länge nach errichten zu lassen, wenn sie es für nöthig findet, ohne daß hieraus eine in Folge der Zeit sich hier etablirende Familie das Recht auf die Errichtung eines solchen Bethstuhles, und auf die Ueberlassung desselben um den dermalen bey der Versteigerung angesetzt gewesenen Aufwurfspreis ableiten könnte.

7) Es soll vielmehr für einen solchen Fall der Administration mit Zuziehung von sieben durch die Gemeinde zu wählenden Familien=Häupter, von welcher Wahl die Verwandte des, oder der Betheiligten active und passive ausgeschlossen sind, überlassen bleiben, ob sie es für nöthig halten, neue Bethstühle zu errichten, und welche Preise sie hiefür nach Zeit und Umständen festzusetzen als billig erachten werden, und den Ausspruch derselben nach absoluter Majorität mit zwey Dritttheilen gegen ein Drittel müssen sich die neu eintretenden Familien=Väter unterwerfen.

8) Da die sämmtlichen Bethstühle verkauft wurden, und bey Nichteinhaltung der Zahlungen die von den zahlungssäumigen Käufern zu verlassenden Bethstühle wieder öffentlich versteigert werden, so hat keine solche Familie, und kein Individuum, welches seinen Stuhl wieder verkauft, oder vermiethet, ein Recht, daß demselben von der Administration ein Stuhl angewiesen, oder pachtweise ausgemittelt werde, sondern sie müssen sich an diejenigen Plätze hinweisen lassen, welche für die Armen, und nicht mit eigenen Bethstühlen versehenen Individuen ausgemittelt werden.

Urkundlich dessen hat die Administration dem *Königl. Bayer. Hofbanquier Herrn Jacob von Hirsch* diese Kaufsurkunde für den Mannsstuhl N*ro.* 5 und Frauenstuhl N*ro.* 5 ausgefertiget und zugestellt.

München den *30.* November im Jahre 1820 und fünf.

Administration des Israelitischen Kultus.

Eduard Marx

Is. Hirsch Oppenheimer

15 Urkunde über den Verkauf zweier Betstühle in der Synagoge an der Westenriederstraße aus dem Jahr 1825

16   Quittung für den Kauf eines Betstuhls

Im Jahre 1825 gabe es in München 607 Juden, d.h. knapp 150 Familien, die zum überwiegenden Teil in recht bescheidenen Verhältnissen lebten.[13] Nur unter großen finanzielle Opfern konnte die jüdische Gemeinde das Projekt eines Synagogenbaues durchführen. Bereits ab 1820, zu einer Zeit, als weder der Standort noch der Bautermin feststanden, wurden zur Finanzierung des Baues Betstühle in der Synagoge verkauft. So kaufte schon 1820 Jacob von Hirsch — er allerdings gehörte als Hofbankier zu den reichsten seiner Glaubensgenossen — den „Manns-Bethstuhl Nr. 5 und Frauen-Bethstuhl Nr 5 zusammen um die Licitations-Summe von 1100 Gulden" und erwarb damit „für sich und seine Erben Eigenthum und Besitzrecht auf die erkauften Stühle"[14]. Hirsch hatte natürlich die teuersten Plätze erworben. Für die weniger Begüterten ging es aber auch billiger. So hatte Emanuel Jacob Trost für die beiden Betstühle Nr. 106 nur 400 Gulden zu bezahlen[15]. In den Verkaufs-Urkunden waren auch die Zahlungsmodalitäten genau festgelegt: „Was ... die Zahlung des Kaufschillings betrifft, so muß bey den Stühlen von Nummer 1 bis 69 ein Viertel des Kaufschillings sogleich baar, und die übrigen drey Viertel müssen in sechs Fristen von sechs zu sechs Monaten vom 1. Jäner 1826 anfangend, zu fünf Procent verzinslich, bezahlt werden. Von Nummer 70 bis 128 muß ein Sechstheil baar, und die übrigen fünf Sechstheile müssen in 10 Fristen von sechs zu sechs Monaten mit gleicher Verzinsung, zu fünf vom Hundert, ebenfalls am 1. Jäner 1826 anfangend, getilgt werden. Jedoch steht es den Käufern frey, den Kaufschillingsrest in größeren Raten, oder auch ganz zu bezahlen; jede geschehene Zahlung wird auf dieser Verkaufs-Urkunde von der Administration quittirt"[16].

Das Grundstück in der Theaterstraße hatte der Heereslieferant Joseph Hirsch Pappenheim, der Schwiegersohn des oben genannte Jacob von Hirsch, auf eigene Kosten erworben, fünf Gemeindemitglieder hatten die Bürgschaft für die Baukosten übernommen[17]. Noch während des Baues der Synagoge erließ die „Administration des israelitischen Cultus" am 27. Mai 1825 „Statuten für die innere Ordnung der Synagoge in München"[18].

Am 21. April 1826 konnte die Israelitische Kultusgemeinde die Einweihung der Synagoge festlich begehen. Diese Einweihung war aber nicht nur für die Münchner Juden ein großer Tag, sondern sie war auch ein Ereignis, das „vor und nach

---

[13] J. Segall, Die Entwicklung der jüdischen Bevölkerung in München 1875—1905, Berlin 1910, S. 2; vgl. Cohen a. a. O. S. 265
[14] Verkaufs-Urkunde, Privatbesitz
[15] Verkaufs-Urkunde, Privatbesitz
[16] ebd.
[17] Hammer-Schenk a. a. O. S. 65f.
[18] Die Statuten sind S. 46 ff. im Faksimile wiedergegeben

Statuten

für die

innere Ordnung der Synagoge

in

München.

Capitel I.
Von dem Gottesdienste.

§. 1.

Die Stunden der täglichen Gebethe für die verschiedenen Zeiten des Jahres werden von dem Herrn Rabbiner bestimmt, und durch die Administration in der Synagoge, mittelst Ablesung und Anheftung, bekannt gemacht.

§. 2.

Die ehrfurchtvollste Stille soll in der Synagoge während des Gottesdienstes herrschen, und die Gebethe mit Andacht und Wohlanständigkeit verrichtet werden.

§. 3.

An den Samst- und andern hohen Feiertagen werden sich die Anwesenden stehend halten, während das unter Littera A. anliegende Gebeth für Seine Majestät den König — Ihre Majestät die Königin, und deren erlauchte Familie verrichtet wird, welches der Herr Rabbiner, oder in dessen Abwesenheit der Vorsänger mit der Thora (der Rolle des Pentateuchs) im Arme auf der בימה (eine Art Kanzel in der Mitte der Synagoge) hält.

§. 4.

Das Aus- und Einheben der Thora an Samst- und andern hohen Feiertagen, soll feierlich begangen werden. — Indem derjenige, welcher das Herausnehmen der Thora hat, die Flügelthüren der heiligen Lade öffnet, geht der Vorsänger die Stufen hinauf, und empfängt von jenem die Thora, nachdem er das hierbei bestehende Gebeth verrichtet hat, geht er die Stufen herab, und wird von dem Herrn Rabbiner, dem, der die Thora herausgenommen, dann dem diensthuenden Administrator, und den Gehülfen des Vorsängers bis zur בימה begleitet.

Während dieser Zeit halten sich die Anwesenden stehend.

Bei dem Einheben der Thora wird die Thüre der heiligen Lade geöffnet, sobald der Vorsänger von der בימה herunter geht; diesem folgen unmittelbar der Herr Rabbiner, der diensthuende Administrator, und die beiden Personen, welche הגבה und גלילה (die Ehrenbezeugung des Zusammenrollens der Thora) haben, und endlich die Gehülfen; die anwesenden stehen, bis die Thora im היכל (Lade) ist.

§. 5.

Die Anwesenden werden während des Ein- und Aushebens der Thora auf ihren Plätzen stehen bleiben.

§. 6.

Derjenige, welcher die הפטרה (das für jeden Sabbath bestimmte Capitel aus den Propheten) sagen wird, soll allein gehört werden, die übrigen Anwesenden dürfen nur mit leiser Stimme folgen, es stehet indessen demjenigen, welcher zur הפטרה aufgerufen wird, frey, diese durch den Vorsänger sagen zu lassen.

§. 7.

Mit Ausnahme des Herrn Rabbiners hat Niemand das Recht, den Vorsänger über die Fehler, die er im Verrichten der Gebethe begehen könnte, anzurufen.

§. 8.

An hohen Feiertagen werden sich die כהנים (die vom Stamme Aron) in zwei Reihen stellen, und die Ueberreichung des Beckens durch die לוים (vom Stamme Levi) erwarten.

§. 9.

Es wird ein Gesang für den Segen, den die כהנים an den Feiertagen geben, bestimmt werden, diejenigen unter ihnen, welche nicht folgen können, werden mit leiser Stimme das Wort aussprechen, damit die Harmonie nicht gestört werde, und um dieses zu erzwecken, haben sie sich einige Tage vorher mit dem Vorsänger hierüber zu verständigen.

§. 10.

Sie dürfen nicht עולה על הדוכן seyn (auf der Stufe des Altars stehen) außer mit schwarzen Filzschuhen.

§. 11.

Das "ישר כח" (die Danksagung) wird der im Dienste befindliche Administrator mit lauter Stimme im Namen der Gemeinde den Nachkommen Arons sagen, nachdem sie den Segen an den Festtagen, der Gemeinde gegeben haben werden.

§. 12.

An פורים (Hamansfest) wird die מגילה (das Buch Esther) mit der größten Stille zugehört, und darf durch keine Unterbrechung gestört werden.

§. 13.

Die Administration wird die Leute bestimmen, welche den Vorsänger ersetzen, um die סליחות (Frühgebethe in der Neujahrs- und Versöhnungswoche) zu sagen, sie wird auch dafür Sorge tragen, daß jedes Jahr die תפילות an ימים נוראים (die Ablösung des Vorsängers am Neujahrs- und Versöhnungstag) mit Individuen besetzt werden, die dieser Würde in jeder Hinsicht entsprechen.

Außer einem anerkannten Vorsänger darf kein Unverheuratheter hierzu verwendet werden.

§. 14.

Außer einem אבל (Trauernden) oder einem der Jahrzeit hat, (den Sterbetag des Vaters oder der Mutter begeht) ist es Niemand gestattet, den Vorsänger zu vertreten, und selbst diesem ist es nur an den gewöhnlichen Wochentagen gestattet, auch muß ein solcher ein hiesiges Familienhaupt, oder ein hier Geborner seyn, einem Fremden ist es unter keinem Vorwande erlaubt.

§. 15.

Ein אבל oder einer, der Jahrzeit hat, welcher nicht zum Vorbethen fähig ist, wird solches von selbst unterlassen, damit der Herr Rabbiner nicht veranlaßt ist, es ihm untersagen zu müssen.

Capitel II.

Von dem Aufrufen zur Thora, und von den היובים (diejenigen, welche zur Thora gesetzlich aufgerufen werden müssen).

§. 1.

Am Samstag können beim Aufruf zu den ersten sechs Capiteln zur Thora nur Familienhäupter, worunter auch jene Unverheurathete begriffen sind, welche ein Familienhaupt durch Selbstständigkeit ausmachen, und der Geschäftsführer einer Familie, wo kein Principal ist, zugelassen werden, zu den drei übrigen Capiteln, als שביעי (dem Siebenten), אחרון (dem Letzten) und הפטרה (dem Capitel aus den Propheten), dürfen auch unselbstständige ledige Personen aufgerufen werden. — An hohen Feyertagen können nur Familienhäupter aufgerufen werden.

§. 2.

Der Aufgerufene darf nur für folgende מי שברך machen lassen (den Segen durch den Vorsänger).

1) Einen für den Herrn Rabbiner mit ganz קהל (Gemeinde);

2) Einen für die Person, welche die מצוה (Ehre) angeboten hat, und für seine ganze Familie, ohne Benennung eines Namens derselben;

3) und einen dritten für die Frau des Aufgerufenen, mit Benennung ihres Namens, und für seine Familie ohne Namensbenennung.

§. 3.

Jeder, der zur Thora aufgerufen wird, hat am Samstag und andern hohen Feiertagen, so wie den ganzen Monat Tischri neun Kreuzer, an חול המועד (Zwischenfeiertagen), פורים (Hamansfest), חנוכה (Weihnachten), ראש חודש (den ersten Monatstag) und מנחה של שבת (Sabbats-Vesper) drei Kreuzer, zum Nutzen der Synagoge zu entrichten.

§. 4.

Die Person, die zur Thora gerufen wird, ist bei ihrem Vornamen, bei dem des Vaters, und dem Familiennamen zu rufen.

§. 5.

Derjenige, dem das Capitel vorgelesen ist, stellt sich, während der Folgende aufgerufen wird, zur Linken des Vorsängers, und so weiter, bis zum Ende.

§. 6.

Als היובים sind anerkannt:

1) Ein ברמצוה (das Kind, welches sein Confirmationsfest feiert);

2) Ein חתן (Bräutigam);

3) Ein היוב יולדות (Einer, dessen Frau von einer Kindbett aufsteht);

4) Ein סנדק (der Gevatter bei einer Beschneidung);

5) Ein מוהל (Derjenige, der die Operation der Beschneidung vornimmt);

6) Ein בעל תוקע (der am Neujahresfest das gesetzlich vorgeschriebene Widderhorn bläst);

7) Einer der Jahrzeit hat (der den Sterbetag des Vaters oder der Mutter begeht).

Jedes der ersten sechs Individuen dieser חיובים ist für sich zum Aufruf zu den ersten sechs Capiteln berechtigt, falls aber hievon mehrere an einem Tage gegenwärtig sind, so haben sie nach oben aufgestellter Reihenfolge das Recht hierauf. —

Einer, der Jahrzeit hat, ist nur dann dazu berechtigt, wenn von den andern sechs keiner vorhanden ist.

§. 7.

Sind mehrere da, welche an einem Tage Jahrzeit haben, so haben sie unter sich zu loosen, und Derjenige, den das Loos trifft, wird zum sechsten Capitel aufgerufen, die übrigen werden unter den מוספים (die in solchen Fällen durch Abkürzung der Capitel entstehenden Zugaben, welche jedoch die Zahl Drei nicht übersteigen dürfen, aufgerufen; sind daher mehr da, als die Zahl abwirft, so haben sie unter sich zu loosen.

§. 8.

Wenn einer, der Jahrzeit hat, mittelst Kauf's schon unter den ersten fünf Capiteln aufgerufen worden, so hat er auf das sechste Capitel kein Recht mehr, sondern es wird verkauft; wo aber bei mehreren Jahrzeiten der Eine, dem das Loos das sechste Capitel bestimmte, schon mittelst Kauf's unter den frühern fünf aufgerufen wird, tritt der Nächstfolgende in dessen Recht auf das sechste ein.

§. 9.

Ein Bräutigam ist ein חיוב (muß gesetzlich aufgerufen werden), am ersten Samstag nach der Verlobung, dann den Samstag vor der Hochzeit und den nach der Hochzeit, an letztem jedoch nur dann, wenn die Hochzeit an keinem קריאת התורה (an einem Montag oder Donnerstag, wo auch aus der Thora gelesen wird) war, wo er ohnehin ein חיוב ist.

§. 10.

Jeder חתן (Bräutigam) er mag ein hier Geborner oder hier Dienender seyn, so wie ein Fremder, der eine hier geborne oder hier dienende Person heurathet, ist ein חיוב.

§. 11.

Der Herr Rabbiner ist ein חיוב an jedem Samstag wo man רה בענשט (am Sabbat wo der neue Monat eingesegnet wird) an מתנת יד (der Feiertag, wo man das Gebeth für die Verstorbenen hält) und am ersten Tag ראש השנה (am ersten Feiertag des Neujahrs).

§. 12.

Nachdem die כהנים (die Nachkommen Aron's) gesetzlich חיובים sind, so wird hierüber nachfolgendes bestimmt:

a) Am Samstag dürfen sowohl verheurathete als unverheurathete כהנים zur Thora gerufen werden;

b) An ימים נוראים und שלש רגלים (an Ostern, Pfingsten, Lauberhüttenfest und Bußtagen) mit Ausnahme חול המועד (Zwischenfeiertage) können nur dann unselbstständige Personen aufgerufen werden, wenn alle Familienhäupter schon gerufen worden sind;

c) An den letzten zwei Oster- und Lauberhütten-Festtagen haben diejenigen Familienhäupter, welche in den ersten Tagen schon gerufen worden, keinen Anspruch mehr hierauf, es können sohin, wenn kein Familienhaupt mehr vorhanden ist, an diesen Tagen auch unselbstständige כהנים aufgerufen werden.

§. 13.

Ebenso verhält es sich mit den לויים (vom Stamme Levi), wenn ein כהן vorangegangen ist.

Capitel III.
Von den Beschneidungen, von der בר מצוה (das Kind, welches sein Confirmationsfest feiert) und von den Hochzeiten.

§. 1.

Die Administration wird für die Beschneidungen zwei Armsessel und acht Wachslichter zur Beleuchtung der מנורה (des achtarmigen Leuchters) liefern. Es muß ihr wenigstens zwei Tage vor dem Tage, an welchem die Operation statt findet, angezeigt werden.

§. 2.

Der Vater, dessen Kind beschnitten wird, ist zu einer Gabe, für die Synagoge gehalten, welche nicht weniger als 1 fl. 30 kr. seyn darf; diese Gabe findet statt, geschieht die Operation in der Synagoge, oder bey Privatpersonen.

§. 3.

Die Aeltern, deren Sohn das dreizehnte Jahr erreicht hat, sind verpflichtet, die Administration wenigstens einen Monat vorher in Kenntniß zu setzen, widrigenfalls ihr Sohn nicht קורא בתורה (das Capitel in der Thora lesen) seyn darf.

§. 4.

Das Lesen des Capitels kann nicht geschehen, außer wenn der Knabe ein schriftliches Zeugniß von dem hiesigen Rabbiner beibringt, daß er bei der Prüfung im Religions-Unterricht gut bestanden, und zur Ablesung dieses Capitels befähiget sey.

§. 5.

Der Vater des בר מצוה (des erwähnten Kindes) ist zu einer besondern Gabe zum Nutzen der Synagoge gehalten, welche nicht weniger als 2 fl. 42 kr. seyn darf.

§. 6.

Der Knabe wird nur zum Lesen eines Capitels zugelassen, aber mit der Bewilligung der Administration kann er alle Capitel der Woche lesen, in diesem Falle soll die Gabe 10 fl. 48 kr. seyn.

§. 7.

Die religiöse Feier der Hochzeiten geschieht in der Regel nur in der Synagoge, jedoch kann auch hievon eine Ausnahme gemacht werden.

Im ersten Falle wird entweder die ganze Synagoge beleuchtet, und das Brautpaar bezahlt zum Nutzen der Synagoge 50 fl., oder es wird nur die מנורה (achtarmige Leuchter) und der große Mittel-Leuchter angezündet, und die Brautpersonen bezahlen zu dem nämlichen Zweck nur 20 fl. — die Wahl hängt von dem Brautpaar ab.

§. 8.

Wird eine Ausnahme gestattet, und die Trauung außer der Synagoge bewilligt, ist das Brautpaar schuldig, der Synagoge Ersatz zu machen, worüber es sich mit der Administration abzufinden hat. — Dieser Ersatz soll im Falle eines erheblichen Grundes in 20 fl. — und im Falle kein Grund zur Feier der Trauung außer der Synagoge angegeben werden will, in 100 fl. bestehen.

§. 9.

Wird sich ein Gemeindeglied auswärtig trauen lassen, so hat solches zur Synagoge einen Ersatz von 20 bis 50 fl. zu machen.

§. 10.

Die Abgaben bei einer Beschneidung, einer בר מצוה (Confirmationsfeier) und einer Hochzeit, als Beiträge zur Unterhaltung des Cultus, müssen immer sogleich bei der Feier erhoben, und können von der Administration nur dann gemindert werden, wenn die Vermögensverhältnisse eine Minderung nothwendig machen.

§. 11.

Der Herr Rabbiner und der dienstthuende Administrator werden die Hochzeiter beim Eingange der Synagoge empfangen, und sie nach der Feier des religiösen Actes wieder zurück begleiten.

§. 12.

Diejenigen Frauen, die als Zuschauerinnen der feierlichen Handlung beiwohnen, sind nur zu den für die Frauen bestimmten Tribunen zuzulassen, die Mütter des Brautpaares sind von dieser Regel ausgenommen.

Die Administration wird in dieser Absicht den Frauen, die in den für die Männer bestimmten Umfang zugelassen werden, Eintrittskarten ertheilen, sie werden sich auf die ihnen bestimmten Plätze begeben.

Die vier Frauen, welche die Braut begleiten, können auf die בימה gehen.

§. 13.

Die neu zu Vermählenden sind verbunden, es der Administration acht Tage, bevor die feierliche Handlung vor sich gehen soll, anzuzeigen, und die Liste einzuhändigen, worauf die Namen der Frauen stehen, die in den, den Männern bestimmten Theile der Synagoge, zugelassen werden sollen.

§. 14.

Bei einer Beschneidung, einer Hochzeit, oder einer jeden andern Ceremonie, wird der Herr Rabbiner, oder der Herr Administrator, die Anwesenden ermahnen, sich mit dem Anstande zu betragen, der im Hause des Herrn erforderlich ist.

Capitel IV.

Vom Verkauf der מצות (Ehrenbezeugungen).

§. 1.

Der Verkauf der מצות geschieht durch den שמש (Synagogendiener) nämlich durch Versteigerung und mit lauter Stimme.

§. 2.

Der geringste Ausrufspreis der מצות ist, an den Samstag und hohen Feiertagen Morgens, Eins, das ist sechs Kreuzer; an den andern Tagen, Eins, das ist drei Kreuzer, das Uebergebot kann an Samstag und hohen Feiertagen Morgens nicht weniger als Eins, das heißt sechs Kreuzer, und an gewöhnlichen Tagen nicht unter Eins, das heißt drei Kreuzer, seyn; wenn daher Zehn geboten werden, so ist es an Samst- und hohen Feiertagen Morgens ein Gulden, an gewöhnlichen Tagen dreißig Kreuzer.

§. 3.

Das Rufen zur Thora soll an Samst- und Feiertagen besonders verkauft werden, und zwar nach der Ordnung der Capitel.

§. 4.

Die nachfolgenden מצות werden am letzten Tage סוכות (das Lauberhüttenfest) fürs ganze Jahr verkauft, als: נר תורה, הדלקה, יין קידוש, חיפוש, כל וכל שהי' (das Aufsuchen der Stellen in der

Thora, der Wein zum Segensprechen, das Anzünden der Gebethkerzen, das Anschaffen des Lichts der Thora, die Vertheilung der Ehrenbezeugungen, im Falle, wo kein Käufer dazu da ist). Auch נר תמיד (das ewige Licht) in so lange es nicht durch Erleg eines hinlänglichen Capitals zur Unterhaltung desselben, als Stiftung übergeht, wird am letzten Tag סוכות (Lauberhüttenfest) für das ganze Jahr verkauft.

§. 5.

Das מצות Geld wird jedesmal am Anfange des folgenden Monats, wo der Kauf geschah, erhoben; wer aber im Verlaufe des Monats es nicht tilgt, der ist zum fernern Kaufe nicht mehr zuzulassen, bis dieß geschehen.

§. 6.

Es werden zwei Register (mit Marken) über das an Samst- und Feiertagen aus den מצות Gelöste angerichtet, das eine wird der diensthuende Administrator, das andere der Controlleur führen, dessen Aufstellung das folgende Capitel bestimmt.

§. 7.

Jeder Administrator wird nach Ablauf seines Dienstes, gleichzeitig mit dem Controlleur, den Auszug der zwei Register fertigen, diese beiden Verzeichnisse des Erlöses aus den מצות werden von jedem unterschrieben, das Eine wird bei der Administration niedergelegt, das Andere dem Cassier der Synagoge, dessen im nächsten Capitel Erwähnung geschieht, übergeben.

§. 8.

An Wochentagen wird das מצות Geld sogleich bezahlt; zu diesem Behufe wird der Administrator oder der Controlleur eine verschlossene Büchse haben, deren Schlüssel der Cassier in Händen hat, der שמש (Synagogendiener) empfängt den Betrag, und legt ihn in die dazu bestimmte Büchse; diese wird alle Monate im Beiseyn der Administration geöffnet, und dann der Betrag dem Cassier übergeben; auch hierüber wird ein Protocoll aufgesetzt.

Capitel V.
Von der Administration, dem Cassier und Controlleur.

§. 1.

Es sollen nebst den schon bestehenden zwei Administratoren noch ein גבאי הקדש (Cassier) und ein Controlleur bestehen; sie haben dafür zu sorgen, daß die Synagoge stets mit allem versehen ist, was die Ausübung des Cultus fordert, daselbst die Ordnung zu erhalten, den Verkauf der מצות (Ehrenbezeugungen) und andere religiöse Ehrensachen zu beachten; ihnen liegt besonders ob, das gewöhnliche und außergewöhnliche Ceremoniel in der Synagoge an den Festtagen zu handhaben, und sie geben allen in der Synagoge Angestellten die gemessenen Befehle und Instructionen über das, was vollzogen werden soll.

§. 2.

Die beiden Administratoren werden wechselweise, jeder einen Monat lang, den Dienst der Synagoge versehen.

§. 3.

Ist der diensthuende Administrator nicht in der Synagoge gegenwärtig, so übt seine Verrichtung der andere aus.

§. 4.

Der im Dienst befindliche Administrator ist verpflichtet, seine Aufmerksamkeit im Allgemeinen auf die pünctlichste Vollziehung der bestehenden Verordnungen zu richten, und den Cassier, Controlleur und Dienstpersonal über das, was er zweckmäßig zum Dienste hält, Weisung zu geben.

§. 5.

Der Cassier und Controlleur sind gehalten, sowohl das, was die gegenwärtigen Statuten enthalten, als auch, was die Administration noch besonders anordnet, in Vollzug zu bringen, die Ordnung in der Synagoge zu erhalten, und die ihnen von der Administration ertheilten öffentlichen Bekanntmachungen vorlesen und anheften zu lassen. — Im Falle eine besondere Maßregel augenblicklich ergriffen werden müßte, so haben sich der Cassier und Controlleur mit dem diensthuenden Administrator zu besprechen, und zu vollziehen, was letzterer ihnen aufträgt.

§. 6.

Die beiden Herren Administratoren, der Cassier und Controlleur, müssen am Samstag und feierlichen Festen schwarz gekleidet, in der Synagoge erscheinen.

Capitel VI.
Von den Besoldeten im Dienst.

§. 1.

Die im Dienste der Synagoge stehenden besoldeten Individuen sind:

1) Ein חזן (Vorsänger);
2) Ein שמש (Synagogendiener), in der Person des שוחט (Schächters), welchen im Verhinderungsfalle dessen Gehülfe zu ersetzen hat.

§. 2.

Der Dienst des Vorsängers ist, alle öffentlichen Gebethe in der Synagoge zu verrichten, und in Abwesenheit des Herrn Rabbiners das Gebeth für den König und seine erlauchte Familie zu halten.

§. 3.

Der Anzug des Vorsängers besteht, an Samstagen in einem schwarzen Merino- an hohen Feiertagen in einem schwarzseidenen Oberkleid, mit engen Aermeln, einem weißen Krägelchen, mit einer schwarzen runden Mütze, an gewöhnlichen Tagen erscheint er anständig gekleidet.

§. 4.

Die Verrichtung des שמש ist: die Synagoge zur bestimmten Stunde zu öffnen, und zu schließen; Reinlichkeit darin zu erhalten; Aufsicht über denjenigen zu haben, dem die Beleuchtung aufgetragen ist; die Lichter vor dem Gebethe anzuzünden; das נר תמיר (ewige Licht) zu unterhalten; das Almosen zu sammeln, nach der Vertheilung von הגבה und גלילה; die מצות auszurufen; die Synagogengefälle einzuheben, sie an den Cassier abzuliefern, und überhaupt allen Anordnungen der Administration Folge zu leisten.

§. 5.

Der שמש (Synagogendiener) hat den Schlüssel der heiligen Lade, den er nur an den erforderlichen Tagen vor dem Gebethe ansteckt.

§. 6.

Er muß jedesmal eine halbe Stunde vor, und eben so lange nach dem Gebethe, in der Synagoge seyn.

§. 7.

Er hat darauf zu achten, daß die Verzierungen der Synagoge rein, und in gutem Zustande erhalten werden.

§. 8.

Er hat sich in der Synagoge nur nach dem zu richten, was entweder der Administrator, oder der Cassier, im Dienste ihm aufträgt.

§. 9.

Der Anzug des שמש ist: für die gewöhnlichen Tage, anständig gekleidet; an den Samstag und Festtagen, schwarzer Anzug, dreieckiger Hut, und Mantel von Serge.

§. 10.

In Abwesenheit des Vorsängers hat der שמש die Pflicht, dessen Stelle zu ersetzen.

Capitel VII.
Von den Schank- und Stiftungen in der Synagoge.

§. 1.

Jede Schankung einer ספר תורה kann nach dem Willen des Gebers, entweder der Gemeinde, als vollkommenes Eigenthum überlassen, oder sich folgendes Recht darauf vorbehalten werden, daß nämlich am שמחת תורה (Freudenfest) bei Aushebung seines ספר תורה (Thora) sein Name gerufen wird, und daß er damit, wenn solches nicht unter den dreien ist, woraus an diesem Tage gelesen wird, die הקפה (Umgang) halten, auch diese Ehre einem andern übertragen kann. Unter keinerlei Vorwand ist es ihm jedoch gestattet, dasselbe aus der Synagoge zu nehmen, auch hat er sowohl für die Bekleidung desselben, als bei Auffindung eines Fehlers, für die Verbesserung auf seine Kosten zu sorgen. Er kann sie auch mit gleichem oben angeführten Rechte verkaufen, oder verschenken.

Außer diesen Bedingnissen wird keines angenommen.

§. 2.

Jede Uebertragung muß der Administration angezeigt werden.

§. 3.

Alle בגדי קודש (heilige Gewänder), als פרוכת mit כפורת (Vorhang), שלה Decke für das Thora-Pult und Mäntelchen, müssen der Gemeinde als Eigenthum überlassen bleiben.

§. 4.

Die Bekleidung der ספרים (Thoras), des ארון הקודש (heilige Lade) und das שלה (Thora-Pult), so wie die Bestimmung der Reihenfolge hievon, bleibt lediglich der Administration überlassen.

§. 5.

Die Administration hat für die gehörige Verwahrung derselben zu sorgen, und wenn das Eine oder das Andere aus Nachläßigkeit abhanden kommt, dasselbe für den ersten Geber auf Gemeindekosten zu ersetzen.

§. 6.

Alle בגדי קודש (heilige Gewänder) müssen aus neuem Stoffe vom Stücke gemacht seyn.

§. 7.

Wer eine ספר תורה (Thora) in die Synagoge gegeben, und auch כלי קודש (heilige Geräthe) besitzt, hat, wenn letztere der Gemeinde nicht als Eigenthum überlassen werden wollen, das Recht, an jenem Samstag oder Feiertage, an welchem seine ספר תורה (Thora) herausgehoben wird, dieses mit seinem כלי קודש zu bekleiden.

Capitel VIII.
Von den Plätzen der Synagoge.

§. 1.

Die Plätze, die als Eigenthum übergegangen sind, können nur von den Eigenthümern, oder von den — von denselben authorisirten Personen, eingenommen werden, auch können sie solche an andere als Eigenthum überlassen. Die Authorisation, so wie die eigenthümliche Ueberlassung, muß der Administration angezeigt werden.

§. 2.

Die übrigen Plätze werden auf ein Jahr vermiethet, und sechs Monate voraus bezahlt, am ersten Tischri beginnt das Miethjahr, und schließt mit Ende Ellul; das Semester von Tischri muß den Ellul zuvor, und das von Nissan den Adar vorher bezahlt werden.

§. 3.

Diejenigen Plätze, die im ersten Monate des Semesters noch nicht bezahlt sind, hat die Administration das Recht, einzunehmen, und an jemand andern zu vermiethen.

§. 4.

Die Administration hat das Recht, die auf ein Jahr vermietheten Plätze, auch in dieser Zeit zu verkaufen; jedoch kann sie der Käufer erst am Ende des Semesters in Besitz nehmen; der Miethherr hat zum Kaufe das Vorrecht, zur Erklärung sind ihm drei Tage Bedenkzeit zu gestatten.

§. 5.

Bei einer neuen Verrichtung bleibt dem ältern Miethherrn das Vorrecht, seinen Platz zu dem Anboth des neuen Miethers zu behalten.

§. 6.

Die Vertauschung der Plätze unter Miethleuten muß von der Administration bestättiget werden.

§. 7.

Jeder, der einen Platz als Eigenthum, oder einen gemietheten Platz besitzt, darf nur ein Individuum rückwärts zu sich stellen lassen, da indeß alle Plätze nach der Morgenseite gerichtet sind, so gebiethet es der Anstand, daß auch der Rückstehende eine solche Richtung zu nehmen hat.

§. 8.

Dem Herrn Rabbiner wird ein, seiner Würde angemessener, Platz vorbehalten werden.

Capitel IX.
Allgemeine Anordnungen.

§. 1.

Alles Zusammenstellen in der Synagoge, und vor derselben auf der Straße, ist verbothen.

§. 2.

Beim Eintreten in die Synagoge begiebt sich jeder auf seinen Platz, und bleibt daselbst in Ordnung und Anstand, bis der Gottesdienst zu Ende ist.

§. 3.

Von einem Platze zum andern gehen, ist untersagt, eben so wie das Sprechen, und das übermäßige laute Bethen.

§. 4.

Wer die Ordnung stört, wird zurecht gewiesen, entweder durch den Herrn Cassier, Controlleur, oder durch den dienstthuenden Administrator; im öftern Wiederholungsfalle wird er aus der Synagoge hinausgewiesen.

§. 5.

An Samstag und allen übrigen Feiertagen hat jeder, der in die Synagoge eingelassen werden will, als Kopfbedeckung mit einem Hute zu erscheinen; Kinder unter 13 Jahren sind hievon ausgenommen.

§. 6.

Den Lehrern mit ihren Zöglingen wird ein besonderer Platz angewiesen werden.

§. 7.

Kinder unter vier Jahren können nicht in die Synagoge zugelassen werden, außer bei einem Sterbefalle ihres Vaters oder ihrer Mutter, wo sie mit drei Jahren zugelassen werden.

§. 8.

Kinder unter 13 Jahren dürfen nicht an סוכות (Lauberhüttenfest) die Ceremonie הקפה mit dem לולב (den Umgang) mit machen.

§. 9.

Frauen werden nicht mit unbedecktem Haupte in die Synagoge zugelassen.

§. 10.

Mädchen, ohne Unterschied des Alters, werden nicht in den für das männliche Geschlecht bestimmten Plätzen eingelassen.

§. 11.

Mit Ausnahme der Abgeordneten der Administration, darf Niemand den für die Frauen bestimmten Platz betreten.

§. 12.

Das Tragen der אתרוגים (der Zederäpfel) in die Synagoge in silbernen Gefäßen, ist verbothen.

§. 13.

Sogenannte מגילה Kerzen dürfen nicht in die Synagoge gebracht werden, statt denselben wird gehörig beleuchtet werden.

§. 14.

Das קדיש דרבנן (ein Gebeth für Trauernde) kann nur von dem, den die Reihe trifft, vor dem תיבה (dem Platz des Vorsängers) laut gesagt werden; die Uebrigen dürfen nur mit leiser Stimme folgen.

§. 15.

Ohne Erlaubniß der Administration darf Niemand in der Synagoge eine Rede halten, der Herr Orts-Rabbiner ist wenigstens alle vier Wochen am Samstag hiezu verbunden.

§. 16.

Das Costüme des Herrn Rabbiners ist in der Regel schwarz, an Samstag und hohen Feiertagen, so wie bei besondern Feierlichkeiten, wird sich derselbe des vorliegenden Costümes bedienen.

§. 17.

Bei Geburts- Namens- und andern Festen der allerhöchsten Herrschaften, wird der Herr Rabbiner die Gebethe mit der geeigneten Feierlichkeit bestimmen.

§. 18.

Wenn für einen Kranken Gebethe gehalten werden, so wird der Vorbether das Publicum davon benachrichtigen, derselbe wird die Psalmen, und der Rabbiner den מי שברך (Segen) recitiren.

§. 19.

Vorsänger, Synagogendiener u. s. w., stehen unmittelbar unter der Direction der Administration, und müssen sich lediglich an ihre Befehle halten, bei Strafe der Absetzung; fehlen sie in ihrem Berufe, so kann die Administration sie auf eine Zeit lang außer Dienst setzen, während welcher Zeit sie keinen Gehalt erhalten.

§. 20.

Jeder ist gehalten, sich genau nach der Anordnung zu richten, die diese Statuten vorschreiben.

§. 21.
(Letzter Artikel.)

Gegenwärtige Statuten, von der unterzeichneten Administration und dem Ausschuße geprüft, und als zweckmäßig anerkannt, sollen nach erfolgter gnädigster Sanction von Seite der Königlichen Regierung, gedruckt, in der Synagoge mehrmals abgelesen, ein Exemplar hievon jedem Familienhaupte behändigt, und zur Aufrechthaltung der Ordnung überdieß auch ein Exemplar in der Synagoge angeheftet werden.

München den 23ten Mai 1825.

Administration des israelitischen Cultus.

Jf. Hirsch Pappenheimer.
Eduard Marx, K. Dänischer Commerzien-Rath.

Der Ausschuß.

Anselm Marx.
M. H. Seligstein.
Wolf Wertheimer.
Abraham Wiehl.
D. S. Helbing.
A. Löwenfeld.
L. S. Lilienthal.
Moriz Mändl.

Durch Regierungs-Rescript vom 12. Juni 1825 wurde der hiesigen israelitischen Kirchengemeinde gestattet, die in den vorstehenden neun Capiteln enthaltenen Bestimmungen vor der Hand, und bis zur definitiven Einführung einer Synagogen-Ordnung zur Richtschnur zu nehmen, und in Ausübung zu bringen, welches hiemit auf Ansuchen ämtlich bestättiget wird.

München den 21ten März 1826.

Königl. Baier. Polizey-Direction.

G. v. Rinecker, Polizei-Director.

Liebl, Actuar.

Gebeth für den König und das Königl. Haus.

Er, der den Königen Heil, und den Fürsten Regierung verleihet; Er, dessen Reich aller Welten Reich ist, der seinen Knecht David von der Bosheit Schwert rettete; der einen Weg durch's Weltmeer, durch mächtige Fluthen bahnt, segne, behüte und beschütze unsern allergnädigsten Landesherrn

Ludwig, König von Bayern,

Seine glorreiche Herrschaft hebe sich hoch empor!

(Die Gemeinde) Amen!

König aller Könige! mit deiner großen Gnade schau von deinem heiligen Wohnsitze auf Ihn herab, erhalte und bewahre Ihn vor jedem Uebel und Leiden: Möge Er noch unzählige Jahre Sein erhabenes Zepter führen, und in allen Unternehmungen glücklich seyn!

(Die Gemeinde) Amen!

Segne und beschütze der Frauen Würdigste, unsere erhabene Landesmutter und Königin

Therese Charlotte Louise!

(Die Gemeinde) Amen!

Die Fülle deiner hohen Güte ströme über unsern huldreichen Kronprinzen

Maximilian.

(Die Gemeinde) Amen!

Sende dein Heil dem ganzen erlauchten Königshause, und setze es zum ewigen Segen ein.

(Die Gemeinde) Amen!

Allgütiger! durch deine Allbarmherzigkeit verbreite deinen himmlischen Schutz über alle Bewohner Bayerns. Friede und Gerechtigkeit blühe im Lande, und ewige Eintracht und Zufriedenheit beglücke alle Erdenbewohner. Möge auch Israel Gunst und Wohlwollen bei allen Völkern finden, und stets glücklich leben!

So sey dein heiliger Wille. Amen.

(Die Gemeinde) Amen!

17 Synagogen-Ordnung von 1826

diesem Tage die ganze Hauptstadt beschäftigt hat"[19] und zwar nicht zuletzt deshalb, weil König Ludwig I. und Königin Therese an der Feier teilnahmen.

Ausführlich schildert der Stadtchronist die Festlichkeit: „Um ein Uhr Nachmittags gingen festlich gekleidet, die Schulknaben mit ihren Lehrern, dann die ledigen Individuen und die bey der Grundsteinlegung zugegen gewesenen Knaben und Mädchen, ferner der Synagogendiener mit dem Aßistenten und der Vorsänger aus dem israelitischen Gemeindehaus durch den großen Hofraum in die Synagoge. Ihrem Zuge folgte eben dahin der von sechs Unverheirateten getragene Himmel, worunter diejenigen, welche die Gesetzesrollen trugen, einhergingen. Den Beschluß machte der Rabbiner, die beiden Administratoren, Gemeinde-Ausschuß und die verheirateten Gemeindemitglieder. Gegen fünf Uhr erschienen Ihre Majestäten der König und die Königin mit Gefolge und wurden von dem Rabbiner mit der Tora im Arm, von den Administratoren und dem israelitischen Gemeinde-Ausschuß ehrfurchtvollst empfangen. Der Rabbiner sprach in hebräischer Sprache die Worte: ‚Gelobt seist Du Ewiger! Unser Gott! König der Welt! Der Du von Deiner Ehre den Menschen mitgeteilt hast!' Dann rief er dem König zu: ‚Sei gesegnet im Namen des Herrn!' — Nach vorhergegangenen vorschriftsmäßigen Ceremonien wurde von den Mitgliedern des königlichen Hoforchesters ein von dem königlichen Kapellmeister Stunz componirter Psalm ausgeführt nach welchem der Rabbinats-Candidat Hirsch Aub eine deutsche Rede hielt. Nach derselben wurde ein vom dem königlichen Hofmusik-Intendanten Freiherr von Poißl in Musik gesetzter Hymnus von den Mitgliedern der königlichen Hofcapelle vorgetragen, nach welchem die Gebete für den König, die Königin und das königliche Haus abgehalten wurden. Die sehr reich und geschmackvoll dekorirte Synagoge war zum Erdrücken

18 Gedenkmedaille zur Einweihung in der Westenriederstraße, 21. April 1826

[19]) Der Bayerische Volksfreund 49, 25. April 1826, zitiert nach Hammer-Schenk a. a. O. S. 64

voll, obgleich der Eintritt nur gegen Abgabe von Karten erlaubt war"[20].

Mit der Einweihung der Synagoge im Jahre 1826 erreichten die Juden in München nach jahrhundertelanger Rechtlosigkeit, Unterdrückung und Verfolgung eine erste Etappe auf dem langen und steinigen Weg zur erstrebten Gleichstellung mit den christlichen Mitbürgern. Zwar wurden sie immer noch als Menschen zweiter Klasse behandelt, z. B. mit Einschränkungen im Berufsleben oder mit Niederlassungsbeschränkungen für ihre Kinder. Sie wurden von der Staatsgewalt mißtrauisch beobachtet und von den Mitbürgern immer noch als unliebsame Fremde angesehen. Es war noch nicht gelungen, ein jüdisches Gotteshaus inmitten der Stadt zu errichten, wo es — wie die Kirchen der christlichen Konfessionen — den Kultus in der Öffentlichkeit hätte repräsentieren können. Aber schließlich hatten die Protestanten sogar erst im Jahre 1833 ihre erste Kirche in München, die Matthäuskirche in der Sonnenstraße, erbauen können! Mit der religiösen Toleranz tat man sich im ersten Viertel des 19. Jahrhunderts doch noch sehr schwer, jahrhundertelang gepflegte Vorurteile ließen sich nicht von heute auf morgen beiseite räumen.

Daß es überhaupt so weit gekommen war, daß sie eine Synagoge in München erbauen durften, verdankten die Juden nicht zuletzt dem Herrscherhaus, und sie dankten es diesem durch treue Anhänglichkeit. Sehr deutlich kommt dies in den Ausführungen Pappenheimers bei der Grundsteinlegung zum Ausdruck[21]. In der Tat hatte Max I. Joseph den Bau der Synagoge gefördert und dazu durch die Stiftung von vier Säulen aus Tegernseer Marmor beigetragen. Der junge König Ludwig I. demonstrierte die enge Verbindung zwischen Herrscherhaus und Synagoge durch seine Anwesenheit bei der Einweihung. Diese Bindung, diese Treue zu den Wittelsbachern zieht sich wie ein roter Faden durch die Geschichte des Münchner Judentums bis zum Sturz des bayerischen Königshauses im Jahre 1918. Das Treuebekenntnis zum Herrscherhaus war zugleich auch ein Treuebekenntnis zum Staat, und die Juden hörten nicht auf immer wieder zu betonen, daß sie staatstreue Mitbürger sein wollten. Nur so schien das langfristige Ziel einer endgültigen Gleichberechtigung erreichbar. Ganz in diesem Sinne betonte der junge Rabbiner Hirsch Aub bei der Einweihung der Synagoge, die „Erlaubnis für den Synagogenbau durch die königliche Behörde gilt der Förderung der Religion und diese erreicht durch die religiöse Veredelung auch die sittliche und bürgerliche Erhöhung", damit könne sich die Gemeinde „in jeder dieser Beziehungen der Huld des Königs und der Liebe und Achtung der Mitbürger würdig zeigen"[22].

Die Verbundenheit mit dem Herrscherhaus fand auch ihren Niederschlag in religiösen Feiern anläßlich aller wichtigen Begebenheiten in der königlichen Familie. So wurde, um nur ein Beispiel zu nennen, die Landung König Ottos in Griechenland in der Synagoge mit einem „großartigen Gottesdienst" gefeiert. „Besonders mit hehrem Eindruck übergoß die Handlung die Herzen aller Anwesenden, als die heilige Lade geöffnet wurde, und die Thora auf das Reichstor gestellt und mit der Krone geschmückt, vor den Augen der Versammlung prangte". Aus Anlaß des freudigen Ereignisses übten sich die Juden in Wohltätigkeit gegenüber ihren christlichen Mitbürgern: „Von Seiten der hiesigen israelitischen Gemeinde wurden an diesem Tage auch an

---

[20] Chronik, 21. April 1826, S. 14ff.
[21] vgl. oben S.

[22] H. Aub, Rede bei der Einweihungs-Feyer, München 1826, S. 87

hundert Arme christlicher Confession je zwey Pfund Fleisch, zwey Maß Bier und an vier Kreuzer Brod verabreicht"[23].

Das Streben der Juden nach Beseitigung aller Diskriminierungen und voller Gleichberechtigung in allen Bereichen führte erst nach Jahrzehnten allmählich zum Erfolg. Am 10. November 1861 beschloß der bayerische Landtag endlich die Aufhebung der Paragraphen, die bisher die Niederlassung und die Gewerbeausübung der Juden beschränkt hatten. In der Synagoge wurde am 16. November „ein feierlicher Dankgottesdienst aus Anlaß der neuen zur Thatsache gewordenen Aufhebung der Ausnahmebestimmungen, welche bisher noch auf den Israeliten geruht hatten, abgehalten"[24]. Auch die Erreichung der vollen Gleichberechtigung der Juden in Gesellschaft und Staat in den Jahren 1869 und 1871 wurde mit Gottesdiensten in der Synagoge gefeiert.

Hauptsynagoge an der Herzog-Max-Straße — städtebaulicher Akzent und Zeichen der jüdischen Emanzipation

Am 9. April 1876 feierte man in der bereits seit langem zu klein gewordenen Synagoge deren 50 jähriges Bestehen. Im Rahmen der stürmischen Bevölkerungsentwicklung war auch die Zahl der jüdischen Mitbürger rasch angestiegen, vor allem nach der oben erwähnten Aufhebung der Niederlassungsbeschränkungen. Von 1825 bis 1860 war die Zahl der Einwohner der Stadt von ca. 65.000 auf 127.000 angewachsen, die der Juden von 607 auf etwa 1.200 gestiegen. 1867 hatte München 2.067 jüdische Einwohner bei einer Gesamtbevölkerung von 150.000. 1880 waren von 227.000 Einwohnern 4.144 Juden[1].

Vor allem an hohen Feiertagen reichten die 320 Sitzplätze in der Synagoge bei weitem nicht aus. Es mußten zusätzliche Gottesdienste in gemieteten Räumen abgehalten werden: im Odeon, in einem Saal an der Holzstraße und in Schulräumen[2].

Nachdem man zunächst daran gedacht hatte, für die stetig wachsende Gemeinde die bestehende Synagoge zu erweitern, war man von Seiten der Kultusgemeinde ab Mitte der 60er Jahre entschlossen, eine neue große Synagoge zu bauen. Als geeigneten Bauplatz fand man zunächst ein Grundstück am Wittelsbacherplatz, das sogenannte „Neusigl-Anwesen"[3]. Der Magistrat wurde um „Einräumung des Bauplatzes" gebeten und gleichzeitig die Bereitschaft betont, „allen billigen Anforderungen bei dem Bau sich zu fügen, soweit es die finanziellen und religiösen Verhältnisse der Gemeinde gestatten". Hervorgehoben wurde, „daß der beabsichtigte Neubau keine Unzierde für die Stadt werden soll"[4]. Am 9. Juli 1869 beschloß der Magistrat der Stadt, „die Eschenanlage zum Synagogenbau abzulassen, daß aber zuvor noch der Plan vollständig ausgearbeitet vorgelegt werde"[5]. 1870 erwarb daraufhin die Kultusgemeinde dieses Grundstück an der Nordwestecke des Wittelsbacherplatzes und ließ in den folgenden Jahren verschiedene Planentwürfe anfertigen. Neben dem „Altmeister des Synagogenbaus in Deutschland", Edwin Oppler, — er erbaut u. a. die Synagogen in Hannover und Breslau — wurde auch Professor Emil Lange in Mün-

---

[23]) Chronik, 31. Mai 1833, S. 32
[24]) Chronik, 16. November 1861, S. 32

[1]) Segall a. a. O. S. 2; vgl. auch 1875—1975, 100 Jahre Städtestatistik in München, München 1975, S. 131
[2]) Hauptsynagoge S. 92
[3]) K. E. O. Fritsch, in: A. Schmidt, Die neue Synagoge in München, München 1889, S. 2
[4]) Chronik, 9. Juli 1869. S. 271
[5]) ebd. S. 273

19—21 Studien für einen Synagogen-Neubau am Wittelsbacherplatz von A. Schmidt von 1878

chen aufgefordert, eine Synagoge für den vorgesehenen Bauplatz zu entwerfen. Ein weiterer Entwurf wurde vom dem Architekten von Riedheim eingereicht[6]. Bevor die Entscheidung für einen der Entwürfe gefällt wurde, mußten die Baupläne an diesem Platz aufgegeben werden, da „das Projekt der Erbauung einer Synagoge auf dem Areal des Neusigl-Anwesens die baupolizeiliche Genehmigung nicht erlangt hat"[7].

Nun beschloß man, auf dem erweiterten Gelände der alten Synagoge zwischen Westenrieder- und Frauenstraße eine größere Synagoge zu errichten. Pläne dafür veröffentlichte der Architekt Albert

[6] Fritsch a. a. O. S. 2
[7] Bericht der Verwaltung der Israelitischen Kultusgemeinde in München, April 1878, in: Chronik 1878, Bd. 3/II, Beilage Nr. 208

22 Studie zum Bau einer Synagoge zwischen Westenrieder- und Frauen-Straße von A. Schmidt aus dem Jahr 1878

Schmidt im Jahre 1878 in der Zeitschrift für Baukunde[8]. Schmidt hatte „lediglich im Sinne einer akademischen Studie" auch schon für den Standort am Wittelsbacherplatz Entwürfe angefertigt[9]. Mit dem Projektentwurf wurde 1881 aber zunächst Mathias Berger beauftragt, der Baumeister der Haidhauser Kirche St. Johann Baptist. Berger plante einen quadratischen Bau mit 24 Metern Seitenlänge und 20 Metern Höhe „in Maurischem Style". Geschickt hatte es Berger bei seinem Entwurf verstanden, die 3,5 Meter Niveau-Unterschied zwischen Frauenstraße und Westenriederstraße durch eine großzügige Treppenanlage zu überbrücken. „Der Bauplan fand in architektonischer Beziehung ungetheilten Beifall sowohl der Sachverständigen sowie der israelitischen Kultusgemeinde..."[10].

Auch Schmidts Entwurf für den Synagogenbau an dieser Stelle fand Beifall, in der Grundkonzeption war er dem später an der Herzog-Max-Straße errichteten Bau schon ähnlich. Sowohl der Entwurf Bergers als auch der Schmidts scheiterte schließlich an den veranschlagten Kosten in Höhe von 1.200.000 Mark, die vor allem deswegen so hoch waren, weil sich die vorgesehene Baustelle auf dem Gelände des alten Festungsgrabens befand und daher Fundierungsarbeiten notwendig gewesen wären, die allein schätzungsweise 350.000 Mark gekostet hätten[11].

So mußte die Kultusgemeinde erneut auf Bauplatzsuche gehen. Schließlich stellte die königliche Krongutsverwaltung „auf persönliche Anordnung König Ludwigs II." gegenüber der Maxburg ein Gelände zur Verfügung, das dann in Jahre 1882 für 348.000 Mark erworben wurde.[12] Gegenüber den früher ins Auge gefaßten Bauplätzen hatte der Platz an der Herzog-Max-Straße den großen Vorteil, daß die Synagoge freigestellt werden konnte und außerdem an drei Seiten von Straßen umgeben war — Herzog-Max-Straße, Maxburgstraße und Kapellenstraße —, „ein Umstand, der einmal für leichtere Zugänglichkeit des Baues und seine Sicherheit, dann aber noch für seine Charakterisirung als öffentliches Gebäude und für seine Bedeutung als Glied des städtischen Körpers ins Gewicht fällt"[13].

Mit der Planung und Ausführung des Baues wurde Albert Schmidt beauftragt. Er wurde 1841 in Sonneberg geboren, studierte in München und machte sich hier

[8]) Zeitschrift für Baukunde, Bd. I/1878, Heft 4, S. 487ff.
[9]) Fritsch a. a. O. S. 2
[10]) Münchener Fremdenblatt, 26. April 1881
[11]) Fritsch a. a. O. S. 4
[12]) Hauptsynagoge S. 93; vgl. Fritsch a. a. O. S. 4
[13]) Fritsch a. a. O.

23 Entwurf für einen Synagogen-Neubau zwischen Westenrieder- und Frauenstraße. Aquarell von M. Berger, 1880

24 Entwurf für einen Synagogen-Neubau zwischen Westenrieder- und Frauenstraße. Lavierte Bleistiftzeichnung von M. Berger 1881

25 Entwurf für einen Synagogen-Neubau zwischen der Westenrieder- und Frauenstraße. Aquarell von M. Berger 1881

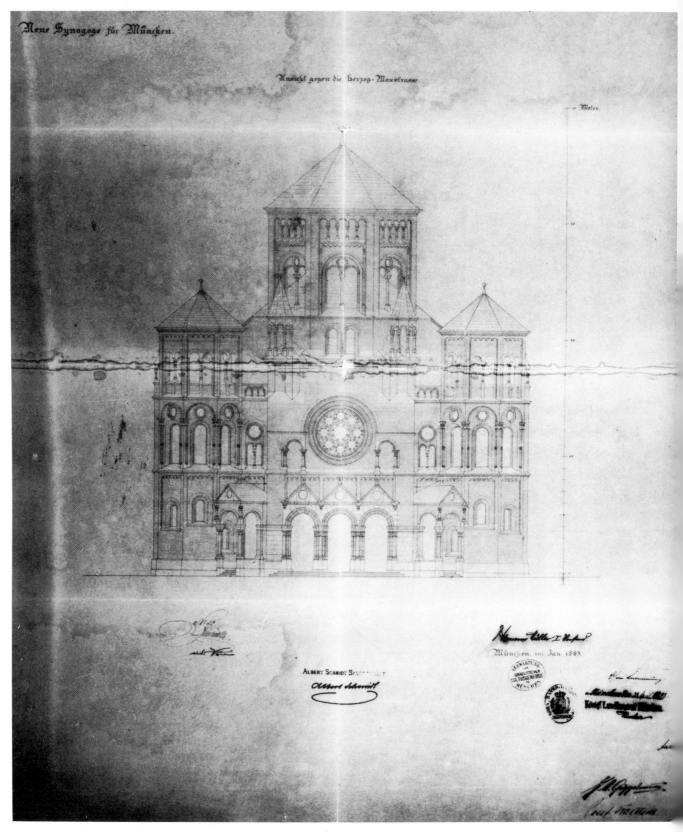

26 Bauplan für die Hauptsynagoge. Hauptfassade an der Herzog-Max-Straße

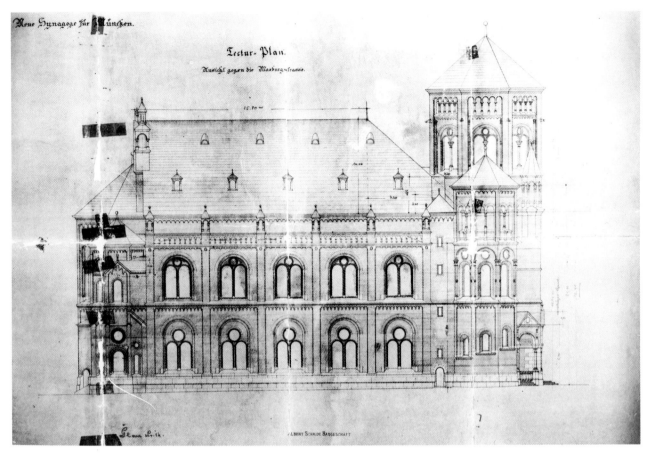

27　Bauplan für die Hauptsynagoge. Seitenansicht von der Maxburg-Straße

28　Grundriß der Hauptsynagoge auf der Höhe der Emporen

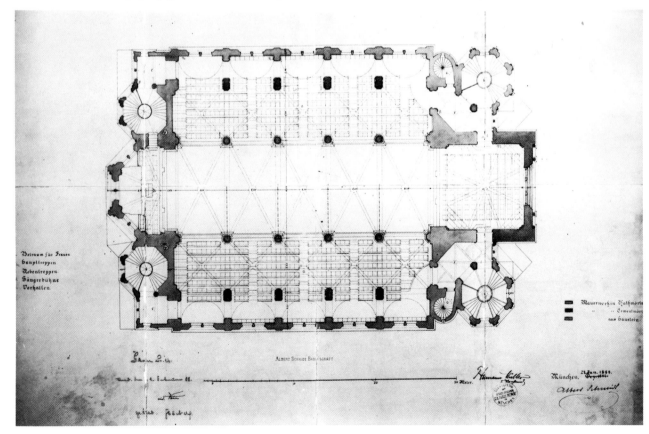

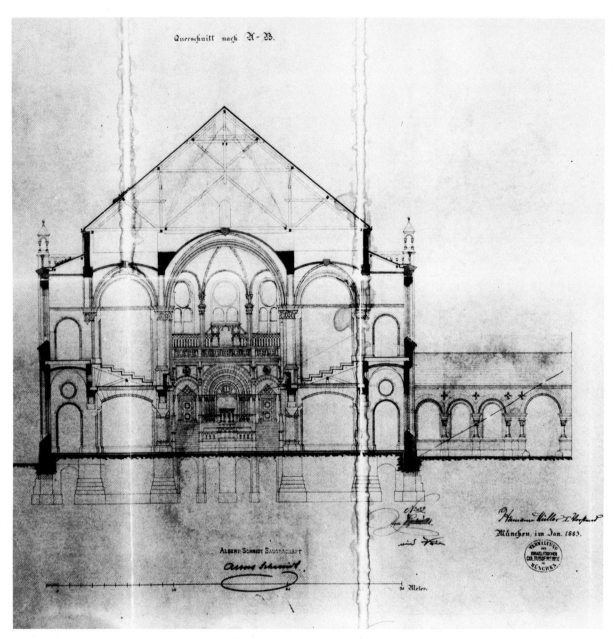

29 Bauplan für die Hauptsynagoge. Querschnitt

auch schon früh einen Namen als Architekt. Neben der Hauptsynagoge baute er in München u. a. die Deutsche Bank, die Bank für Handel und Industrie, die St. Lukaskirche und den Löwenbräukeller. Schmidt starb am 16. April 1913 in München[14].

Zunächst arbeitete Schmidt verschiedene Vorstudien aus, nach denen die Synagoge als Zentralbau gestaltet werden sollte. Vorbild dafür waren die Synagogenbauten Opplers. Die Kosten für einen derartigen Bau hätten jedoch den Rahmen des Möglichen gesprengt, außerdem wäre eine Überschreitung der Grundstückgrenzen erforderlich gewesen. Schließlich legte Schmidt den Entwurf für einen dreischiffigen Langhausbau vor, der sowohl im Kostenrahmen blieb als auch vom Grundriß her dem vorhandenen Grundstück am ehesten entsprach und der schließlich die Möglichkeit der Unterbringung der notwendigen Nebenräumlichkeiten bot[15].

Im Gegensatz zum Jahre 1824, in dem die Grundsteinlegung der Synagoge an der Westenriederstraße mit großen Aufwand und unter starker Beachtung in der Öffentlichkeit vorgenommen wurde, begann man 1884 mit dem Bau der neuen Synagoge ohne jegliche Feierlichkeit, sodaß niemand Notiz davon nahm. Baubeginn war am 14. Februar 1884[16]. Im Juli 1884 waren die Bauarbeiten bereits so weit fortgeschritten, daß Straßensperren erforderlich wurden: „Wegen Erbauung einer Synagoge und wegen des zu diesem Behufe aufgestellten umfangreichen Gerüstes in der Maxburgstraße wird der Fuhrwerksverkehr in der Länge des noch stehenden Restes des alten Gebäudes Nr. 3 in der genannten Straße bis auf Weiteres gänzlich eingestellt. Ferner darf die Herzogmaxstraße bis aus Weiteres von der Neuhauserstraße aus bis zum Haus Nr. 4 an der ersteren Straße nur mehr mit Personen- und solchen Fuhrwerken befahren werden, mit welchen das Umkehren in dieser Straße zur Rückfahrt leicht möglich ist."[17]

Der Neubau einer großen Synagoge stellte die Kultusgemeinde vor große finanzielle Probleme. Das Baugrundstück hatte 348.000 Mark gekostet, der Bau selbst kam auf 700.000 Mark, 90.000 Mark kostete die Innenausstattung. Für die Gemeinde mit noch nicht einmal 5000 Mitgliedern war dies eine enorme Summe, die sie aufzubringen hatte und die sie in erheblichem Maße wieder durch den Verkauf von Betstühlen finanzieren mußte. Bereits 1878, als man noch von einen Synagogenbau am Wittelsbacherplatz ausgegangen war, hatte die Verwaltung der Kultusgemeinde den Verkauf von Betstühlen beschlossen, ein Betstuhl sollte zunächst zwischen 250 und 1000 Mark kosten.[18] Dabei war man aber von Gesamtkosten von 680.000 Mark ausgegangen. Nachdem sich die Kosten gegenüber dem Voranschlag von 1878 nahezu verdoppelt hatten, mußten auch die Kaufpreise für die Betstühle kräftig angehoben werden: sie kosteten 1887 schließlich zwischen 200 und 1700 Mark[19]. Inhaber von Betstühlen in der alten Synagoge erhielten kostenlosen Ersatz durch gleichwertige Betstühle in der neuen Synagoge.

Im Sommer 1887 war der Bau der Synagoge fertiggestellt. Bereits vor der offiziellen Einweihung wurde das neue isra-

---

[14]) Schmidt, Albert, in: Thieme-Becker, Künstlerlexikon, Bd. XXX. S. 132
[15]) Fritsch a. a. O. S. 4f.
[16]) Bislang war das Datum des Baubeginns nicht mehr genau bekannt: weder in der Festschrift zum 50jährigen Bestehen der Synagoge noch bei Fritsch ist der Baubeginn datiert. Auf einem jetzt gefundenen Einladungsblatt zu Synagogeneinweihung ist der Baubeginn angegeben.

[17]) Münchener Amtsblatt 61, 13. Juli 1884, S. 287
[18]) Beilage zum Verwaltungsbericht der Israelitischen Cultusgemeinde, in: Beilage zur Chronik 1878, Bd. 6, S. 5255
[19]) Normen für die Rechtsverhältnisse zwischen der israelitischen Cultusgemeinde in München und den Inhabern von Betstühlen in der neuen Synagoge daselbst (Nach Beschlüssen der Cultusverwaltung vom 30. Januar 1887); vgl. Wiedergabe der Normen S. 64 ff.

30 Dokument über den Umtausch von Betstühlen in der alten Synagoge gegen Betstühle in der Hauptsynagoge

Normen

für das Rechtsverhältnis zwischen der israelitischen Cultusgemeinde in München und den Inhabern von Dauerplätzen in der neuen Synagoge daselbst.

(Nach den Beschlüssen der Cultusverwaltung vom 30. Januar 1887.)

§. 1.

Der Erwerber eines Dauerplatzes erlangt durch den Akt der Erwerbung das Recht, den Dauerplatz während des öffentlichen Gottesdienstes in der Synagoge entweder selbst zu benützen oder durch eine andere Person benützen zu lassen — selbstverständlich mit der durch die Scheidung der Dauerplätze in solche für Männer und für Frauen sich ergebenden Beschränkung.

Die Cultusverwaltung behält sich jedoch das Recht vor, für Gottesdienste aus besonderen außerordentlichen Anlässen über die sämtlichen Dauerplätze ohne Rücksicht auf die bestehenden Benützungsrechte nach Maßgabe spezieller Anordnungen zu verfügen.

§. 2.

Die gleichzeitige Benützung eines Dauerplatzes durch zwei oder mehr Personen ist unstatthaft.

§. 3.

An der Einrichtung eines Dauerplatzes, wie solcher von der Cultusgemeinde hergestellt und übergeben worden ist, darf ohne Zustimmung der Cultusverwaltung nichts geändert, namentlich auch nicht angeschlagen oder angeheftet werden.

§. 4.

Den Inhabern von Dauerplätzen steht ein Recht der Einsprache gegen bauliche oder sonstige Einrichtungen oder Veränderungen, welche die Cultusverwaltung in der Synagoge trifft, sowie gegen

Einstellung des Gottesdienstes während der Durchführung solcher Maßnahmen nicht zu.

§ 5.

Die Cultusverwaltung ist berechtigt, einen Sitzplatz zu entfernen, wenn dies zur Durchführung einer von ihr beschlossenen baulichen oder sonstigen Veränderung in der Synagoge erforderlich ist, hat jedoch in diesem Falle dem Inhaber in Ermangelung anderweitiger Vereinbarung den Werth des Sitzplatzes zu vergüten.

§ 6.

Das Benützungsrecht an einem Sitzplatz kann durch Rechtsgeschäft unter Lebenden nur auf ein Mitglied der hiesigen israelitischen Cultusgemeinde übertragen werden.

Infolge letztwilliger Anordnung oder im Wege der gesetzlichen Erbfolge kann dieses Recht sowohl auf Gemeindemitglieder, wie auch andere Personen übergehen, auf letztere jedoch nur mit der Beschränkung, daß der Cultusgemeinde das Recht zusteht, den betreffenden Sitzplatz gegen Vergütung seines Werthes zurückzuerwerben.

Das gleiche Recht steht der Cultusgemeinde auch dann zu, wenn das Benützungsrecht an einem Sitzplatze durch Zwangsversteigerung auf ein Nichtgemeindemitglied übergegangen ist.

§ 7.

Als Werth eines Sitzplatzes im Sinne der §§ 5 und 6, Absatz 2 und 3 gilt derjenige Betrag, mit welchem der Sitzplatz in dem angefügten Verzeichnis der Werthanschläge der Sitzplätze in der neuen Synagoge vom 23. Januar 1887 eingesetzt ist.

§ 8.

Der Cultusgemeinde gegenüber gilt als Inhaber eines Sitzplatzes diejenige Person, welche als solche im Synagogengrundbuche eingetragen ist.

Es steht jedoch jedem Wechsel in der Person des Benützungs-

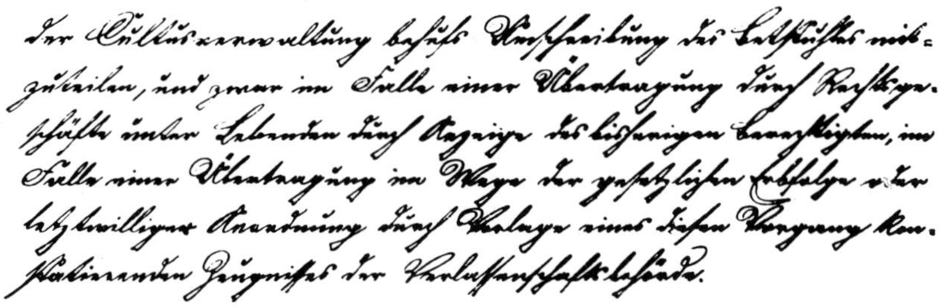

der Cultusverwaltung behufs Umschreibung der Betstühle mit-
zutheilen, und zwar im Falle einer Übertragung durch Rechtsge-
schäfte unter Lebenden durch Anzeige des bisherigen Berechtigten, im
Falle einer Übertragung im Wege der gesetzlichen Erbfolge oder
letztwilliger Anordnung durch Vorlage eines diesen Vorgang kon-
statirenden Zeugnisses der Verlassenschaftsbehörde.

31 Vertragsbestimmungen über den Verkauf von Betstühlen

Verzeichnis

der Wertanschläge der Betstühle in der neuen Synagoge.

(Nach den Festsetzungen der Cultusverwaltung vom 23. Januar 1881.)

A. Männerbetstühle.

1. In dem Mittelschiffe
rechts und links vom Hauptgang:

In der Reihe 1 je	1500 M
In den Reihen 2 bis einschließlich 5 je	1200 „
„ „ „ 6 „ „ 11 „	1000 „
„ „ „ 12 „ „ 15 „	800 „
„ „ „ 16 „ „ 19 „	600 „
„ „ „ 20 „ „ 22 „	500 „
„ „ „ 23 und 24 je	400 „

2. In den beiden Seitenschiffen:

In den Reihen 1 bis einschließlich 5 je	800 „
„ „ „ 6 „ „ 10 „	700 „
„ „ „ 11 „ „ 17 „	600 „
„ „ „ 18 „ „ 23 „	500 „
„ „ „ 24 „ „ 27 „	400 „
„ „ „ 28 und 29 je	200 „

B. Frauenbetstühle.

1. Auf der Mittelempore:

In der Reihe 1 je	1700 M
„ „ „ 2 „	1200 „
„ „ „ 3 „	1000 „
„ den Reihen 4 und 5 je	900 „

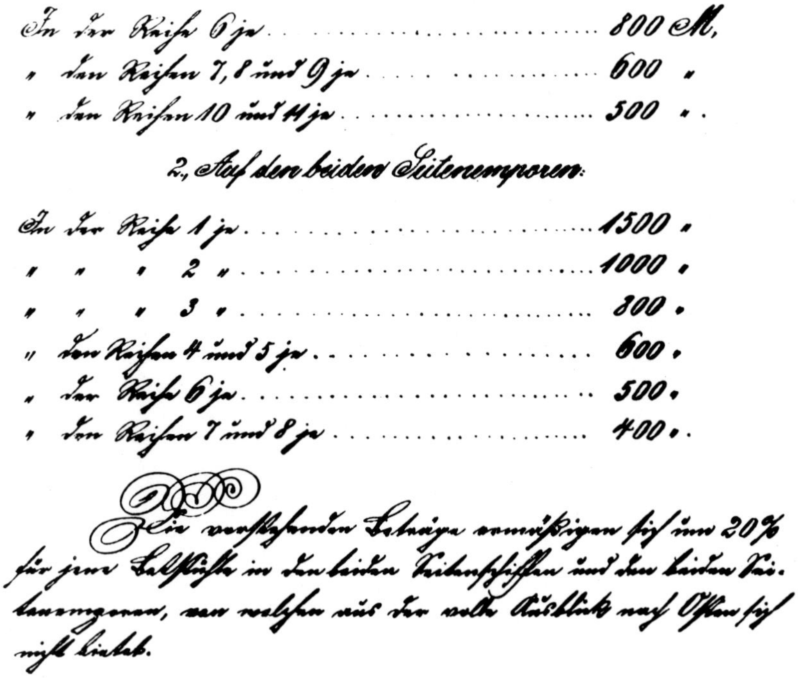

In der Reihe 6 je . . . . 800 M.
" den Reihen 7, 8 und 9 je . . . . 600 "
" den Reihen 10 und 11 je . . . . 500 "

2, Auf den beiden Seitenemporen:

In der Reihe 1 je . . . . 1500 "
"   "   " 2 " . . . . 1000 "
"   "   " 3 " . . . . 800 "
" den Reihen 4 und 5 je . . . . 600 "
" der Reihe 6 je . . . . 500 "
" den Reihen 7 und 8 je . . . . 400 "

Die vorstehenden Beträge ermäßigen sich um 20% für jene Betstühle in den beiden Seitenschiffen und den beiden Seitenemporen, von welchen aus der volle Ausblick nach Osten sich nicht bietet.

32 Verzeichnis der Preise für Betstühle in der Hauptsynagoge

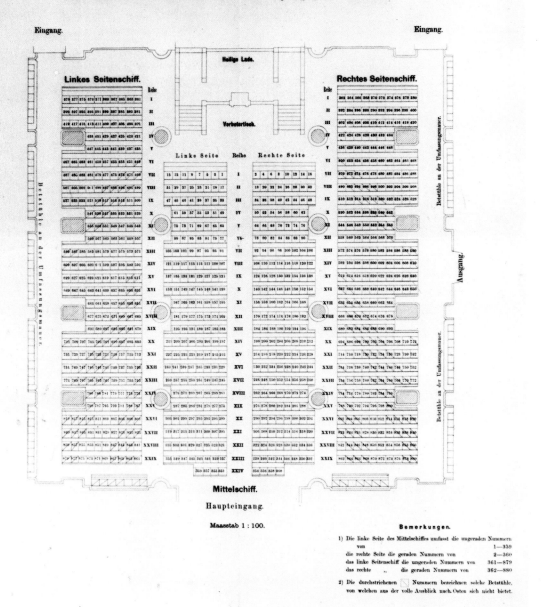

33 Plan der Männerbetstühle

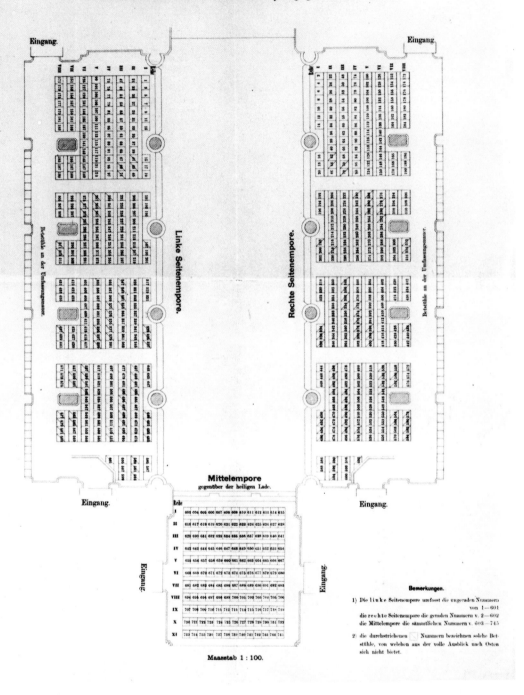

34 Plan der Frauenbetstühle auf den Emporen

elitische Gotteshaus mit seinen Einrichtungen der Öffentlichkeit präsentiert. Die Mitglieder des Königshauses ließen sich den Bau zeigen. So „begab sich seine königliche Hoheit der Prinz-Regent" am 6. Juli „zur Synagoge. Seine königliche Hoheit wurde daselbst von dem Architekten und Erbauer der Synagoge, Albert Schmidt, empfangen und von diesem durch den ganzen Bau geleitet"[20], und am 1. August besichtigte Prinz Ludwig „die neue Synagoge und gab seiner Anerkennung über die Großartigkeit des Bauwerkes rückhaltlosen Ausdruck"[21]. Die Allgemeinheit hatte von 11. bis 18. Juli Gelegenheit, für ein Eintrittsgeld von 1 Mark am Dienstag und Donnerstag und 50 Pfennigen an den anderen Tagen „zum Besten des Künstler-Unterstützungs-Vereins" die Synagoge zu besichtigen[22]. Die Orgel wurde am 21. Juli der Vorstandschaft und den Ausschußmitgliedern der Kultusgemeinde sowie geladenen Gästen präsentiert. „Die Orgel besitz 25 klingende Register, drei Kopplungen, vier Kollektivtritte und sind die Register auf zwei Manuale und einem Pedal vertheilt". Die Anlage der Orgel hatte den München Orgelbaumeister Franz Maerz vor besondere Probleme gestellt, „weil für diese nur der möglichst kleinste Raum beansprucht werden konnte, und nahezu 1500 Pfeifen, nicht wie sonst üblich, parallel in Front gestellt, sondern von der Rückwand des Chores gegen den Spieltisch chromatisch gestaltet werden mußten". Experten und Sachverständige sprachen dem Orgelbauer ihre Anerkennung aus. Am Abend desselben Tages fand eine Beleuchtungsprobe statt, bei der 300 Gasflammen das Gotteshaus erhellten[23].

Die Kultusgemeinde konnte stolz auf ihre neue Synagoge sein, deren architektonische Gestaltung allenthalben Anklang fand und deren Bedeutung für das Stadtbild hervorgehoben wurde. „München, das architektonische Schmuckkästchen Deutschlands, ist wieder um eine köstliche Perle reicher geworden... Die äußere Architektur ist reich gegliedert, macht aber trotzdem den Eindruck des Ernsten, Würdevollen. Im Interieur, das in drei Schiffe getrennt ist, wird das Hauptschiff durch mächtige Säulen mit reichen Kapitälen getragen. Während das Parterre zum Aufenthalt für die Männer bestimmt ist, laufen rings an der Wand Galerien herum, in denen die weiblichen Besucher des Gotteshauses Platz finden. Gerechte Bewunderung erregt die prächtige Orgel, die aus der Fabrik des Herrn Orgelbauers Merz stammt... Die Glasmalereien sind aus der Mayer'schen Kunstanstalt, die Subsellien sind... von Herrn Kunstschreiner Ballin hier angefertigt... Die ganze Architektur ist durchweg aus bestem, echtem Material ausgeführt, ein Vorzug, der gerade in unserer Stadt, wo ja fast alle Façaden aus Cement und Gyps fabriziert werden, von großem Werthe ist"[24].

Am 15. August 1887 teilte die „Verwaltung der israelitischen Cultusgemeinde" den „verehrlichen Mitgliedern" mit: „Der Bau der neuen Synagoge... ist nunmehr glücklich zu Ende geführt. Genial erdacht und meisterhaft in allen seinen Theilen durchgeführt, sichert das Bauwerk seinem Schöpfer, dem Architekten Herrn Albert Schmidt, für alle Zeit den Ruf eines bewährten Meisters seiner Kunst, und reiht sich würdig den hervorragenden Monumentalbauten der hiesigen Stadt und den großartigen Gotteshäusern an, welche im Laufe des gegenwärtigen Jahrhunderts in größeren Schwestergemeinden entstanden sind"[25].

---

[20] Chronik, 6. Juli 1887, S. 1271
[21] Chronik, 1. August 1887, S. 1376
[22] Münchener Fremdenblatt, 10. Juli 1887
[23] Chronik, 21. Juli 1887, S. 1337f.; die elektrische Beleuchtung wurde erst 1898 installiert
[24] Münchener Tagblatt 260, 18. September 1887
[25] Mitteilung der Verwaltung der Israelitischen Cultusgemeinde, Chronik 1887, Bd. 3/II, Beilage Nr. 208

Zum Abschied von der alten Synagoge versammelte sich die Gemeinde dort zum letzten Mal am 10. September zum Gottesdienst. Rabbiner Perles gab dabei die Gefühle wieder, die wohl die meisten der Anwesenden bewegten: „Wehmüthig-freudige Gefühle bekämpfen sich in unser aller Herzen. Wir stehen gehobenen Sinnes vor der Erfüllung eines seit Jahrzehnten in unserer Gemeinde gehegten Wunsches, vor der Erreichung eines lange verfolgten Zieles, vor der Einweihung einer den Bedürfnissen unserer Gemeinde entsprechenden großen, herrlichen Synagoge und wir können uns bei dem Abschiede von dieser alten Synagoge, dem bisherigen Mittelpunkte unseres Gemeindelebens, eines Gefühles der Rührung, der Ergriffenheit und lasset mich noch hinzufügen, eines Gefühles der tiefsten Dankbarkeit nicht erwehren"[26]. Die kleine Gemeinde, die vor 60 Jahren unter großen Opfern diese Synagoge errichtet habe, sei inzwischen zur größten und bedeutendsten Gemeinde Bayerns geworden und damit über diesen kleinen, bescheidenen Raum hinausgewachsen. Nachdem Perles das Schicksal der Juden in München vom 13. Jahrhundert an skizziert und das rege Gemeindeleben in der bisherigen Synagoge geschildert hatte, gab er dem Wunsche Ausdruck: „Blühe, gedeihe, wachse, dort wie hier!"[27]

Die Einweihung der neuen großen Synagoge an markanter Stelle der Stadt war für die Münchner Juden glanzvoller Höhepunkt einer Entwicklung, die vom Beginn des Jahrhunderts an in langsamen Schritten und mit mancherlei Rückschlägen schließlich zur völligen Gleichberechtigung der Deutschen jüdischen Glaubens mit ihren Landsleuten geführt hatte. In diesem Sinne war die Einweihung der Hauptsynagoge an der Herzog-Max-Straße nicht nur ein Fest für die jüdische Gemeinde, sondern eine Feier, bei der Staat und Stadt durch die Anwesenheit ihrer höchsten Repräsentanten die Gleichstellung der jüdischen Münchner Mitbürger bekräftigten.

Die Feierlichkeiten begannen am 16. September um 6 Uhr früh mit einem letzten Gottesdienst in der alten Synagoge und der „Überführung der heiligen Gesetzesrollen mittel Equipagen"[28]. Daran anschliessend fand die feierliche „Schlußsteinlegung" statt. „In die eingelegte Kapsel wurde eine Urkunde über den feierlichen Akt, sowie sämtliche Münzen und Tagesblätter eingeschlossen". Die für den Bau verantwortlichen drei Bauführer erhielten „je eine goldene Remontoir-Uhr mit Widmung in prachtvollem Etui als Zeichen der Anerkennung überreicht"[29].

Vor der Synagoge wehten Fahnen in den bayerischen und Münchner Farben, „kostbare Seidenfahnen in Weißblau und Schwarzgelb flatterten von den Eckturmchen und der Kuppel herab"[30]. Zahlreiche Neugierige verfolgten die Auffahrt der Ehrengäste, darunter Ministerpräsident Freiherr von Lutz, Innenminister Freiherr von Feilitzsch, Regierungspräsident Freiherr von Pfeuffer, Landtagsabgeordnete und die Bürgermeister von Erhardt und Widenmayer.

Der bei der Feier anwesende damalige Stadtchronist Ernst von Destouches berichtete: „Die Synagoge selbst war matt beleuchtet und in der Mitte und in den Seitenschiffen von den Gemeindeangehörigen und den geladenen Herren, einem von Knaben (in weißbauen Schärpen) und weißgekleideten Mädchen gebildeten Spalier, auf den Chören von den Damen besetzt"[31]. Unter dem Klang von Posaunen und Pauken folgte daraufhin der Ein-

---

[26] ebd. Beilage Nr. 212, Rede zum Abschied von der alten Synagoge S. 1; Abdruck jetzt auch in: Hauptsynagoge S. 32ff.
[27] Chronik 1887, Bd. 3/II, Beilage Nr. 212, S. 6
[28] Chronik, 16. September 1887, S. 1522
[29] ebd.
[30] Bayerische Kurier 256/257, 16. September 1887
[31] Chronik, 16. September 1887, S. 1524

35   Situation vor dem Bau der Hauptsynagoge, 1882

36   Die im Bau befindliche Hauptsynagoge, 1886. Im Vordergrund Herzog-Max-Brunnenhaus und ein Turm des Karlstor-Brunnenhauses

37 Blick aus dem bald nach dem Bau zugeschütteten Stadtgraben auf die Hauptsynagoge, 1888

zug der zwölf „in prachtvollen Geräthen aus Gold und Silber" aufbewahrten Thorarollen. In einem zeitgenössischen Bericht hieß es: „Schlag 5 Uhr ertönte vom Chore eine hochfeierliche Jubelouvertüre, componirt vom Professor der königlichen Musikschule Herrn Hans Hasselbeck. Während derselben erfolgte die Thoraöffnung durch Herrn Oberrabbiner Perles"[32]. In einem Pressebericht wurde der weitere Verlauf folgendermaßen geschildert: „Kantor Kirschner, Rabbiner Dr. Perles trugen im linken Arm diese oben mit Klingeln versehenen Geräthe um die Synagoge herum, deren Portale hierbei geöffnet wurden, während vom Chor der 26. Vers des Psalmes 118: 'Gesegnet sei, der da kömmt im Namen des Herrn' erklang"[33]. Unter „fortwährenden liturgischen Gesängen folgte die Weihe

[32] Bayerische Kurier a. a. O.

[33] Münchener Bote, zitiert nach: Hauptsynagoge a. a. O. S. 123

38 Modell der Hauptsynagoge

und das Anzünden der heiligen Lampe", Gesang begleitete auch das Öffnen der Heiligen Lade. Nach dem neuerlichen Umzug mit den Thorarollen, der Schließung der heiligen Lade und dem Abgesang mit dem 84. Psalm „Wie lieblich sind deine Wohnungen, Ewiger Zebaoth"[34], hielt Rabbiner Perles die Festpredigt.

Zunächst dankte er Gott dafür, „daß die Bekenner des mosaischen Glaubens nicht mehr vogelfrei, unstät und flüchtig sind"[35]. Die Schönheit des Tempels und die feierliche Gestaltung des Gottesdienstes sei in Israel uralt und schon in grauer Vorzeit seien die Gottesdiensträume im Bunde mit der Kunst erbaut worden. Nachdem es den Juden lange Zeit ver-

[34] Chronik, 16. September 1887, S. 1524

[35] Münchner Neueste Nachrichten, 17. September 1887

78

39 Blick aus dem Hof des 1893—1900 erbauten Künstlerhauses auf die Hauptsynagoge

wehrt gewesen sei, öffentliche Gottesdienste abzuhalten, müsse man Gott dafür danken, „daß in geordneten gesicherten Zuständen die gottesdienstlichen Räume wieder mit Pracht und Kunst ausgestaltet werden können"[36]. In einem Gebet weihte der Redner die Synagoge „zu einem Hause des Friedens, des Friedens für die regierenden Gewalten der Erde, des Friedens der einen Gemeinde". Und mahnend fuhr er fort: „Fern bleibe von dieser Stätte religiöser Anbetung Lieblosigkeit und Unduldsamkeit, Haß und Zwietracht sei allezeit verbannt"[37]. Zuletzt bat der Rabbiner „in erhebenden Worten für Bayerns König, für das Theure Haupt des Prinzregenten, für die Minister, für die Verhandlungen der Kammer,

[36] Münchener Bote a. a. O.

[37] Münchner Neueste Nachrichten a. a. O.

für das gesamte Bayernland und besonders für die Stadt München, für seine Behörden und Bürger, für die israelitische Gemeinde und deren Verwaltung um den Schutz und den Segen des Himmels"[38]. Zum Abschluß der Einweihungsfeier „erstrahlte der Prachtbau plötzlich in glänzendem Lichte"[39], und begleitet von Orgel und Posaunen erklang der Psalm „Halleluja! Lobet Gott in seinem Heiligthum"[40]. Hochbeeindruckt berichtete noch am selben Tag der Reporter des „Bayerischen Kurier": „Es war eine erhebende Feier, an der sich gewiß auch die vielen Andersgläubigen, welche derselben auf Einladung beiwohnen konnten, erbaut haben"[41].

Erich Orthenau, Sproß einer alten einflußreichen jüdischen Münchner Familie, versuchte rückschauend zu erklären, was in den Männern vorgegangen sein muß, die an diesem 16. September 1887 in der neuen Synagoge versammelt waren: „Sie sonnten sich noch in dem Bewußtsein, einen Weg zurückgelegt zu haben, der aus dem Zwielicht der Geschichte in das helle Licht des Tages geführt hatte"[42]. Nicht mehr versteckt hinter unscheinbarer Fassade, wie noch in der Westenriederstraße, sondern in einem unübersehbaren Prachtbau, ebenbürtig den um diese Zeit errichteten anderen Sakralbauten — wie z. B. der ebenfalls von A. Schmidt erbauten St. Lukas-Kirche —, konnte sich die Gemeinde künftig zu ihren Gottesdiensten versammeln. Neben der 1869 und 1871 endlich erreichten vollen Gleichstellung der Juden in Gesellschaft und Staat hatte man mit diesem Bau auch die Gleichberechtigung des religiösen Bekenntnisses dokumentiert.

Normalität schien nun einzukehren. Der größte Teil der Münchner Juden fühlte sich akzeptiert, glaubte, das lang erstrebte Ziel erreicht zu haben: als Deutsche — und zwar gute Deutsche — jüdischen Glaubens anerkannt zu sein. In diesem Sinne hatte man auch die Gottesdienste der neuen Zeit angepaßt, sie vom „Ballast" vieler Traditionen befreit. Ebenso feierte man im jüdischen Gotteshaus wie in den christlichen Kirchen die nationalen deutschen Feiertage. Ein Beispiel dafür gibt ein Bericht über eine Feier am 31. August 1895: „In der Synagoge fand heute Vormittag zur Erinnerung an die glorreichen Tage des Kriegsjahres 1870/71 Festgottesdienst statt, zu dem sich die Angehörigen der israelitischen Gemeinde zahlreich eingefunden hatten". Rabbiner Werner wies „auf die Bedeutung der Feier als eines nationalen Festes für ganz Deutschland hin, das auch die Deutschen israelitischen Bekenntnisses mitfeiern zu Ehren des gemeinsamen Vaterlandes". In jeder christlichen Kirche hätte ein „national gesinnter" Pfarrer wie Werner der Freude Ausdruck verleihen können, „daß Gott der gerechten Sache den Sieg verliehen hat"[43].

Im Rahmen dieses Beitrags kann nicht auf das Gemeindeleben der Jahre nach 1887 eingegangen werden[44]. Befassen muß man sich allerdings mit einer Erscheinung, die in vielen jüdischen Gemeinden in der zweiten Hälfte des 19. Jahrhunderts zu beobachten war: mit der Abspaltung oder doch zumindest räumlichen Trennung einer Minderheit in der Kultusgemeinde, da sie innerhalb kurzer Zeit Anlaß zum Bau einer weiteren Synagoge war.

---

[38]) Münchener Bote a. a. O.
[39]) Chronik, 16. September 1887, S. 1524
[40]) Münchener Bote a. a. O.
[41]) Bayerischer Kurier a. a. O.
[42]) Orthenau, in: Lamm a. a. O. S. 114

[43]) Chronik, 31. August 1895, S. 1294

[44]) Darauf gehen zum Teil die Autoren in der Festschrift zum 50jährigen Bestehen der Hauptsynagoge a. a. O. ein

Die Orthodoxe Synagoge an der Herzog-Rudolf-Straße

Ein Teil auch der Münchner jüdischen Gemeinde konnte die Modernisierungen, die in den 70er Jahren im Gottesdienst eingeführt worden waren, nicht mitvollziehen. So nahmen sie Anstoß am 1876 eingeführten neuen Gebetbuch und an der bisher nicht üblichen Begleitung des Gottesdienstes mit Orgelmusik und Chorgesang. Die Auseinandersetzungen zwischen den liberalen Reformern, die sich in der Münchner jüdischen Gemeinde durchgesetzt hatten, und den Orthodoxen, die auf einem Gottesdienst in der überlieferten Form bestanden, führten zwar nicht wie anderorten zu einer Abspaltung, aber zur Gründung des Vereins „Ohel Jakob" innerhalb der Gemeinde[1].

Die orthodoxen Gemeindemitglieder hatten sich seit der „Modernisierung" des Gottesdienstes in einem Betsaal an der Kanalstraße 29 zu eigenen Gottesdiensten getroffen. Auf eine Anfrage der Staatsanwaltschaft beim Landgericht München I, „ob der Betsaal Kanalstraße 29 dahier ein zu religiösen Versammlungen eines Theiles der Cultusgemeinde bestimmter Ort ist"[2], erwiderte die Kultusgemeinde entsprechend einem Briefentwurf von Rabbiner Perles u. a.: „Das Rabbinat und die Verwaltung der Cultusgemeinde haben im Interesse des Friedens und zur Schonung der Gewissensfreiheit von dem ihnen gesetzlich zustehenden Einspruchsrecht keinen Gebrauch gemacht und auf die Einrichtung und innere Ordnung des Betsaales keinerlei Einfluß ausgeübt, sodaß sämtliche innere und äußere Angelegenheiten des Betsaales ... lediglich von Mitgliedern desselben geregelt werden"[3].

Die Kultusgemeinde distanzierte sich also in zurückhaltender Weise von den Orthodoxen, deren Kultausübung sie eben nur tolerierte, aber eigentlich nicht billigte. Diese Distanzierung wurde noch deutlicher, als die Orthodoxen den — naheliegenden — Versuch unternahmen, die alte Synagoge an der Westenriederstraße nach dem Neubau der Hauptsynagoge für ihre Gottesdienste zu mieten. Am 23. August 1887 richteten die „zwei Vorstände und ein langjähriges Mitglied des in der Kanalstraße dahier aus Privatmitteln eingerichteten Gotteshauses ... im einstimmigen Auftrage ihrer sämtlichen Teilnehmer und einer größeren Anzahl von Gesinnungsgenossen"[4] ein Gesuch an die Verwaltung der Kultusgemeinde, diese „wolle die bisherige Synagoge nach erfolgter Einweihung der neuen Synagoge ... miethweise überlassen"[5].

Begründet wurde das Gesuch damit, daß „der Gottesdienst in der gemeindlichen Synagoge eine vollständige Verwandlung" erfahren habe, „durch welche eine große Anzahl von Gemeindemitgliedern sich in ihrem Gewissen gezwungen fühlten, die Synagoge, das einem Theil von ihnen von frühester Kindheit her hochehrwürdige Gotteshaus zu meiden und sich selbst Stätten der Andacht zu begründen". Die Antragssteller hielten es nur für recht und billig, daß sie, nachdem die Gemeindeverwaltung „ihre Bedürfnisse ... in wahrhaft großartiger Weise" mit dem Bau der Hauptsynagoge befriedigt hatte, die freigewordene alte Synagoge „zur Befriedigung der religiösen Bedürfnisse der Minderheit" zu Verfügung gestellt bekämen[6].

---

[1] L. Baerwald, Juden und jüdische Gemeinden in München, in: Lamm a. a. O. S. 24

[2] Leo Baeck Institut New-York A 1849, Betr. 1; Anfrage der königlichen Staatsanwaltschaft am Landgericht München I vom 9. November 1886

[3] Leo Baeck Institut a. a. O.; Antwortentwurf von Rabbiner Perles, ohne Datum

[4] Leo Baeck Institut a. a. O.; Gesuch vom 23. August 1887

[5] Leo Baeck Institut a. a. O.; Bericht der Commission für Finanz- und Synagogenwesen vom 27. November 1887

[6] Gesuch vom 23. August 1887 a. a. O. S. 1

40 Synagoge an der Westenriederstraße. Lavierte Federzeichnung von L. Huber, 1889

Aus den Ausführungen der Bittsteller geht hervor, daß die Gemeindeverwaltung angeblich zum Zeitpunkt der Antragsstellung noch gewillt war, den alten Synagogenbau zu erhalten. Es gebe aber — so fahren die Unterzeichner des Gesuchs fort — Bestrebungen „von anderer Seite, um die Erfüllung unserer Wünsche auf immer unmöglich zu machen", und so werde versucht, „nachträglich noch die Veräußerung der alten Synagoge zu veranlassen". Gegen einen Verkauf seien aber „nahzu alle Gemeindemitglieder". Der bauliche Zustand des Gotteshauses sei zwar unbefriedigend, sodaß es nicht ohne „erhebliche Reparaturen auf Jahre hinaus in Gebrauch genommen werden kann", aber mit einem Kostenaufwand von etwa 30.000 Mark könne die Synagoge in einen „auf Generationen hinaus genügenden baulichen Zustand gebracht werden"[7]. Die orthodoxen Gemeindemitglieder boten für die mietweise Überlassung der alten Synagoge eine Jahresmiete von 2.500 Mark auf 12 Jahre an, sowie die Übernahme der Hälfte der von ihnen veranschlagten Renovierungskosten, also 15.000 Mark. Für die „Ausübung des Cultus" würden keinerlei Kostenansprüche an die Gemeinde gestellt, außerdem sollte dieser „das unbeschränkte Recht der Aufsicht und Überwachung des in der Synagoge auszuübenden Gottesdienstes" eingeräumt werden. Mit Nachdruck wurde schließlich die Gemeindeverwaltung darauf hingewiesen, daß es auch ihre Pflicht sei, „für die religiösen Bedürfnisse der Minderheit Sorgen zu tragen"[8]. In

[7] ebd. S. 2f.

[8] ebd. S. 8

einer Anlage zu dem Gesuch erhoben die Unterzeichner die Forderung nach einer Gebetsordnung in der orthodoxen Synagoge, „in der Weise, welche bis zu Jahre 1850 in der israelitischen Cultusgemeinde München üblich war, ohne Benützung von musikalischen Instrumenten nach der Lehre der jüdischen Weisen geübt"[9].

Rabbiner Perles erklärte sich in einer von der Gemeinde erbetenen Stellungnahme mit der Einrichtung eines besonderen Gottesdienstes für die „conservative Minorität" auf Kosten der Gemeinde und „unter Aufsicht und Leitung der Gemeinde und des Rabbinats einverstanden", meinte aber, „die miethweise Überlassung eines Betlokales Seitens der Gemeinde ... zur selbständigen Schaffung eines Gottesdienstes auf eigene Kosten" nicht befürworten zu können, „da dies der Würde und Autorität der Gemeinde nicht entspräche und die Verlängerung des gegenwärtig hier bestehenden Zustandes bedeutete"[10].

Wie Rabbiner Perles zeigte auch die mit dieser Angelegenheit befaßte „Commission für Finanz- und Synagogenwesen" zwar Verständnis für das religiöse Anliegen der orthodoxen Minderheit, aber ebenfalls keine Bereitschaft zum Entgegenkommen im Hauptanliegen, eben der Erhaltung der alten Synagoge. Es gebe

41 Synagoge an der Westenriederstraße vor dem Abbruch 1889. Aquarell von Puschkin

keinen Beschluß der Gemeindeverwaltung, „die alte Synagoge nicht zu veräußern". Es bestehe für die Kultusgemeinde „keine rechtliche Verpflichtung, neben der räumlich für die Gesamtgemeinde vollkommen ausreichenden großen Synagoge, in welcher ein wenn auch sogenannter reformierter, so doch auf dem Boden des Judenthums stehender Gottesdienst eingerichtet ist, für die der conservativen Richtung angehörenden Gemeindemitglieder einen besonderen Gottesdienst einzurichten". Es entspräche aber „den Grundsätzen der Billigkeit" von Gemeindewegen „auch für die Befriedigung der gottesdienstlichen Bedürfnisse jener Gemeindemitglieder zu sorgen, welche in Folge religiöser Bedenken an dem Gottesdienste in der Synagoge sich nicht betheiligen zu können glauben". Ein entsprechender Beschluß sei bereit nach der Reformierung des Gottesdienstes im Jahre 1876 gefaßt worden[11]. Dennoch müsse die Frage, ob die alte Synagoge für conservative Gottesdienste zur Verfügung gestellt werden könne, entschieden verneint werden und zwar aus zweierlei Gründen: Zum einen könne mit Rücksicht auf die bereits vollzogene „Gewährung von Ersatz für die Betstühle in der alten Synagoge" durch Betstühle in der Hauptsynagoge eine Wiedereröffnung der alten Synagoge nicht in Aussicht genommen werden. Zum anderen, und das war wohl das wesentliche Argument, sei die Finanzlage der Gemeinde angesichts der Kosten für den Synagogenneubau und der Notwendigkeit, bei der neuen Synagoge in absehbarer Zeit ein Gemeindehaus bauen zu müssen, mehr als angespannt. Aus einer hier angeführten Aufstellung geht hervor, daß die Kultusgemeinde Schulden von ca. einer Million Mark hatte.

„Die Gemeinde schuldet:

a; an die bayerische Hypotheken und Wechselbank 4 % Annuitätenkapitalien im Betrag von	M 321.000.—
b; aus dem 4 % Synagogen-Baudarlehen	459.500.—
c; aus dem Kaufe der Häuser No 3 und 5 der Herzog-Max-Straße einen 4 % Kaufschillingsrest von	150.000.—
in Summa	M 930.500.—

Bei Aufnahme eines Anlehens von M 130.000 zum Baue des Gemeindehauses würde sich sonach die Gemeindeschuld auf M 1.060.500.— erhöhen"[12].

Bei Erhaltung der alten Synagoge sollten „nach den früher gepflogenen Erhebungen" die Reparaturkosten mindesten 80.000 Mark betragen, womit sich die Schuldenlast der Gemeinde auf 1.140.500 Mark erhöht hätte. Die Commissionsmitglieder erklärten, das könne die Gemeinde nicht tragen, ganz zu schweigen davon, daß sie nicht in der Lage wäre, neben den laufenden Kosten für den Unterhalt der Hauptsynagoge auch nach die für die alte Synagoge aufzubringen. Die „Cultusbeiträge" seien ohnehin seit 1880 um 40 % angehoben worden, eine weitere Anhebung sei nicht zu verantworten.

Angesichts der angespannten Finanzlage schien es den Verantwortlichen „dringend geboten, das beträchtliche Kapital, welches durch den Werth der alten Synagoge und des jetzigen Gemeindehauses repräsentirt wird, durch den baldigen Verkauf dieser Liegenschaften flüssig zu machen, und dadurch die Mittel zur Erbauung des neuen Gemeindehauses zu gewinnen"[13].

---

[9] ebd. S. 6
[10] Wiedergegeben in: Bericht der Commission für Finanz- und Synagogenwesen a. a. O. S. 5f.
[11] ebd. S. 8ff.
[12] ebd. S. 13f.
[13] ebd. S. 15

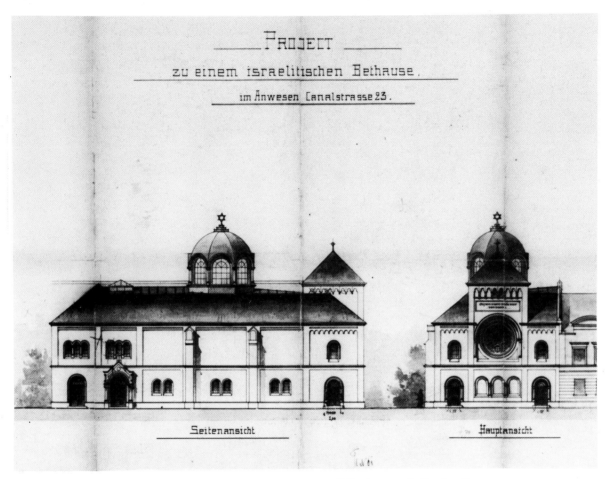

42 Plan für den Bau der orthodoxen Synagoge an der Herzog-Rudolf-Straße, vormals Canalstraße

Die Commission schlug zu Befriedigung der Bedürfnisse der konservativen Gemeindemitglieder vor, „daß mit dem Bau des neuen Gemeindehauses ... zugleich auch der Bau eines Betssales verbunden wird". Diesen könnten die Orthodoxen mitbenützen „auf Kosten der Gemeinde und unter Leitung und Aufsicht der Verwaltung und des Rabbinats"[14].

Der Verkauf und damit auch der Abbruch der Metivier-Synagoge war also beschlossene Sache. Am 29. Oktober 1888 wurden die Grundstücke Westenriederstraße 7 und Frauenstraße 20 mit den darauf befindlichen Gebäuden — der Synagoge und dem alten Gemeindehaus — öffentlich versteigert, „das erzielte höchste Angebot betrug 206.000 Mark"[15], geboten von

[14] ebd. S. 18ff.

[15] Chronik, 29. Oktober 1888, S. 1781

43 Synagoge an der Herzog-Rudolf-Straße

dem Realitätenbesitzer Anton Riehl[16]. Bereits Anfang 1889 wurden die Gebäude abgebrochen.

Die orthodoxen Münchner Juden gaben aber nicht auf, sie wollten eine würdige eigene Synagoge. Dank großzügiger und wohlhabender Mitglieder — so gehörte u. a. die einflußreiche Bankiersfamilie Feuchtwanger zu ihnen — konnte bereits 1891 der Grundstein für eine orthodoxe Synagoge an der Kanalstraße 23 — später Herzog-Rudolf-Straße 3 — gelegt werden, in unmittelbarer Nähe des bisherigen Betsaales an der Kanalstraße 29. An-

läßlich des Richtfestes für die „Ohel-Jakob-Synagoge" berichtete der Stadtchronist: „Der Erbauer derselben, Architekt August Exter, hat in derselben den schon bestehenden Gotteshäusern ein weiteres durchaus würdiges hinzugefügt... Die Länge beträgt 16 Meter, die Breite 12 Meter und die Höhe 19 Meter. Es sind rund 150 Männer- und Frauensitzplätze vorhanden... Die Façade an der Kanalstraße ist ziemlich einfach gehalten, der Stil des ganzen ist romanisch"[17].

Der Architekt August Exter, geboren am 18. Mai 1858 in Bad Dürkheim, gestorben

[16] Häuserbuch Bd. 4, S. 558

[17] Chronik, 28. August 1891, S. 1422

am 7. Dezember 1933 in München, machte sich in München vor allem einen Namen als „Pionier des Einfamilienhauses". So schuf er u. a. die Villenkolonien I und II in Pasing, außerdem die „Siedlung für den Mittelstand" in Obermenzing sowie Siedlungen in Laim, Gauting und Gröbenzell[18]. Die Ohel-Jakob-Synagoge war der einzige Sakralbau, den Exter schuf. Weshalb gerade er mit dem Bau beauftragt wurde, ist nicht bekannt.

Rund 250.000 Mark ließen sich die orthodoxen Gemeindemitglieder den Bau kosten, ein Vielfaches dessen, was sie 1887 als Beitrag zur Renovierung der alten Synagoge angeboten hatten, und sie bestritten die Kosten „aus Eigenem"[19]. Einige — so berichtete Rabbinatsassistent Ehrentreu später bei der Einweihung — hätten „wie es beim Bau des zweiten Tempels geschah, mit der einen Hand den Bau gefördert mit der anderen gekämpft, unablässig gerungen und gekämpft, um Schwierigkeiten und Hindernisse ... wegzuräumen"[20].

Am 25. März 1892 konnte die feierliche Einweihung des Betsaales des „Vereins zur Förderung der jüdischen Wissenschaft", wie sich Ohel Jakob auch nannte, stattfinden. Neben Ehrentreu, dem Rabbiner von Ohel Jakob, sprach auch Gemeinderabbiner Perles, der damit die Zusammengehörigkeit der gesamten jüdischen Gemeinde verdeutlichen wollte. In seiner Rede rühmte Perles „die frommen Beter, die mit heiligem Eifer und rühmlichem Opfersinn diese Andachtsstätte errichtet haben, in welcher sie — eingegliedert in den festen Verband unserer Cultusgemeinde — doch dem Zuge ihres Herzens folgend, nach der alten Weise der Väter den Herrn verehren und den Weg zu ihm suchen wollen"[21].

Die Auseinandersetzungen zwischen liberaler Mehrheit und orthodoxer Minderheit in der Israelitischen Kultusgemeinde, zeitweise mit großer Schärfe und Intoleranz auf beiden Seiten geführt, ebbten allmählich ab, man kam nach und nach zu einem friedlichen Nebeneinander[22]. Nach einem erneuten Aufleben der Meinungsverschiedenheiten zwischen den beiden religiösen Richtungen wurde schließlich im Jahr 1907 ein „Ausgleich" herbeigeführt, „der hinsichtlich der Anerkennung der rechtlichen Grundlage für die orthodoxe Synagoge auch die Zustimmung des Ministeriums gefunden hat". Die Gesamtgemeinde leistete von da an für die Ohel-Jakob-Synagoge einen regelmäßigen Zuschuß, drei Mitglieder der orthodoxen Synagoge gehörten auch der Verwaltung der Gesamtgemeinde an[23].

1917, 25 Jahre nach der Einweihung der Synagoge an der Herzog-Rudolf-Straße, hatte sich die orthodoxe Gemeinde nahezu verdreifacht, das in den Ausmaßen doch recht bescheidene Gotteshaus war zu klein geworden, „so daß, wenn erst wieder normale Verhältnisse eingekehrt sind, wohl mit der Notwendigkeit der Erweiterung der Synagoge ... gerechnet werden muß"[24]. Die Verhältnisse wurden allerdings nicht mehr „normal". Nach dem verlorenen Weltkrieg war es im Zeichen eines zunehmenden Antisemitismus in immer breiteren Kreisen kaum mehr möglich, einen Synagogenbau durchzusetzen, ganz abgesehen davon, daß die jüdischen Deutschen ebenso unter den wirtschaftlichen Folgen des verlorenen Krieges litten, wie ihre Landsleute. Schließlich war Ohel Jakob ja als „Verein" stärker von den Zuwendungen seiner Mitglieder abhängig, als die Gesamtgemeinde.

---

[18] Münchner Neueste Nachrichten 159, 16./17. Mai 1928 u. 135, 17. Mai 1933; Würmtalbote 59, 17. Mai 1958
[19] Münchner Neuestes Nachrichten 146, 22. März 1917
[20] Weiheworte gesprochen zur Einweihung des neuen Betsaales des Vereins zur Förderung jüdischer Wissenschaft, in: Chronik 1892, Beilage Nr. 85, S. 14
[21] ebd. S. 6
[22] Baerwald, in: Lamm a. a. O. S. 24
[23] Münchner Neueste Nachrichten 146, 22. März 1917
[24] ebd.

Die Synagoge der Münchner Ostjuden

Und doch sollte in München noch kurz vor der Machtübernahme durch die Nationalsozialisten, bei denen der Antisemitismus ja an der ersten Stelle ihrer abstrusen politischen Ideen stand, eine weitere Synagoge erbaut werden.

Nach der Jahrhundertwende hatte die Zahl der Juden in München erheblich zugenommen. Eine wesentliche Ursache dafür war die Zuwanderung aus dem Osten, aus Rußland — wo Pogrome viele zur Auswanderung gezwungen hatten —, aus Österreich und Ungarn. So gab es 1910 unter rund 590.000 Einwohnern der Stadt 11.083 Juden. 27 Prozent dieser Juden war im Ausland geboren, meist in Rußland oder Galizien. Eine zweite Zuwanderungswelle von Ostjuden kam nach den Ersten Weltkrieg aus Rußland, auf der Flucht vor dem bolschewistischen Terror.

Die jüdischen Zuwanderer aus dem Osten konnten sich mit der Religionsausübung ihrer deutschen Glaubensgenossen nicht anfreunden. Diese „Ostjuden Münchens brachten das alte Erbteil, die jüdische Tradition. Das Zusammengehörigkeitsgefühl dieser Juden verband sie auch in dem neuen Milieu zu einer geschlossenen Gruppe... Weniger war es die Abneigung der einheimischen Juden, als vielmehr das Verlangen nach eigenen, wesensgleichen Formen des Zusammenlebens, das die Ostjuden beherrschte und sie von der bodenständigen Religionsgemeinde absonderte"[1]. Sie gründeten daher eigene Betvereine, darunter als die bedeutendsten „Linath Hazedek" und „Agudas Achim", die eigene Betstuben unterhielten[2].

Da die Ostjuden keine deutsche Staatsbürgerschaft besaßen, hatten sie — obwohl sie ein knappes Drittel der Gemeindemitglieder ausmachten — bis 1918 auch kein Wahlrecht bei den Wahlen zum Gemeindevorstand. Die Israelitische Kultusgemeinde wurde nur von deutschen Juden geleitet. Erst nach 1918 gelang es dann, sich mittels einer gemeinsamen Liste der Zionisten, der deutschen Orthodoxen und der Ostjuden an den Wahlen zum Gemeindevorstand zu beteiligen[3]. 1918 wurde auch der „Gesamtausschuß der Ostjuden" gegründet, der künftig die eigentliche Repräsentanz der Münchner Ostjuden bildete. Ihm gelang es, „nach jahrelangem Kampf und zäher Arbeit... die Anerkennung der Mitgliederrechte der Ostjuden in der Israelitischen Kultusgemeinde in München zu erringen"[4], ein nicht leichtes Unterfangen, denn die deutschen Juden standen in ihrer Mehrzahl ihren Glaubensgenossen aus dem Osten skeptisch wenn nicht gar feindselig gegenüber, fürchtete man doch — wie sich zeigte, nicht zu unrecht —, daß die in ihrem Aussehen und Auftreten fremd wirkenden Ostjuden den Antisemiten willkommenen Anlaß bieten könnten, gegen alle Juden zu agitieren. Letztlich konnten aber die Anliegen von etwa 2300 Ostjuden zu Beginn der 30er Jahre nicht mehr ignoriert werden, und so beteiligte sich die Kultusgemeinde dann auch am Bau der ostjüdischen Synagoge[5].

Initiatoren des Baues waren die beiden oben genannten Betvereine, die in der Reichenbachstraße 27 bereits seit 1914 einen Betsaal eingerichtet hatten, der „wohl einer Kegelbahn Raum geboten" hätte, „aber für religiöse Zwecke unmöglich und geradezu entehrend" gewesen sein soll[6]. Mit dem Bau der ostjüdischen Synagoge im Hinterhof der Reichenbach-

---

[1] E. Horn, Wir und unsere Synagoge, in: Das jüdische Echo 36, 4. September 1931, S. 21
[2] W. J. Cahnmann, Die Juden in München 1918—1943, in: Lamm a. a. O. S. 33; vgl. ebd. J. Reich, Eine Episode aus der Geschichte der Ostjuden Münchens, S. 400
[3] M. Kalter, Hundert Jahre Ostjuden in München 1880—1980, in: Münchner Jüdische Gemeindezeitung 11, September 1980, S. 6
[4] Horn a. a. O. S. 22
[5] ebd. S. 22f.
[6] ebd. S. 22

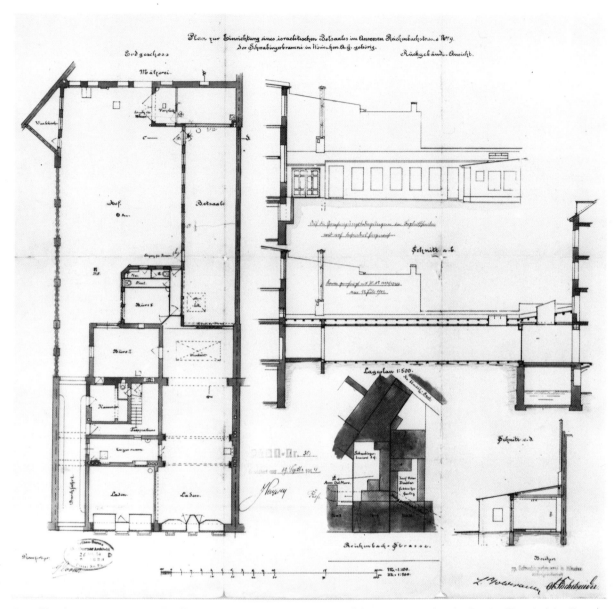

44 Plan für einen Betsaal des Bet-Vereins Linath Hazedek und Agudas Achim in einem schmalen Bau im Hinterhof des Hauses Reichenbachstr. 9

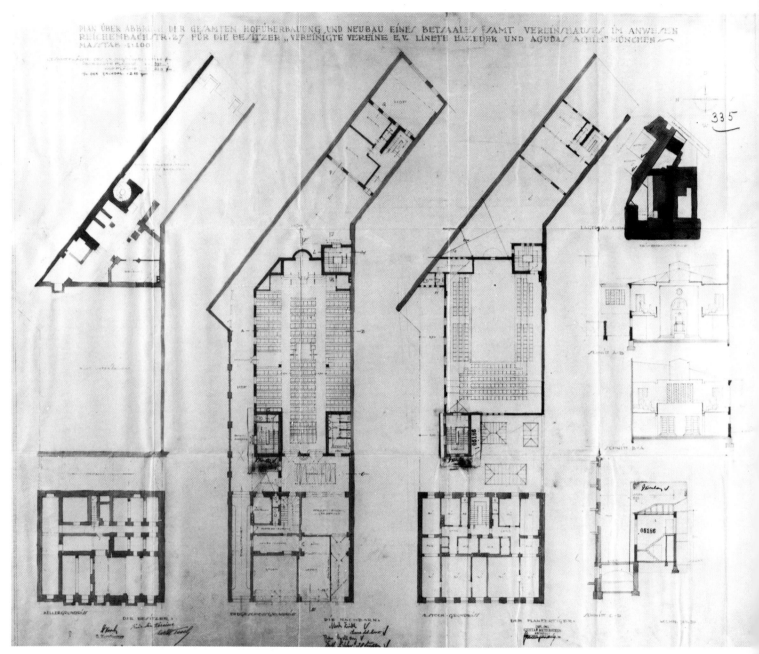

45 Grundrisse der Synagoge an der Reichenbachstraße

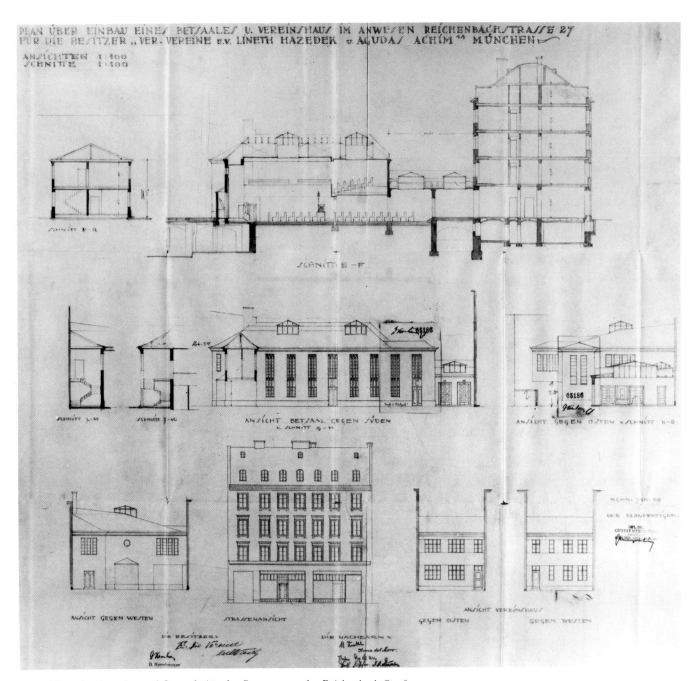

46 Pläne der Fassaden und Querschnitte der Synagoge an der Reichenbach-Straße

47 Grundsteinlegung für die Synagoge der Ostjuden an der Reichenbach-Straße

straße 27 wurde der Architekt Gustav Meyerstein beauftragt.

Meyerstein wurde am 13. Februar 1899 in Halle/Saale als Sohn von „Fleischermeisterseheleuten" geboren. Er studierte in München Architektur. Zuletzt wohnte er in der Anglerstraße 28. Am 31. Juli 1933 meldete er sich ab, er ging nach Palästina[7]. Laut Auskunft der Association of Engineers and Architects in Israel starb er am 29. März 1975 in Raanana Israel.[7a]

Für das Gotteshaus der Münchner Ostjuden entwarf Meyerstein einen dreischiffigen Raum von 27 Metern Länge, 14 Metern Breite und einer Höhe von 8 Metern. Die Synagoge enthielt „in drei Bankreihen ca. 330 Herrenplätze auf der Empore in drei Reihen an den Seiten und 6 Reihen an der Rückwand ca. 220 Frauenplätze", ein kleiner Betsaal hatte 30 Sitzplätze. Der 300 qm große Innenhof bot für die Feiertage einen genügend großen, von der Straße abgeschlossenen Raum. „In

[7] StadtA PMB M 58, Polizeimeldebogen „Meyerstein Gustav;" StadtA Hausbogen Anglerstraße 28

[7a] Nach Drucklegung dieses Buches teilte der Sohn Meyersteins noch ergänzend mit, sein Vater habe in Israel u. a. die Residenz David Ben Gurions im Kibuz Sdeh-Boquer und ein Denkmal für die im Kampf um den Negev im Jahr 1948 Gefallenen gebaut.

die Hofrückwand, an der der Kaiblmühlbach vorbeifließt, wurde ein Fenster eingebrochen, damit man von dort aus Taschlich machen kann"[8]. Die Baukosten beliefen sich auf 160.000 Reichsmark.

Diese dritte Münchner Synagoge war einer der wenigen Synagogenneubauten, die nach den Ersten Weltkrieg in Deutschland noch errichtet wurden. Wirtschaftskrise und wachsender Antisemitismus zwangen zum einen zu Beschränkungen in der baulichen Gestaltung, zum anderen zu Zurückhaltung und Bescheidenheit im Äußeren des jüdischen Gotteshauses[9]. So war die Synagoge — nicht einmal an der Fassade als Sakralbau erkennbar — in Hinterhof des Hauses Reichenbachstraße 27 nahezu versteckt. Vorbei waren die Zeiten, als vor noch nicht einmal 50 Jahren die Münchner Juden geglaubt hatten, durch den Bau der prachtvollen Hauptsynagoge den endgültigen Durchbruch zur Anerkennung ihrer Gleichberechtigung in allen Bereichen erreicht zu haben. Die Juden aller Richtungen, die am 5. September 1931 die Einweihung der neuen Synagoge mitfeierten, wußten um die zunehmend „fremde, gehässige und ... dem Judentum abträgliche Umwelt", sie sahen diese Synagoge „als ein Zeichen jüdischer Lebenskraft in schwerster Zeit, als Zeichen des jüdischen Willens zur jüdischen Zukunft"[10].

Schalom-Ben-Chorin, der als 18 jähriger an der Einweihungsfeier in der Reichenbachstraße teilgenommen hat, macht in seinen Erinnerungen daran deutlich, daß die Juden der verschiedenen Glaubensrichtungen im Gefühl der für alle herannahenden Gefahr mit dem gemeinsamen Auftreten die Einigkeit der jüdischen Gemeinde bewußt verdeutlichen wollten.

Die Feier „war eine für das Jahr 1931 noch keineswegs selbstverständliche Kundgebung jüdischer Solidarität. Von der Kanzel dieser Synagoge sprachen die drei Rabbiner der Gemeinde: Dr. Leo Baerwald, der Gemeinderabbiner, der an der Liberalen Synagoge amtierte; Dr. Ernst Ehrentreu, als Nachfolger seines berühmten Vaters Heinrich Ehrentreu ... hatte er die rabbinischen Funktionen des Ohel Jakob inne; und schließlich Rabbiner Samuel Wiesner, der nun für die neue Ostjüdische Synagoge zuständig war"[11]. Die Gemeinsamkeit der verschiedenen Richtungen innerhalb der jüdischen Gemeinde symbolisierte auch der bei der Einweihungsfeier mitwirkende Chor aus Mitgliedern der Chöre der Hauptsynagoge, der orthodoxen Synagoge und der ostjüdischen Vereine.

Rabbiner Ehrentreu warf in seiner Ansprache die Frage nach der inneren Bestimmung eines Gotteshauses auf. Es müsse — so sein orthodoxes Verständnis von einer Synagoge — „der Erhaltung der jüdischen Tradition gewidmet sein". Nur wer mit leidenschaftlicher Beharrung an dem Alten festhalte, der entspreche den Forderungen des jüdischen Gesetzes. Im Kampf gegen die „entjudenden" Einflüsse der Umgebung müsse jeder Jude sich immer wieder an jüdischer Tradition und jüdischem Gesetz aufrichten. Die Grenze zwischen Judentum und Umwelt dürfe nicht verwischt werden. Der Rabbiner der neuen Synagoge, Samuel Wiesner, wies darauf hin, daß, wer dazu berufen sei, ein Gotteshaus zu bauen, dies auch im rechten Geiste tun müsse. Die Synagoge stelle drei Forderungen: Nächstenliebe, Gotteserkenntnis und religiöse Tat. Diese sollten in dem neuen Gotteshaus immer verwirklicht werden.

---

[8] T. H., in: Das jüdische Echo 36, 4. September 1931, S. 23f. Taschlich (wörtlich: „Du wirst werfen"): Der in traditionellen Kreisen geübte Brauch, am Neujahrstag an ein fliessendes Gewässer zu gehen und Brotkrumen hineinzuwerfen. Mit dem fließenden Wasser sollen symbolisch die Sünden weggeschwemmt werden.

[9] Hammer-Schenk a. a. O. S. 9

[10] Eine neue Münchener Synagoge, in: Das jüdische Echo 36, 4. September 1931, S. 27

[11] S. Ben-Chorin, Der dritte Tempel, in: Lamm a. a. O. S. 444

48 Die Synagoge an der Reichenbachstraße

49 Die Synagoge an der Reichenbachstraße

Leo Baerwald, Rabbiner an der Hauptsynagoge, erflehte den Segen Gottes für das neue Gotteshaus und seine Gemeinde[12].

Namens der Israelitischen Kultusgemeinde und des Verbandes der Bayerischen Israelitischen Gemeinden beglückwünschte Alfred Neumeyer die Erbauer und den Architekten „zur Fertigstellung des meisterlich schönen Hauses, das, entstanden in einer Zeit schwerster Not durch die Opferwilligkeit eines kleinen Kreises" die Lebenskraft der jüdischen Gemeinde beweise. Die neue Synagoge sei ein sichtbares Zeichen dafür, daß der ostjüdische Bevölkerungsteil sich in der Gemeinde wohlfühle. Elias Straus, stellvertretender Vorsitzender der Kultusgemeinde, erinnerte daran, daß diese Einweihungsfeier „wie nicht wenige jüdische Feste in einer Zeit schwerster, ungeheuerster Not" abgehalten werde. Dies sei jüdisches Schicksal. Der Bau der neuen Synagoge erhelle aber „den zähen Lebenswillen unseres Volkes"[13].

Straus wie wohl alle bei der Einweihung Anwesende ahnten nicht, daß ihnen die Zeiten „schwerster, ungeheuerster Not" erst noch bevorstanden. Am 30. Januar 1933 wurde Hitler, der erklärtermaßen erbittertste Feind der Juden, zum Reichskanzer ernannt. Nach der „Machtergreifung" der Nationalsozialisten auch in Bayern am 9. März 1933 dauerte es nur noch etwas mehr als 5 Jahre, bis die Münchner Synagogen durch Abbruchkommandos oder Feuer aus dem Stadtbild getilgt wurden.

Wie weit die Feier der Einweihung einer Synagoge schon im Jahr 1931 außerhalb der allgemein interessierenden Ereignisse stand, zeigte sich darin, daß die größte der Münchner Tageszeitungen, die Münchner Neuesten Nachrichten, von diesem Ereignis überhaupt keine Notiz nahm. Die jüdische Konfession war wieder einmal weit davon entfernt, gleichberechtigt neben den christlichen Kirchen zu stehen. Der Weihe der Kirche der heiligen Familie in Neuharlaching am 6. September des gleichen Jahres widmeten die Neuesten Nachrichten natürlich einen ausführlichen Artikel[14].

Die Zerstörung der Münchner Synagogen

Als die Israelitische Kultusgemeinde 1937 der Errichtung der Hauptsynagoge vor 50 Jahren gedachte, war die Lage der Juden katastrophal geworden. Sie waren wieder, wie so oft in ihrer Geschichte, offener Verfolgung ausgesetzt, waren aus dem Wirtschaftsleben, aus Kultur und Wissenschaft weitgehend verdrängt und durch die „Nürnberger Gesetze" auch wieder zu Staatsbürgern und Menschen „minderer Art" degradiert.

In dieser Situation der Bedrängnis und Verfolgung konnte der glanzvollen Feierlichkeiten 50 Jahre zuvor nur mit Wehmut gedacht werden. In einer äußerst bescheidenen Festschrift zeichneten die führenden Persönlichkeiten der Gemeinde die wechselvolle Geschichte des Münchner Judentums nach, die 1887 mit der Einweihung der Hauptsynagoge einen so hoffnungsvollen Höhepunkt erreicht hatte. Im Vorwort zu dieser Schrift stellten die Herausgeber fest: „Die 50. Wiederkehr dieses Tages festlich zu begehen, ist heute nicht die Zeit. Nur in feierlicher Stunde im Gotteshaus selbst soll die Bedeutung dieses Jubiläums gewürdigt werden"[1]. Und Rabbiner Baer-

---

[12] Die Einweihung der Reichenbachschul, in: Das Jüdische Echo 37, 11. September 1931, S. 25
[13] ebd.
[14] vgl. Münchner Neueste Nachrichten 5.—8. September 1931
[1] Hauptsynagoge S. 51

wald führte in seiner Predigt aus: „Muß man den Vorwurf fürchten, wir hätten zwar eine Gelegenheit, aber keine Veranlassung ein Jubiläum zu feiern, wie man in anderen Zeiten es wohl tun konnte. Heute könne eine solche Feier, und wäre sie auch nur in den einfachsten Rahmen gespannt, lediglich wehmütige oder gar verbitterte Empfindungen auslösen". Die Synagoge sei heute „das Denkmal einer Zeit... in der man unter verhältnismäßig glücklichen Umständen schaffen und wirken und voller Stolz und Genugtuung über das Erreichte sein konnte"[2].

In seinem Beitrag für die Festschrift äußert Ludwig Feuchtwanger „die felsenfeste Zuversicht unserer Überdauerung und Läuterung"[3]. Kein Jahr später wurde die Synagoge auf Befehl der Nationalsozialisten ein Opfer der Spitzhacke. Einst stolzes Symbol für die nach langen Kämpfen erreichte Gleichstellung der Juden, fiel jetzt nach der Entrechtung auch das Symbol, kündigte sich an, daß es auch kein „Überdauern" gab.

Trotz der seit der Machtergreifung der Nationalsozialisten stetig zunehmenden Unterdrückung, Entrechtung und Verfolgung, traf die Abbruchverfügung für die Hauptsynagoge die Münchner Juden wie ein Blitz aus heiterem Himmel. Über die damaligen Vorgänge berichtete Carl Oesterreich, der seinerzeitige zweite Vorsitzende der Israelitischen Kultusgemeinde, 1957 in der Rückschau:

„Es war ein heißer Sommertag des Jahres 1938. Am Vorabend der nun folgenden Ereignisse sah ich das Auto des Führers in Begleitung von vielen bis an die Zähne bewaffneten Geheimschutzleuten nahe der Synagoge. Als ich dies zuhause erzählte, sagte meine Frau: ‚Du wirst sehen, nun wird die Synagoge abgerissen!'

Am nächsten Morgen läutete das Telefon in unserem Gemeindebüro. Der damalige 1. Vorsitzende, Oberstlandesgerichtsrat Dr. Alfred Neumeyer, wurde zum sofortigen Erscheinen ins Ministerium des Innern befohlen. Mutig und ruhig wie immer, trat Dr. Neumeyer den schweren Gang an, uns in größter Sorge zurücklassend, mußten wir doch fürchten, daß unser verehrter Vorsitzender von einer dieser nicht gerade seltenen Einladungen zu den Nazi-Behörden nicht mehr zurückkehrte. Nach einigen Stunden bangen Harrens atmeten wir erleichtert auf, als wir Dr. Neumeyer wieder sahen, äußerlich gefaßt, innerlich aufs schwerste getroffen. Dem oft Gedemütigten war eröffnet worden, daß unsere Synagoge abgebrochen werden müsse, und zwar sofort! So habe es der Führer befohlen, da gäbe es keine Widerrede! Er wolle das Gebäude nicht mehr sehen! Dr. Neumeyer wurde aufgefordert, in einigen Stunden mit den beiden anderen Vorsitzenden der Gemeinde wieder zu erscheinen, um die Einzelheiten festzulegen.

In der obersten Baubehörde des Innenministeriums trafen wir, Dr. Neumeyer, Dr. Perlmutter und ich einige uns verlegen dünkende Beamte an. Das Wort führte einzig ein Obersturmbannführer, dessen Name mir leider entfallen ist, dessen Arroganz ich aber nie vergessen werde. Er wiederholte den Befehl des Führers, die Übereignung an die Stadt München habe sofort zu erfolgen. Den Preis bestimme das Innenministerium.

Wir betonten, die Synagoge sei uns um keinen Preis feil, wir müßten deshalb davon absehen, einen Preis zu nennen. Der Obersturmbannführer überhörte diese Antwort. Noch heute nach 20 Jahren klingen mir seine Worte im Ohr: ‚Sie werden überrascht sein, ich habe den Preis auf

---

[2] Festpredigt von Rabbiner L. Baerwald, in: Hauptsynagoge S. 130 u. 132

[3] ebd. S. 88

100 000 RM festgesetzt'. Wir konnten nicht unterlassen, darauf hinzuweisen, daß das Gelände allein ein Vielfaches dieser Summe wert sei. Aber alles, den Abbruch und den Preis für das uns unersetzliche Gebäude müsse das Ministerium verantworten, nicht wir. Am nächsten Morgen rief ich das immer hilfsbereite, katholische Ordinariat München an und verkaufte die erst einige Monate vorher eingebaute Orgel um nahezu den Gestehungspreis. Sie befindet sich jetzt in einer Kirche nahe München.[3a]

Noch ehe das Gebäude samt Gelände durch Dr. Neumeyer und mich notariell an die Stadt verbreift war, begann der Abbruch. Teilweise mußte das massive Mauerwerk gesprengt werden.

Der Zufall wollte es, daß während unserer Verhandlungen im Ministerium im gemeindlichen Sitzungssaale eine Versammlung des deutschen Rabbinerverbandes unter dem Vorsitz von Dr. Leo Baeck stattfand. Unsere schlimme Botschaft wurde von allen Teilnehmern mit tiefer Erschütterung hingenommen. Dr. Neumeyer besprach sich noch mit Dr. Baeck, der Präsident der Reichsvereinigung der Juden in Deutschland war. Er hat unser Verhalten voll gebilligt. So kam es, daß dem letzten unvergeßlichen Gottesdienst viele Rabbiner aus ganz Deutschland beiwohnten. Es war eine abendliche, schlichte Feier, mit der wir von unserer Synagoge für immer Abschied nahmen. Noch einmal stand Professor Emanuel Kirschner an der Stelle, an welcher er, gleich groß als Vorbeter und Künstler, in überragender Weise, würdig dieses Tempels, ein Menschenleben lang seines Amtes gewaltet hat. Seine seltenen musikalischen Eigenschaften waren durch die Berufung an die Akademie der Tonkunst anerkannt worden. Nun trug er die Trauerpsalmen in erschütternder, einzigartiger Weise vor. Sodann wurden die Thorarollen dem herrlichen Schrein aus weißem Marmor entnommen und in ernstem, feierlichem Zuge in die Gemeindebibliothek getragen. Sie sind heute, wie die meisten Angehörigen unserer Gemeinde, über die ganze Welt zerstreut. Es war kein Trost für uns, daß Hitler am gleichen Tage auch den Abbruch der protestantischen Hauptkirche an der Sonnenstraße befohlen hatte.

Die Zukunft hat gezeigt, daß das ‚tausendjährige Reich' die böswillige Zerstörung dieses Gotteshauses nicht einmal um ganze 'hundert Monate' überlebt hat"[4].

Der Verhandlungsführer auf Seiten des Innenministeriums war Staatssekretär Max Köglmaier, der wohl identisch ist mit dem Obersturmbannführer, den Oesterreich erwähnt. Köglmaier selbst erklärte in einem Schreiben: „Die Verhandlungen mit dem Vorstand der israelitischen Kultusgemeinde in München wurden damals von mir gepflogen. Ihr Ergebnis war, daß für die Übereignung der Hauptsynagoge und des Verwaltungsgebäudes in der Herzog Maxstraße Nr. 7 eine Entschädigung nach Bemessen durch das Bayerische Staatsministerium bezahlt werden soll. Als Entschädigung halte ich einen Betrag von RM 100.000 für die beiden Objekte angemessen"[5]. Der Kaufpreis von 100.000 Mark konnte eigentlich nur als Verhöhnung der rechtlosen Juden angesehen werden, hatte doch allein das Grundstück im Jahre 1882 bereits 348.000 Mark gekostet.

Die Verfügung über den Abbruch der Synagoge wurde den Repräsentanten der

---

[3a] Hier irrt Oesterreich; die Orgel kam in die Kirche St. Korbinian in Sendling und wurde dort bei einem Bombenangriff am 11. Juli 1944 zerstört.

[4] C. Oesterreich. Die letzten Stunden eines Gotteshauses, in: Lamm a. a. O. S. 447f.
[5] Yad Vashem M-1/DN 9, Schreiben von Staatssekretär Köglmaier an Bürgermeister Tempel vom 27. Juli 1938

50 Beginn der Abbrucharbeiten an der Hauptsynagoge Juni 1938

51 Abbruch der Hauptsynagoge

52 Abbruch der Hauptsynagoge

53 Abbruch der Hauptsynagoge

54   Abbruch der Hauptsynagoge

Sämtliche Bilder Stürmer-Archiv

Ein Schandfleck verschwindet

Aus verkehrstechnischen Gründen
muß die Synagoge in München abgebrochen werden

55   Aus dem „Stürmer" 26. Juni 1938

Israelitischen Kultusgemeinde am 8. Juni 1938 mitgeteilt, bereits am Morgen des 9. Juni wurde mit dem Zerstörungswerk begonnen. Mit den Abbrucharbeiten wurde die Firma Leonhard Moll betraut, die in einem Schreiben bestätigte: „Seitens des Herrn Oberbürgermeister der Hauptstadt der Bewegung wurden mir obige Abbrucharbeiten (Abbruch der Synagoge, München, Herzog Maxstraße) übertragen"[6]. Dieselbe Firma hatte übrigens noch 1931 am Bau der Synagoge an der Reichenbachstraße 27 mitgearbeitet![7]

Innerhalb weniger Tage war das stolze Bauwerk der Hauptsynagoge beseitigt, übrig blieb lediglich ein kahler Platz, eine klaffende Lücke im zuvor so harmonischen Stadtbild. Nach Ansicht der Nationalsozialisten dagegen war München lediglich von einem „Schandfleck" befreit. Noch wagte aber selbst das widerliche antisemitische Schmierblatt „Der Stürmer" nicht, diesen Akt des Vandalismus mit blankem Antisemitismus zu begründen, „verkehrstechnische Gründe" im Rahmen des Ausbaus der „Hauptstadt der Bewegung" wurden vorgeschoben[8]. Entlarvend ist die Meldung des „Völkischen Beobachters" vom 10. Juni 1938: „Der freiwerdende Platz, umschlossen von der Kapellen-, Maxburg- und Herzog-Max-Straße, wird, wie wir vernehmen, als Parkplatz verwendet werden, der in dieser Gegend dringend notwendig ist[9]. Die angeblichen „verkehrstechnischen Gründe" reduzierten sich auf ein Parkplatzproblem.

Die barbarischen Herren des Dritten Reiches kamen nicht mehr dazu, die Baulücke, dort wo einst die Synagoge gestanden hatte, durch einen ihrer protzigen, geschmacklosen Monumentalbauten zu schließen und damit das Stadtbild noch mehr zu verunzieren, als sie es durch den Synagogenabbruch schon getan hatten. Nur wenige Jahre später fielen im Bombenhagel große Teile Münchens in Schutt und Asche, wurde auch der Bereich in der Umgebung der Hauptsynagoge so weitgehend zerstört, daß diese Baulücke unter den vielen Lücken nicht mehr weiters auffiel.

Auch die im Besitz der Kultusgemeinde befindlichen Gebäude Herzog-Max-Straße 3 und 5 mußten schließlich an die Stadt verkauft werden. Die Vertreter der Gemeinde waren gezwungen, zu dem von Köglmaier diktierten Preis von 85.000 RM die beiden Objekte „anzubie-

---

[6] StadtA, LBK 3915/2, Schreiben der Fa. L. Moll an die Lokalbaukommission vom 11. Juni 1938

[7] vgl. Das jüdische Echo 36, 4. September 1931, S. 24
[8] Der Stürmer 26, Juni 1938, S. 2
[9] Völkischer Beobachter 161, 10. Juni 1938

57 Die in der Pogromnacht vom 9. auf 10. November 1938 zerstörte orthodoxe Synagoge

58 Zerstörte Synagoge an der Herzog-Rudolf-Straße

ten". Die Kosten für den Abbruch übernahm die Stadt „auf Konto des Betrages, der zum Ausbau der Hauptstadt der Bewegung bereitgestellt werden soll". Unklarheit herrschte noch über die Verwendung der so „erworbenen" Besitzungen. Gedacht war zunächst an ein „Verwaltungsgebäude für die Kameradschaft der Münchner Künstler", aber auch ein Neubau für die Bezirkspolizeistelle wurde erwogen[10]. Endgültig notariell verbrieft wurde der „Kauf" schließlich am 12. Oktober 1938[11]. Nach Recht und Gesetz hätte erst danach mit den Abbrucharbeiten an der Synagoge begonnen werden dürfen!

Das zur Synagoge gehörende Verwaltungsgebäude und die Häuser Herzog-Max-Straße 3 und 5 wurden nicht wie vorgesehen abgebrochen. Das Innenministerium stellte die Gebäude dem „Rasse und Siedlungs-Hauptamt, Hauptabteilung Sippenamt" der SS zur Verfügung. Ab 1940 war dort schließlich der „Lebensborn e. V." untergebracht[12], ein von Himmler gegründeter Verein, der laut Satzung u. a. „den Kinderreichtum der SS zu unterstützen, jede Mutter guten Blutes zu schützen und zu betreuen" hatte[13]. Es entsprach der Infamie der SS, daß sie in den den verhaßten Juden wegge-

[10] Schreiben von Köglmaier an Tempel vom 27. Juni 1938 a. a. O.; vgl. ebd. Vormerkung im Dezernat 2 vom 20. Juni 1938
[11] Yad Vashem M-1/DN 9, Kaufvertrag vom 12. Oktober 1938

[12] StadtA, LBK 3915/2; vgl. LBK 3912 betr. Herzog-Max-Straße 5; vgl auch LBK 3913: Lebensborn baute das Haus 1940 für seine Zwecke um.
[13] Zitiert nach Lebensborn e. V., in: Lexikon zur Geschichte und Politik des 20. Jahrhunderts, Bd. 2, Köln 1971, S. 462

59 Zerstörte Synagoge an der Herzog-Rudolf-Straße

nommenen Gebäuden ausgerechnet eine Organisation unterbrachte, die der Verwirklichung der abstrusen nationalsozialistischen Rassenideen dienen sollte.

Mit dem erzwungenen Abbruch der Hauptsynagoge hatte die „Hauptstadt der Bewegung" wieder einmal den zweifelhaften Ruhm gerechtfertigt, bei antisemitischen Maßnahmen eine Vorreiterrolle zu spielen[14]. Als im August 1938 die Synagoge in Nürnberg ebenfalls abgebrochen wurde und sich die Nürnberger brüsteten, „die erste deutsche Stadt ohne Synagoge" zu sein, mußte die Presse „berichtigen, daß die erste deutsche Stadt, die die Synagoge abgetragen hat, nicht die Stadt Nürnberg, sondern die Hauptstadt der Bewegung München war"[15]. Mit der Zerstörung von Münchens großer Synagoge nahmen die Nationalsozialisten an diesem Gotteshaus die Exzesse der sogenannten Reichskristallnacht vorweg.

Auch für die Pogromaktionen, die von 9. auf 10. November 1938 im ganzen Reich durchgeführt wurden und die vorgeblich Akte spontaner Volkswut wegen der Ermordung des deutschen Legationssekretärs vom Rath in Paris durch einen jungen polnischen Juden waren, wurde in München der Startschuß gegeben. Bei der traditionellen Zusammenkunft der „Alten Garde der Bewegung" zur Erinnerung an den Hitlerputsch 1923 im Alten

[14] vgl. P. Hanke, Zur Geschichte der Juden in München zwischen 1933 und 1945, Miscellanea Bavarica Monacensia Heft 3, München 1967, S. 299f.
[15] 8 Uhr Blatt, 12. August 1938

60　Zerstörte Synagoge an der Herzog-Rudolf-Straße

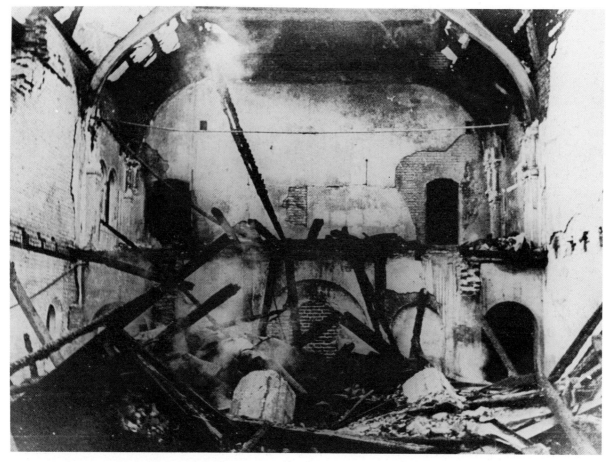

61   Zerstörte Synagoge an der Herzog-Rudolf-Straße

Rathaussaal, tobte sich Reichspropagandaminister Goebbels am Abend des 9. November in einer antisemitischen Haßtirade aus „die im Appell nach Vergeltung und Rache gipfelte."[16]. Auch in München folgte der Nazimob der Aufforderung von Goebbels: die beiden noch bestehenden Synagogen fielen seiner Zerstörungswut zum Opfer.

Eine Gruppe von SA-Leuten drang in der Nacht von 9. auf 10. November in die Ohel-Jacob-Synagoge an der Herzog-Rudolf-Straße ein und steckte sie in Brand. Rabbiner Ehrentreu, der versuchte, wenigstens die Thorarollen zu retten, drohten die aufgeputschten SA-Männer in die Flammen zu werfen. Die Synagoge brannte völlig aus, Thorarollen, Silbergeräte, die kostbaren Thoraschrein-Vorhänge wurden in den Flammen vernichtet. Wie allenthalben bei den systematischen Brandstiftungen in der „Reichskristallnacht" beschränkte sich die Feuerwehr auch hier lediglich auf den Schutz der benachbarten Gebäude. Nicht genug, daß die Juden ein Gotteshaus durch die Brandschatzer verloren hatten, mußten die Kosten für den Abbruch der Brandruine in Höhe von 15.000 RM auch noch von der Kultusgemeinde bezahlt werden[17].

[16] H. Benz, Der Rückfall in die Barbarei, Bericht über den Pogrom, in: Der Judenpogrom 1938, Von der „Reichskristallnacht" zum Völkermord, Frankfurt 1988, S. 19
[17] B. Z. Ophir/F. Wiesemann, Die jüdischen Gemeinden in Bayern 1918—1945, Geschichte und Zerstörung, München-Wien 1979, S. 52

62 Zerstörte Synagoge an der Herzog-Rudolf-Straße

Auch die erst sieben Jahre zuvor eingeweihte Synagoge der Ostjuden an der Reichenbachstraße wurde „gestürmt". SA-Horden zerstörten die Einrichtung, schändeten Thorarollen und liturgische Geräte, zertrümmerten Mobiliar, Tür- und Fensterscheiben und legten ebenfalls Feuer[18]. Wegen der direkt angrenzenden Gebäude war die Feuerwehr allerdings zum Eingreifen gezwungen, sodaß sich die Brandschäden in Grenzen hielten und die Räume erhalten blieben.

Nach der Vernichtung der jüdischen Gotteshäuser wurden ab 1939 in den Adreßbüchern der Stadt unter der Rubrik „Kirchenwesen und Religionsgemeinschaften" Synagogen und sonstige Einrichtungen der Israelitischen Kultusgemeinde nicht mehr aufgeführt[19]. Auf dem Papier hatten die Juden bereits aufgehört zu existieren. Die Büros der Kultusgemeinde wurden nach der Zerstörung der Synagoge und der Wegnahme der Verwaltungsgebäude in die ehemalige Zigarettenfabrik Abeles GmbH im Rückgebäude der Lindwurmstraße 125 verlegt. Der frühere Maschinensaal der Fabrik wurde in eine provisorische Synagoge mit ca. 500 Sitzplätzen umgewandelt[20].

[18] vgl. die Fotos S. 110 ff.
[19] Adreßbuch 1939, Teil III, S. 55; im Adreßbuch von 1938 ist die „Israelitische Religionsgemeinschaft" noch mit allen drei Synagogen und der Verwaltung aufgeführt.
[20] Ophir/Wiesemann a. a. O. S. 30

63 Die in der „Reichskristallnacht" verwüstete und geschändete Synagoge an der Reichenbachstraße

64   Verwüsteter Innenraum der Synagoge an der Reichenbachstraße

Der Vernichtung der Synagogen folgte in grausiger Konsequenz die Deportation und schließlich die Vernichtung der Juden in den Lagern des Ostens. Durch die Deportationen sank die Zahl der Juden bis September 1944 auf 457. Die Gemeinde hörte praktisch auf zu existieren. Die wenigen verbleibenden Juden lebten die letzten Monate des 1000jährigen Reiches in ständiger Furcht vor Verhaftung und Deportation, viele von ihnen gingen noch in der Mordmaschinerie der SS unter, einige überlebten in Verstecken. Als schließlich die Amerikaner am 30. April 1945 München besetzten, waren von der einst blühenden Gemeinde gerade noch 84 Juden übrig, die dem Inferno entkommen waren[21].

[21] Hanke a. a.O. S. 296f.; vgl. Ophir/Wiesemann a.a.O. S. 59

65 Teilnehmer des Zerstörungskommandos in der Synagoge an der Reichenbachstraße

66 Verwüsteter Innenraum der Synagoge an der Reichenbachstraße

Neubeginn

Zu den Wenigen die in München überlebt hatten, gesellten sich nach und nach ehemalige, in Theresienstadt der Vernichtung entgangene jüdische Münchner Bürger. Dazu fanden sich in der Stadt und Umgebung Überlebende aus verschiedenen Lagern ein, sodaß es im März 1946 wieder ca. 2800 Juden in München gab. 796 von ihnen waren einst Mitglieder der Münchner Israelitischen Kultusgemeinde gewesen.[1]

Bereits am 19. Juli 1945 wurde im Jüdischen Altersheim in der Kaulbachstraße 65 die Kultusgemeinde wiederbegründet[2]. Tatkräftig betrieb sie die Wiederherstellung der Synagoge an der Reichenbachstraße. Am 20. Mai 1947 konnte in Anwesenheit des amerikanischen Militärgouverneurs für Deutschland, General Lucius D. Clay, des Leiters der amerikanischen Militärregierung für Bayern, General Walter J. Muller, von Ministerpräsident Hans Ehard, Innenminister Josef Seifried, Kultusminister Alois Hundhammer, Vertretern der Stadt, der Universität und der Konfessionen das wiedererstandene jüdische Gotteshaus feierlich eröffnet werden.

Der Präsident der Kultusgemeinde, Julius Spanier, begrüßte die Gäste und würdigte die Bemühungen der bayerischen Staatsregierung, denen der Wiederaufbau der Synagoge zu danken sei. Im Mittelpunkt der Feier stand eine Rede von General Clay, in der er der Hoffnung Ausdruck gab, die Weihe möge eine Ära der Verständigung einleiten: „Es scheint mir, daß heute ein neuer Tag angebrochen ist, ein Tag, an dem wir nicht zurückblicken, sondern vorausblicken wollen. Laßt uns hoffen, daß wir einer besseren Welt entgegensehen, in der Menschen aller Konfessionen glücklich zusammenleben können". Ministerpräsident Ehard erklärte in seinem Grußwort: „Alle anständigen Menschen in unserem Volke haben den ernsten Willen, ein schändliches Unrecht gutzumachen". Oberbürgermeister Scharnagl bezeichnete die Schmach der Juden in den Jahren 1933 bis 1945 als Schmach des ganzen deutschen Volkes.

Der Staatskommissar für die Betreuung der rassisch und politisch Verfolgten, Philipp Auerbach, überreichte zum Abschluß Oberrabbiner Aron Ohrenstein, der auch die erste Predigt hielt, den Schlüssel des Gotteshauses. Nach einem Totengedenken wurde schließlich die Gedenktafel für die 6 Millionen von den Nationalsozialisten ermordeten Juden enthüllt[3].

Gleich nach Kriegsende waren das Synagogengrundstück an der Herzog-Max-Straße 7 sowie die zugehörigen Verwaltungsgebäude wieder an die Israelitische Kultusgemeinde gekommen. Bereits im Herbst 1945 begann man, die bombenbeschädigten Verwaltungsgebäude wieder notdürftig instandzusetzen[4]. Dort fand die Gemeindeverwaltung eine vorläufige Unterkunft[5], später dann der „Israelitische Verein für Krankenpflege Bestattungswesen und religiöse Belehrung e. V"[6].

Ungeklärt war aber noch längere Zeit, wer nun eigentlich Besitzer der Bauten bzw. Grundstücke war, welche die Kultusgemeinde 1938 zwangsweise hatte verkaufen müssen. Ansprüche auf Rückerstattung hatten die Israelitische Kultusgemeinde und die JRSO (Jewish Restitution Successor Organization) angemel-

---

[1] Ophir/Wiesemann a. a. O. S. 59
[2] W. Selig/L. Morenz/H. Stahleder, Chronik der Stadt München 1945—1948, München 1980, S. 64
[3] ebd. S. 265; vgl. Süddeutsche Zeitung 46, 24. Mai 1947, Neue Zeitung 41, 23. Mai 1947
[4] StadtA, LBK 3915/2, Anträge der Kultusgemeinde auf Wiederinstandsetzung und Gewährung von Baumaterial
[5] Selig/Morenz/Stahleder a. a. O. S. 68
[6] Adreßbuch 1950, IV. Teil, S. 349

67 Synagogen-Einweihung am 20. Mai 1947, General Lucius D. Clay bei seiner Rede

68 20. Mai 1947: Wiedereinweihung der Synagoge, am Rednerpult Gemeindepräsident Spanier

69 Synagogen-Einweihung am 20. Mai 1947. V. L. Ministerpräsident Ehard, Innenminister Seifried, Kultusminister Hundhammer, Armee-Rabbiner Rosenbaum

70 Die heutige Synagoge an der Reichenbachstraße

det. Diese Organisation hatte sich zum Ziel gesetzt, herrenloses ehemaliges jüdisches Vermögen sowie als Folge der Rückerstattungsgesetze zu erwartende Mittel in erster Linie für den Aufbau Israels aber auch für die jüdischen Gemeinden in Deutschland zu beanspruchen. Nachdem am 23. August 1949 der Münchner Stadtrat die Rückerstattung der früher im Besitz der Kultusgemeinde befindlichen Grundstücke bzw. Bauten an der Herzog-Max-Straße an die neue Kultusgemeinde beschlossen hatte, weigerte sich die JRSO, auf ihre „Ansprüche" zu verzichten[7]. Dadurch verzögerte sich die Rückgabe um Jahre und die Stadt blieb de jure Besitzerin. Dies wirkte sich nun dahingehend aus, daß sie für die Sicherung der bombenbeschädigten Häuser verantwortlich war, und als diese einzustürzen drohten, für deren Abbruch zu sorgen hatte. Nachdem die JRSO 1952 endlich auf ihre Ansprüche verzichtet hatte, kam es um die bislang der Stadt entstandenen Kosten zu Auseinandersetzungen zwischen der Kultusgemeinde und der Stadt, die schließlich am 15. Februar 1955 vor der Wiedergutmachungskammer des Landgerichts München I in einem Vergleich endeten. Darin erklärte

[7] StadtA, LBK 3915/2, Mitteilung des Referats 10 an verschiedene städtische Ämter

sich die Stadt bereit, das Grundstück definitiv an die Kultusgemeinde zurückzuerstatten. Diese sollte gemäß dem Vergleich „ihre Wiedergutmachungsansprüche gegen das ehemalige Deutsche Reich, herrührend aus dem nicht zur freien Verfügung gelangten Kaufpreis von RM 145.000, soweit sie dieses Grundstück betreffen, selbst geltend machen und gewährte Leistungen zur Hälfte an die Landeshauptstadt München abführen"[8].

Aus dem Vergleich geht hervor, daß offensichtlich von der Kaufsumme nur noch 40.000 RM zur Auszahlung gekommen waren. Die Kultusgemeinde hatte also im Herbst 1938 nicht einmal den im Kaufvertrag genannten, ohnehin viel zu geringen Kaufpreis erhalten.

Nach zeitweiligen Überlegungen, an alter Stelle wieder eine Synagoge in Verbindung mit einem jüdischen Zentrum zu errichten, verkauften die Vertreter der Kultusgemeinde die Verwaltungsgebäude im Jahre 1955 an die Firma Karstadt. Das Synagogengrundstück selbst war bis 1949 Sammelplatz für den in dieser Gegend bei den Räumungsarbeiten anfallenden Schutt. Später war das Gelände als Parkplatz an die Firma Karstadt verpachtet worden. Schließlich kaufte die Stadt im Jahre 1964 das Grundstück von der Kultusgemeinde mit der Maßgabe, „hier eine Grünanlage anzulegen und im Einvernehmen mit der Israelitischen Kultusgemeinde ein Denkmal zu errichten"[9]. 1967 baute Karstadt unter dem Platz eine Tiefgarage. Anfang 1968 wurde ein beschränkter Künstlerwettbewerb für die Gestaltung des Denkmals ausgeschrieben, aus dem Herbert Peters als Sieger hervorging[10].

Am 9. November 1969, 31 Jahre nachdem in der „Reichskristallnacht" die meisten Synagogen in Deutschland in Flammen aufgegangen waren, wurde der Gedenk-

71 Gedenktafel für die Ohel-Jakob-Synagoge an der Herzog-Rudolf-Straße

stein für die Hauptsynagoge an der Ecke Maxburgstraße/Herzog-Max-Straße in einer abendlichen Feierstunde enthüllt. Die Inschrift auf der Vorderseite des massiven, 3 Meter hohen, in verschiedene Felder gegliederten Granitsteins lautet: „Hier stand die 1883—1887 erbaute Hauptsynagoge der Israelitischen Kultusgemeinde. Sie wurde in der Zeit der Judenverfolgung im Juni 1938 abgerissen. Am 10. November 1938 wurden in Deutschland die Synagogen niedergebrannt". Die Inschrift wird durch einen Davidsstern geteilt, auf dem in hebräischer Schrift aus dem 74. Psalm zitiert ist: „Sie stecken in Brand Dein Heiligtum, schänden zu Boden Deines Namens Stätte ... Sie verbrennen alle Häuser Gottes im Lande ... Denke dessen, wie

[8] ebd. LBK 3912; Schreiben des Referats 10 an die LBK, 22. Dezember 1952
[9] Münchner Merkur 56, 6. März 1969
[10] Münchner Leben 11/1968, S. 57

72 Gedenkstein für die abgebrochene Hauptsynagoge an der Ecke Herzog-Max-Straße/Maxburg-Straße

der Feind den Ewigen schmäht". Links neben dem Stern steht die deutsche Übersetzung, rechts die Bibelstelle 74. Psalm, Vers 18. An der Rückseite ist ein siebenarmiger Leuchter in den Stein gehauen, die Anfangsworte der Zehn Gebote an den Seiten erinnern an die Grundlage des jüdischen Glaubens"[11].

Die Epoche, in der die Münchner Juden in ihrer Stadt Synagogen bauten — von 1826 bis 1931 — dauerte etwas mehr als 100 Jahre. Was mit dem Bau der Metivier-Synagoge einen hoffnungsvollen wenn auch bescheidenen Anfang genommen und in der Einweihung der Hauptsynagoge einen Höhepunkt erreicht hatte, endete 1938 mit der Zerstörung der jüdischen Gotteshäuser. Innerhalb dieser Zeitspanne erlebten die Juden nach jahrhundertelanger Verfolgung einen großartigen Aufstieg, konnten sich für kurze Zeit der Illusion hingeben, endgültig ihrem Schicksal ständiger Diskriminierung entronnen zu sein, um danach erneut in Rechtlosigkeit zu stürzen und schließlich in der Massenvernichtung zu enden.

Seit der Zerstörung der jüdischen Gotteshäuser im Jahre 1938 ist ein halbes Jahrhundert verstrichen, das Ende des nationalsozialistischen Vernichtungsfeldzuges gegen die Juden liegt mehr als 40 Jahre zurück: dies soll Zeit und Anlaß zu einer vorläufigen Bestandsaufnahme sein.

Heute leben wieder gut 2500 Juden in München. Es gibt eine Israelitische Kultusgemeinde und zahlreiche jüdische Einrichtungen, es gibt die Synagoge in der Reichenbachstraße. Oberflächlich betrachtet könnte man demnach meinen, die Juden in München lebten wieder in „normalen" Umständen, denn schließlich gibt es keine Verfolgung, die deutschen Juden sind selbstverständlich gleichberechtigte deutsche Staatsbürger und können ungehindert ihre Religion ausüben.

Bei näherer Betrachtung ist aber die Lage der Juden noch weit von dem Zustand entfernt, der von 100 Jahren zur Zeit der Einweihung der Hauptsynagoge herrschte. Noch immer lasten die ungeheuerlichen Verbrechen, die im Namen des deutschen Volkes von Deutschen an Juden begangen wurden, schwer auf den Beziehungen zwischen deutschen Juden und ihren Mitbürgern. Wann wird wohl endlich wieder ein unbefangenes Miteinander oder auch nur Nebeneinander möglich sein, wie dies nach 1870 erreicht schien? Trotz aller Aufklärung über die an den Juden begangenen Greueltaten ist der Antisemitismus immer noch — oder schon wieder — lebendig: Er äußerte sich im Brandanschlag auf das Altersheim der Israelitischen Kultusgemeinde im Jahre 1970, dem sieben alte Menschen zum Opfer fielen; er äußerte sich in der Synagogenschändung im gleichen Jahr; 1977 erregten antisemitische Vorfälle an der Bundeswehrhochschule Aufsehen. Erinnert sei an Hakenkreuzschmierereien am Denkmal für die Hauptsynagoge und an immer wiederkehrende antisemitische Äußerungen an Wänden und in Flugblättern sowie bei Veranstaltungen bestimmter rechtsextremistischer Parteien.

Seit Jahren müssen wegen derartiger Vorfälle die jüdischen Einrichtungen in München ständig unter Polizeibewachung stehen. Um diese absurde Situation richtig zu verstehen, stelle man sich einmal vor, die Einrichtungen der christlichen Kirchen müßten zu deren Schutz laufend bewacht werden! Von einem „normalen" Zustand kann also heute noch keine Rede sein. Was bleibt, ist die Hoffnung, daß irgendwann einmal deutsche Juden und Juden in Deutschland wieder als normale Bürger leben können,

---

[11] vgl. H. Lamm, Synagoge als „Schandfleck" zerstört, in: Münchner Stadtanzeiger 89, 7. November 1969; A. Alckens, München in Erz und Stein, Mainburg 1973, S. 137

daß Synagogen wie die Kirchen wieder wie selbstverständlich zum Stadtbild gehören. Das Gedenken an die Zerstörung der jüdischen Gotteshäuser vor 50 Jahren sollte Anlaß sein, dies mit aller Kraft anzustreben und die Hoffnung auf Verwirklichung nicht aufzugeben.

Quellen

Ungedruckte Quellen

Stadtarchiv München:
　Polizeidirektion 515
　Lokalbaukommission 3912, 3913, 3915/2
　Polizeimeldebogen
　Hausbogen
　Stadtchronik
Leo Baeck Institut New York: A 1849, Betr. 1
Yad Vashem: M-1/DN 9
Privatbesitz:
　Verkaufs-Urkunden für Betstühle in der Synagoge, 1820
　Verkauf-Urkunden für Betstühle in der Hauptsynagoge, 1887

Literatur

Andreßbücher 1933—1940
Alckens, A., München in Erz und Stein, Mainburg 1973
Aub, Hirsch, Rede bei der Einweihungsfeyer (der Synagoge an der Westenriederstraße), München 1826
Cohen, Arthur, Die Münchener Judenschaft 1750—1861, in: Zeitschrift für die Geschichte der Juden in Deutschland 4/1933
Häuserbuch der Stadt München, Bd. 1, München 1958; Bd. 4, München 1966
Hammer-Schenk, Harold, Untersuchungen zum Synagogenbau in Deutschland von der ersten Emanzipation bis zur gesetzlichen Gleichberechtigung der Juden (1800—1871), Phil. Diss. Tübingen, Bamberg 1974
Hanke, Peter, Zur Geschichte der Juden in München zwischen 1933 und 1945, Miscellanea Bavarica Monacensia, Heft 3, München 1967
Hauptsynagoge München 1887—1937, München 1987; Neuauflage der Festgabe 50 Jahre Hauptsynagoge München 1887—1937, München 1937
Horn, Emanuel, Wir und unsere Synagoge, Vom Münchner Ostjudentum, in: Das jüdische Echo 36, 1931
100 Jahre Städtestatistik in München, München 1975
Kalter, Max, Hundert Jahre Ostjuden in München, in: Münchner Jüdische Gemeindezeitung 11/1980
Kirschner, Emanuel, Gedenket der Tage der Vorzeit, in: Bayerische Israelitische Gemeindezeitung 4/1926
Lamm, Hans, Synagoge als „Schandfleck" zerstört, in: Münchner Stadtanzeiger 89/1969
Ders. (Herausgeber), Vergangene Tage, Jüdische Kultur in München, München-Wien 1982
Metivier, Johann, Grund-Plaene, Durchschnitte und Façaden nebst einigen Details der Synagoge in München erbaut im Jahre 1824/25, München 1826
München um 1800, Die Häuser und Gassen der Stadt von Johann Paul Stimmelmayr, Neuauflage München 1980, Herausgegeben von Gabriele Dischinger und Richard Bauer
Ophir, Baruch Z./Wiesemann, Falk, Die jüdischen Gemeinden in Bayern 1918—1945, Geschichte und Zerstörung, München-Wien 1979
Pehle, Walter H. (Hrsg.), Der Judenpogrom 1938, Von der „Reichskristallnacht" zum Völkermord, Frankfurt 1988
Schmidt, Albert. Die neue Synagoge in München mit einer Beschreibung der Entstehungsgeschichte und des Baus von K. E. O. Fritsch, München 1889
Schöpflich, Eduard, Zur Geschichte der Juden in München, in: Bayerland 37/1926
Schwarz, Stefan. Die Juden in Bayern im Wandel der Zeit, München-Wien 1963
Segall, Jakob, Die Entwicklung der jüdischen Bevölkerung in München 1875—1905, Berlin 1910
Selig, Wolfram/Morenz, Ludwig/Stahleder, Hellmuth, Chronik der Stadt München 1945—1948, München 1980

Zeitungen

8 Uhr Blatt, 1938
Bayerischer Kurier, 1887
Der Bayerische Volksfreund, 1826
Münchener Amtsblatt, 1884
Münchener Bote, 1887
Münchener Fremdenblatt, 1881, 1887
Münchener Tagblatt, 1887
Münchner Leben, 1968
Münchner Merkur, 1969
Münchner Neueste Nachrichten, 1887, 1917, 1928, 1931, 1933
Neue Zeitung, 1947
Der Stürmer 1938
Süddeutsche Zeitung 1947
Völkischer Beobachter 1938
Würmtalbote 1958
Zeitschrift für Baukunde Bd. I/1878

Gabriele Dischinger

Die Synagoge an der Westenriederstraße[1]

Erst das Edikt vom 10. Juni 1813, mit dem unter Max I. Joseph (1806—1825) den im Königreich Bayern lebenden Juden erstmals gewisse Rechte eingeräumt wurden, schuf die Voraussetzungen zur Bildung einer israelitischen Gemeinde in München. Damit war zugleich auch der Bau einer Synagoge erlaubt. Bei der Suche nach einem geeigneten Ort für ihren Versammlungsraum stießen die Juden jedoch auf Schwierigkeiten; das dafür zuständige Innenministerium verweigerte einen Bauplatz im begehrten Stadtzentrum. Nach mehrjährigem Ringen beugte sich die Gemeinde dem Druck von oben; widerstrebend akzeptierte sie ein Grundstück in der Nähe des Viktualienmarktes, gegen das sie sich wegen seiner Abgelegenheit im wenig repräsentativen Angerviertel lange gewehrt hatte.[2]

1822 und 1824 erwarb die Administration des Israelitischen Kultus zwei aneinandergrenzende Parzellen, die zusammen einen langgestreckten Baugrund zwischen der Westenriedergasse (damals Theatergasse) und Frauenstraße ergaben.[3] Jean Baptist Métivier (1771—1857) wurde mit der Planung der neuen Synagoge beauftragt; warum die Wahl auf den damaligen königlichen Baurat und Hofdekorateur fiel, ist unbekannt. Die Grundsteinlegung erfolgte am 26. 7. 1824[4]. Ein Jahr später stand der Neubau. Neben Métivier, der die Arbeiten leitete, wirkten der Münchner Stadtbaumeister Joseph Höchl und Zimmermeister Peter Erlacher daran mit. Die Weihe fand am 21. 4. 1826 statt.[5]

Der Bauplatz wurde der Länge nach in drei fast gleichgroße Abschnitte eingeteilt: Das nördliche Drittel war der Synagoge vorbehalten und das südliche an der Frauenstraße für das Gebäude mit den Wohnungen des Rabbiners und Metzgers sowie den Bädern der Damen vorgesehen; zwischen beiden Bauten erstreckte sich ein Garten (Abb. 73), dessen Niveau tiefer lag als das der Westenriederstraße.

Aufbau und Ausstattung der Anfang 1889 wieder abgerissenen Synagoge überliefert die Publikation Métiviers, in der er den Bau auf 12 Lithographien in Grundrissen, Schnitten und Aufrissen veröf-

---

[1] Grundlage dieses Beitrages ist ein bereits 1980 erschienener Artikel zu dem gleichen Thema; siehe Gabriele Dischinger, Ehem. 'Tempel der Israeliten', in: Ausst. — Kat. Klassizismus in Bayern, Schwaben und Franken — Architekturzeichnungen 1775—1825, München 1980, S. 111 ff.
[2] Die Vorgänge bei der Bauplatzsuche sind ausführlich dargestellt bei Harald Hammer-Schenk, Untersuchungen zum Synagogenbau in Deutschland von der ersten Emanzipation bis zur gesetzlichen Gleichberechtigung der Juden (1800—1871), Diss. phil. Tübingen, Bamberg 1974, S. 48 ff.
[3] Vgl. Häuserbuch der Stadt München IV (Angerviertel), München 1966, S. 558 (Westenriederstraße 7)
[4] Johann Métivier, Grund-Plaene, Durchschnitte und Façaden nebst einigen Details der Synagoge in München erbaut im Jahre 1824/25, München 1826., S. 5. Zur Grundsteinlegung wurde eine silberne Medaille von Joseph Losch geprägt; vgl. Ausst. — kat. Wittelsbach und Bayern III/2, München 1980, S. 179, Kat. — Nr. 344 (Joachim Dramm/Markus Völkel).
[5] Anläßlich der Weihe wurde ebenfalls eine Gedenkmünze geprägt; siehe Abb.
[6] Siehe Anm. 4.

[7] Die "Erklaerung" im Wortlaut: "N(ume)ro I. Plan der Fundamente im Niveau mit dem Garten. A. Corridor, welcher seinen Eingang unter der Damen-Treppe hat, und mit dem gewölbten Zimmer in Verbindung steht. B. Eingang in den Garten. C. Keller. Nro. II. Plan des Erdgeschosses. A. Eingang für die Herren. B. Kleine Treppe, die auf die hintere Tribune des ersten Stockes führt. C. Vorhalle des Tempels. D. Zimmer, durch welches man, über die Treppe E, in den Garten gelangt. F. — F. Tempel. G. Almemor. H. Memora oder Leuchter mit neun Lichtern. I. Orenhakodesch oder Bundeslade. K. Thüre, welche zu der Damen-Treppe führt, um die Kinder zu empfangen, welche zur Beschneidung vorgestellt werden. L. Zimmer für einen Wächter, in welches der Gang M führt. N. Eingang zur Damen-Treppe. *Nro. III.* Plan des oberen Stockwerks. A. Damen-Treppe. B. — B. Tribunen der Damen. C. — C. Gang und Zimmer für die Damen. D. Hintere Tribune. *Nro. IV.* Längen-Durchschnitt nach der Linie YY. *Nro. V.* Queer-Durchschnitt nach der Linie Z-Z. *Nro. VI.* Queer-Durchschnitt nach der Länge VV. *Nro. VII.* Haupt-Façade. *Nro. VIII.* Façade gegen den Garten. *Nro. IX.* Orenhakodesch oder Bundeslande mit der Nische am Ende des Tempels. *Nro. X.* A. Capitäle der Eckpilaster an der

fentlichte.⁶ Den numerierten Darstellungen (Abb. 73—79) hat er eine "Erklaerung" beigegeben.⁷ Einschließlich seiner Einführung zu dem Werk und einer farbig lavierten, von Métivier signierten Innenansicht der Synagoge (Abb. 85) kann man daraus ein anschauliches Bild gewinnen.

Der rechteckige Baukörper maß in der Länge rund 30 und in der Tiefe etwa 17 Meter.⁸ Lediglich an der der Westenriederstraße zugekehrten Nordfront traten seitlich flache, einachsige Vorsprünge leicht aus der Bauflucht hervor. Sie hatten ihren Grund in den beiden Portalen, dem Eingang für die „Herren" (im Westen) und dem für die „Damen" (im Osten).

Die traditionelle Trennung nach Geschlechtern bestimmte auch die Einteilung des Inneren. Während die Männer über sieben Stufen erst in die Vorhalle (mit rundem Handwaschbecken in einer Nische) und anschließend in das für sie reservierte Untergeschoß des zweistöckigen Gemeinderaumes gelangten, führte der Weg der Frauen vom Eingang über eine Wendeltreppe direkt auf die ihnen zugewiesenen Galerien; dort, auf den von Säulen getragenen, geraden Emporen, die sich an den Langseiten und der westlichen Schmalseite entlangzogen, waren sie hinter Vorhängen gänzlich den Blikken entzogen.

Gemäß der im Talmud gegebenen Empfehlung war in der Ostwand des Saales eine flachrunde Apsis zur Aufnahme des Thoraschreines (Orenhakodesch) angelegt. Seine Form glich der eines Tempelchens mit Stufenaufgang und den Gesetzestafeln Moses' auf der Spitze des Dreieckgiebels. Darüber wölbte sich eine mit Palmetten und Fruchtgebinden ornamentierte Kalotte, in deren Scheitel ein (nur indirekt belichtetes) Thermenfenster saß.

Über die farbliche Fassung dieses kultischen Zentrums schreibt Métivier: "Die Verzierungen der Nische sind goldartig gemalt, und mit Gold geblicht. Die Gläser in dem halbrunden Fenster sind colorirt, die Mitte desselben ist gelb, die folgende Reihe orange, die dritte roth, und die letzte blau. Das Orenhakodesch ist ganz von Stucco lustro Lapis lazuli, artig gemalt; die Verzierungen und die Glieder sind vergoldet".⁹

Darüber hinaus macht Métivier zu dem von einer gestauchten, kassettierten Tonne überspannten Innenraum noch folgende Angaben: "Die Säulen sind ... vom rothen Tegernseer Marmor, die Capitäler und das Gesimse von Gyps auf Alabaster-Art. Das Gitter der Tribune ist von Holz, weis und bronze-artig angestrichen. Die Wände des Tempels sind röthlich marmorirt, das Gewölbe aber ist mit einer röthlich grauen Farbe angestrichen, die Verzierungen und die Glieder der Cassetten sind grau in grau gemalt, und der Grund der Cassetten ist hellblau".¹⁰

In ihrem Außenbau wirkte die Synagoge schlicht und unterschied sich nur gering-

---

Haupt-Façade (die Capitäle an den Fenstern sind dieselben.) B. Capitäle der Säulen, welche die Tribunen tragen. *Nro. XI.* Theil des Gesimses unter der Damen-Tribune, wie auch des Damen-Gitters und der Cassetten des Gewölbes. *Nro. XII.* A. Memora oder Leuchter mit 9 Lichtern ganz von Bronze gegossen und im Feuer vergoldet. B. Candelabres neben der Bundeslade. C. Almemor oder Kanzel, wo der Rabbiner steht."
⁸) Die Grundrisse geben 106 × 56 bayer. Fuß à ca. 29 cm an.
⁹) Zusatz zu der "Erklaerung" in seinem Werk.
¹⁰) "Anmerkung" zu der "Erklaerung". Außerdem rühmt sich Métivier (wie Anm. 4, S. 6): "Alle innere, zu einem solchen Tempel erforderliche Bestandtheile und Verzierungen, als die Lampe für das ewige Licht, die Kronleuchter von Bronce und vergoldetem Eisen, der sammtne mit Gold und Seide gestickte Vorhang des Altars, die abgesonderten Sitze für die Männer und Frauen, von denen jeder mit einem zum Verschliessen eingerichteten Kasten versehen ist, ein reiches Gitter von Guss-Eisen, welches das Vorhaus C. von dem Tempel scheidet, so wie die ebenfalls aus Guss-Eisen bestehenden Gitter vor den Fenstern des Erdgeschosses u. s. w. wurden ebenfalls sämmtlich nach meinen Zeichnungen und Entwürfen angefertigt".

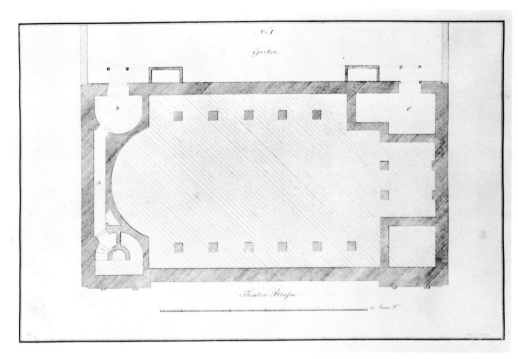

73 „Grund-Plaene, Durchschnitte und Facaden" der Synagoge an der Westenriederstraße von dem Erbauer J. B. Metivier. Grundriß, Plan der Fundamente

74 Grundriß, Plan des Erdgeschosses

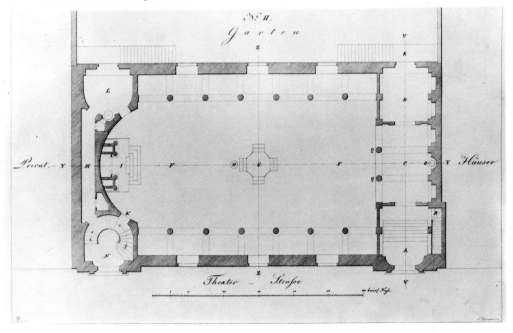

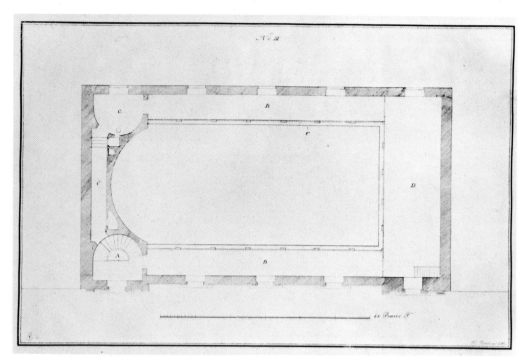

75 Grundriß, Plan des Emporen-Stockwerks

76 Längsschnitt

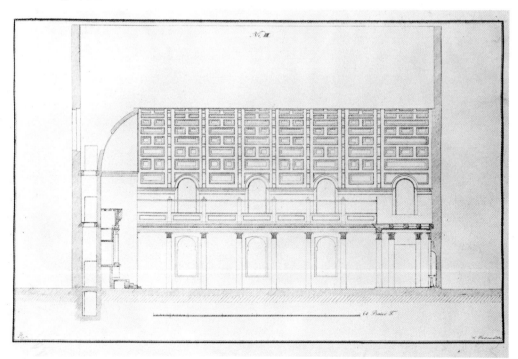

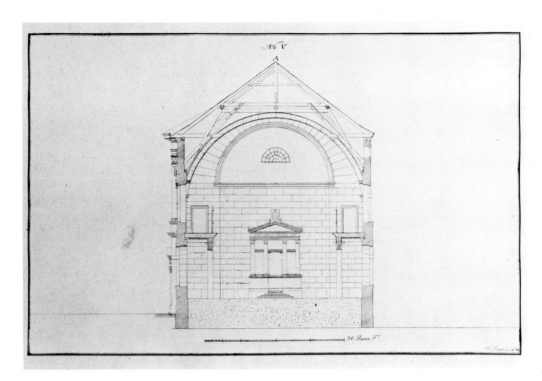

77 Querschnitt

78 Querschnitt

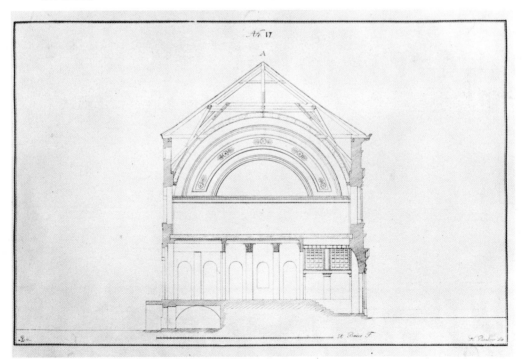

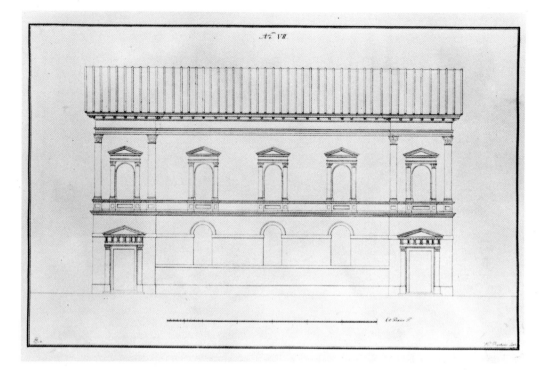

79 Hauptfassade

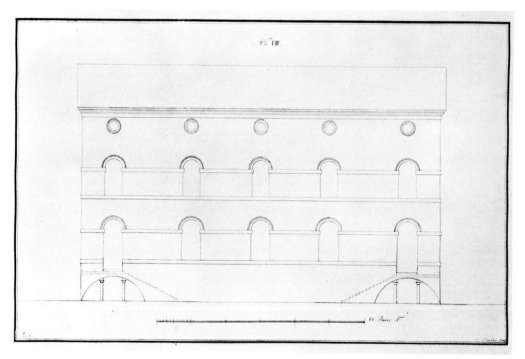

80 Fassade zur Gartenseite

81 Orenhakodesch (Bundeslade) an der Ostwand

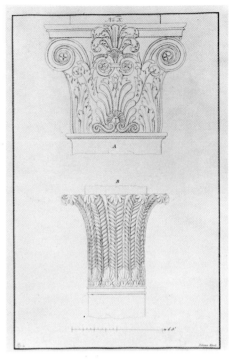

82 Kapitele

83 Damen-Galerie mit Gitter und Gewölbe-Kassetten

84 Bronze-Leuchter und Almemor

fügig von den sie einschließenden Bürgerhäusern. Besonders einfach war die Gartenfront gehalten. Die Gliederung bestand aus zwei Reihen Rundbogenfenstern und durchlaufenden Profilbändern in Sohlbank- und Kämpferhöhe, in der die seitlichen Ausgänge fast untergingen. Zuoberst sorgten fünf zusätzliche Okuli für Licht im Raum des Satteldaches. Sie waren die rückwärtige Verlegenheitslösung anstelle des mehrfach gestuften, hohen Kranzgesimses an der Vorderseite. Überhaupt wies die Eingangsfassade mehr Zierelemente auf: Eine betonte Attikazone zwischen beiden Geschossen, Eckpilaster an den seitlichen Vorsprüngen und Ädikularahmungen sowohl an den Portalen als auch um die oberen Fen- Straßenfront soviel Struktur gegeben, daß sich die Synagoge wenigstens etwas von ihrer baulichen Umgebung abhob. Die Ansicht dieser Fassade fand durch Abbildung auf der Einweihungsmedaille (Abb. 18) Verbreitung.

Die Münchner Synagoge war zur damaligen Zeit eine typische Vertreterin ihrer Gattung: nach außen möglichst unauffällig, im Inneren weniger bescheiden, jedoch streng programmatisch an den Erfordernissen der Lithurgie ausgerichtet. Métivier gab sich denn auch nach eigener Auskunft große Mühe bei der Konzeption des Baues, die vom Kultus vorgeschriebenen Bedingungen zu erfüllen und "zugleich ein Monument zu errichten, welches zur Verschönerung der Stadt ... beitragen könnte".[11] Dabei stand er u. a. vor der Situation, daß der Thoraschrein im Osten (gen Jerusalem gerichtet) aufgestellt werden mußte, "die an der Abend-Seite an das Gebäude anstossenden Häuser ... aber verhinderten, den Haupt-Eingang in den Tempel, so wie es sonst gewöhnlich ist, dem Altar gegenüber anzubringen; so [war er] genöthigt, denselben auf die eine Seite zu versetzen, und auf der andern Seite den Eingang für die Damen, welcher von jenem der Männer abgesondert seyn muss, herzustellen, wodurch die beyden Vorbaue (Avant-Corps) erforderlich wurden".[12]

In dieser Erklärung wird deutlich, daß die aus den mosaischen Riten abgeleiteten Vorschriften für die bauliche Konzeption Métivier zwar in seiner künstlerischen Freiheit einschränkten, ihn aber auch zugleich zu neuen Lösungen animierten. Das gilt jedoch eher für den Außenbau als für die Inneneinteilung, die ganz orthodox ausfiel.

Nach dem Talmud galt der Tempel Salomons als Vorgabe für den Synagogenbau; er sollte einen Gemeinderaum bieten, eine nach Osten gerichtete Apsis für das Allerheiligste, den Thoraschrein, besitzen, einen Stufenaufgang zum Allerheiligsten aufweisen und eine erhöhte Estrade mit Brüstung (Almemor) zum Vorlesen aus der Thora haben. All diese Forderungen erfüllte die von Métivier erstellte Synagoge.

Wie streng sich die erste israelitische Gemeinde Münchens an althergebrachte Sitten hielt, beweist der Almemor. Er stand im Brennpunkt des Saales, für alle Teilnehmer am Gottesdienst gut sichtbar. Um die Thorarolle in einer feierlichen Zeremonie, an den Gläubigen vorbei, zu dem Vorlese- und Vorbetpult des Rabbiners zu tragen, nahm der Almemor von alters her die Raummitte ein und wurde erst im Laufe des 19. Jahrhunderts, als diese Gewohnheiten verflachten, unterhalb des Thoraschreines aufgestellt.

Métivier konnte für seine Planung weder auf entsprechende Vorbilder zurückgrei-

---

[11] Métivier (wie Anm. 4), S. 4.
[12] Siehe Anm. 11.

[13] Vgl. Hammer-Schenk (wie Anm. 2) S. 60 f.

85 Innenansicht der Synagoge an der Westenriederstraße. Feder über Bleistift, farbig aquarelliert von J. Metivier, 1825

fen noch verbindliche Anweisungen für den Bau einer Synagoge heranziehen; sie existierten nicht.[13] So ließ er sich vor allem von der Anlage öffentlicher Versammlungsräume inspirieren. Harald Hammer-Schenk nennt in dem Zusammenhang einerseits den Sitzungssaal des Pariser Stadthauses, in dem 1807 über die Reform der jüdischen Verhältnisse in Frankreich beraten wurde; zum anderen verweist er auf den Tagungssaal der Abgeordnetenkammer im Münchner Ständehaus, den der königliche Hofbaumeister Leo von Klenze (1784—1864) 1818 zu diesem Zwecke umgebaut hat.[14] Vermutlich war Métivier als unmittelbarer Untergebener Klenzes daran beteiligt.

Aus den zitierten Bauten erklärt sich der profane Charakter der Münchner Synagoge, deren Parallelen in zeitgenössischen Palais' zu suchen sind. Vergleichbar wären im Werke Métiviers das 1823 entstandene Wohnhaus des Baron Maillot und mehr noch das einstige Palais Palavicini (1828/29), beide in München.[15] Diese Beispiele können zugleich gewisse Ähnlichkeiten mit zeitgleichen Bauten Klenzes nicht leugnen; speziell bei der Eingangsfassade der Synagoge sei auf einen 1817 geschaffenen Entwurf Klenzes für den Marstall[16] hingewiesen.

Die periphere Lage der Münchner Synagoge, ihr betont unauffälliges Äußeres sowie der Verzicht auf die traditionellen Attribute eines Kultbaues entsprachen exakt der sozialen und politischen Stellung, die man den Juden jener Zeit zubilligte. Sie bildeten eine religiöse Minorität, der Obrigkeit und christliche Umwelt die Emanzipation nur soweit gestatteten, wie sie sich am Rande vollzog und keine Aufmerksamkeit erregte.

Münchens Synagoge war in jeder Beziehung ein Musterbeispiel, das aus guten Gründen ausführlich publiziert wurde. Métivier rechfertigte sein Werk damit, daß die "Mittheilung der Ideen... eins der Haupt-Beförderungsmittel des steten Fortschreitens in der Baukunst, und... um so nothwendiger (sei) in Fällen, wo es sich von aussergewöhnlichen Gebäuden handelt"; ferner will er "dadurch den Architekten, welche in den Fall kämen, den Bau einer Synagoge zu übernehmen, alle Erfordernisse... deutlich"[17] darstellen.

Daß Métiviers Veröffentlichung die intendierte Orientierungshilfe bot und die Münchner Synagoge auf diese Weise zum Vorbild für nachfolgende Bauten avancierte, zeigt u. a. die 1846 entworfene Synagoge in Kriegshaber bei Augsburg.[18]

---

[14] Ebd., S. 62 f.
[15] Zum Oeuvre Métiviers siehe Hans Rose, J. B. Métivier, der Erbauer des Braunen Hauses in München, in: Zeitschrift des deutschen Vereins für Kunstwissenschaft 1 (1934), S. 49 ff.
[16] Vgl. Oswald Hederer, L. v. Klenze, München 1964, Abb. 106.

[17] Métivier (wie Anm. 4) S. 3.
[18] Siehe Gabriele Schickel, Synagoge Kriegshaber bei Augsburg, in: Ausst. — kat. Romantik und Restauration — Architektur in Bayern zur Zeit Ludwigs I. (1825—1848), München 1987, S. 310. In Kassel und Dresden stand die Münchner Synagoge zur Diskussion; vgl. Hammer-Schenk (wie Anm. 2), S. 61.

Literatur

Dischinger, Gabriele, Ehemaliger Tempel der Israelitien, in: Ausstellungskatalog Klassizismus in Bayern, Schwaben und Franken — Architekturzeichnungen 1775—1825, München 1980

Häuserbuch der Stadt München, Bd. 4, München 1966

Hammer-Schenk, Harald, Untersuchungen zum Synagogenbau in Deutschland von der ersten Emanzipation bis zur gesetzlichen Gleichberechtigung der Juden (1800—1871), Phil. Diss. Tübingen, Bamberg 1974

Hederer. Oswald, L. v. Klenze, München 1964

Métivier, Johann, Grund-Plaene, Durchschnitte und Façaden nebst einigen Details der Synagoge in München erbaut im Jahre 1824/25, München 1826

Rose, Hans, J. B. Métivier, der Erbauer des Braunen Hauses in München, in: Zeitschrift des deutschen Vereins für Kunstwissenschaft 1/1934

Schickle, Gabriele, Synagoge Kriegshaber bei Augsburg, in: Ausstellungskatalog Romantik und Restauration — Architektur in Bayern zur Zeit Ludwigs I. (1825—1848), München 1987

K. E. O. Fritsch

Die neue Synagoge in München

Da die Münchner Hauptsynagoge vor 50 Jahren aus dem Stadtbild verschwand, wäre eine genaue Beschreibung des Baues nur anhand von Bauplänen, Fotos und früheren Baubeschreibungen zu erstellen gewesen. Herausgeber und Verlag entschlossen sich daher zur auszugsweisen Wiedergabe der „offiziösen" Baubeschreibung aus dem Jahr 1889. Diese Beschreibung stellte K. E. O. Fritsch der Veröffentlichung großformatiger Fotos durch den Architekten der Synagoge, Albert Schmidt, voran[1]. Die Eigentümlichkeiten der damaligen Orthographie und Ausdrucksweise wurden mit Absicht belassen (der Herausgeber).

[1] A. Schmidt, Die neue Synagoge in München mit einer Beschreibung der Entstehungsgeschichte und des Baus von K. E. O. Fritsch, München 1889; In seinen Ausführungen beruft sich Fritsch auf diese hier wiedergegebenen Fototafeln.

Gegenüber der südlichen Front der Herzog Max-Burg, zwischen Herzog Max- und Kapellen-Strasse, ragt seit mehr als zwei Jahren, weithin sichtbar, die neue Münchener Synagoge empor. Ein Gegenstand berechtigten Stolzes für die Gemeinde, die ihn als bleibenden Ausdruck ihrer Kraft und Bedeutung errichtet hat, und eine werthvolle Bereicherung des Münchener Denkmal-Schatzes, reiht der Bau auf das Würdigste den älteren Sehenswürdigkeiten der Stadt sich an. Während die Laien das zu der Umgebung trefflich abgestimmte Bild der Fassade bewundern und willig dem mächtigen Eindrucke des weiten Hallenraums im Innern sich hingeben, schenkt der Fachmann seine besondere Theilnahme überdies noch der eigenartigen Anlage und der gediegenen, echt monumentalen Durchführung des Ganzen, sowie der von ebenso viel Phantasie wie Studium zeugenden künstlerischen Ausgestaltung seiner Einzelheiten. — So darf die nachfolgende Darstellung und Beschreibung des Werks sicherlich als eine lohnende Aufgabe angesehen werden...

Den Kern der Anlage bildet demnach ein dreischiffiger, mit Kreuzgewölben auf Säulenstützen überwölbter Hallenbau — bestehend aus 5 Jochen von je 6,20 m Axweite. Dieser Jochweite entspricht die Breite der beiden, bis zum Gewölbscheitel 15,75 m hohen Nebenschiffe, während das Mittelschiff bei 18,00 m Höhe von Säulenmitte zu Säulenmitte 11,30 m misst. Indem die entsprechend durchbrochenen Strebepfeiler des Gewölbe-Systems in den Innenraum aufgenommen wurden, sind demselben noch 2 äussere gangartige Nebenschiffe von je 3,50 m Breite hinzugefügt worden, die mit quer gestellten Tonnengewölben geschlossen sind. Der Grundriss des Hallenraums zwischen den Aussenmauern hat dadurch die Form eines Quadrats von 31,00 m Seite erhalten. — Die Seitenschiffe werden durch eine Empore getheilt, deren Fussboden in den äusseren Gängen 7,60 m über demjenigen des Erdgeschosses liegt und von da in 7 Abstufungen bis auf eine Höhe von 5,20 m sich herabsenkt. Unterhalb derselben sind die äusseren Schiffe mit Kreuzgewölben, die inneren Seitenschiffe mit entsprechend niedriger liegenden, flachen Holzdecken geschlossen, deren Balken das Stufengerüst der Empore tragen; beide ruhen auf Flachbögen von 4,25 m Scheitelhöhe, die zwischen den Säulenstützen bezw. Strebepfeilern eingespannt sind.

Eine als halbes Achteck gestaltete Abside im Osten und der quadratische Hauptthurm im Westen — beide aus der Breite des Mittelschiffes abgeleitet und nach diesem geöffnet — erweitern den Innenraum in seinem oberen Theile bis zu einer Gesammtlänge von nahezu 50,00 m. Innerhalb der Abside liegen in einer Höhe von 2,60 m über dem Synagogen-Fussboden das „Allerheiligste", d. h. der zur Aufbewahrung der Thora-Rollen bestimmte, massiv umschlossene Schrein („Oraun Hakodesch"), sowie neben demselben die Zimmer für Rabbiner und Vorsänger, darüber — in einer Höhe von 7,75 m über dem unteren Fussboden — die Orgel- und Sänger-Empore. Den Innenraum des Thurms nimmt im Erdgeschoss eine mit 9 Kreuzgewölben auf 4 Mittelstützen überdeckte Halle ein; sie wird von einer Zwischenwand derart getheilt, dass die inneren 3 Felder als Vorplatz zum Mittelschiff gezogen sind, während die 6 äusseren Felder die nach aussen geöffnete Haupt-Vorhalle des Männer-Raums bilden. Das Obergeschoss, dessen Fussboden von 6,50 m bis zu 8,00 m Höhe über der Erdgeschoss-Gleiche ansteigt, dient in ganzer Tiefe als Empore. Der über ihr befindliche, aus dem Quadrat in's Achtseit übergeführte Kuppelraum reicht mit dem Scheitel seines achttheiligen Kreuzgewölbes bis zu 29 m Höhe. Neben der grossen Haupt-Vorhalle in der Axe des Männer-Raums sind an der Vorder- und Hinterseite des Hauses noch je 2 kleinere Vorhallen angebracht, von denen diejenigen in der Herzog Max-Strasse mit jener in unmittelbarer Verbindung stehen. Sie gewähren den Zugang zu den in je 2 achtseitigen Nebenthürmen liegenden Treppen der Frauen-Empore, von denen die südlich gelegene Treppe der Ostseite zugleich zu den Rabbiner- und Vorsänger-Zimmern, sowie zur Orgel- und Sänger-Empore führt. Zwei weitere kleine Treppen an den westlichen Ecken des Langhauses, die bis zum Dachboden reichen, können als Nothtreppen zur Entleerung der Empore mitbenutzt werden, während dem unteren Männer-Raume zu diesen Zwecke 2 Ausgänge nach den hinteren Vorhallen, sowie ein aus dem südlichen Seitenschiff unmittelbar in den Hof führender Ausgang gegeben sind. Die für eine Synagoge unentbehrlichen Bedürfniss-Anstalten und Garderoben liegen in Zwischengeschossen neben den Treppen. — Ein kleiner Betraum zur Benutzung während der Wochentage, der in manchen Synagogen als sog. Vorsynagoge zwischen die Vorhalle und den Männer-Raum eingeschaltet, bezw. sogar mit der Vorhalle vereinigt ist, sollte nach dem ursprünglichen Entwurf in einem Anbau untergebracht werden, der den Hof des Grundstücks nach der Kapellenstrasse abschloss. Nachdem die Gemeinde sich jedoch dafür entschieden hatte, noch das in der Herzog Max-Strasse anstossende Grundstück zu erwerben und hier ein eigenes Gemeindehaus aufzuführen, hat man es vorgezogen, jenen Betraum mit diesem Hause zu verbinden. —

Bei einer Gesammtzahl von 1000 Männer- und 800 Frauen-Sitzen nimmt die neue Münchener Synagoge ihrer Grösse nach die dritte Stelle in Deutschland ein. Sie wird übertroffen nur von der grossen Berliner Synagoge, die für 1800 Männer und 1200 Frauen Platz gewährt, und von der Breslauer Synagoge, die jedoch nur 50 Männer-Sitze mehr zählt. Hinter ihr folgt zur Zeit die... neue Synagoge in Danzig.

Die Eintheilung des unteren, wie des oberen Synagogen-Raums zu Sitzreihen und Gängen ist aus den Grundrissen ersichtlich.[2] Die Abmessungen eines Männersitzes sind auf 91,5 cm zu 55 cm, diejenigen eines Frauensitzes auf 90 cm zu 57 cm bestimmt worden. Die zur Aufbewahrung der Gebetmäntel und Gebetbücher erforderlichen Kästen sind unterhalb der Lesebretter angebracht. Dass man von einzelnen Sitzplätzen aus weder das Allerheiligste noch den vor demselben auf der Kanzel stehenden Prediger sehen kann, ist ein Übelstand, der bei der Grösse des Baues und seiner Anlage natürlich nicht zu vermeiden war. Die Gemeinde hat an

86   Photo-Tafeln aus dem Buch des Synagogen-Erbauers A. Schmidt über sein Werk (86—95). Blick vom Botanischen Garten

demselben ebenso wenig Anstoss genommen, wie an dem Umstande, dass bei der hohen Lage, welche die Kanzel mit Rücksicht auf die Emporen-Sitze erhalten musste, für eine weitere Anzahl selbst der Männersitze die Aussicht auf den Oraun Hakodesch soweit verdeckt wird, dass ihre Inhaber der Zeremonie des Herausnehmens und Verschliessens der Thora-Rollen nicht zu folgen vermögen. Man hat sich mit Recht nicht dazu entschliessen können, von dem etwas gar zu theatralisch wirkenden Mittel einer Versenkung der Kanzel, welches (nach Wiener Vorbild) in der alten Synagoge angewendet worden war, wiederum Gebrauch zu machen. Dagegen fehlt auf der Estrade zwischen dem Vorplatz des Allerheiligsten und dem Synagogen-Raum, die an der Hinterwand neben dem (beweglich angeordneten) Vorsänger-Pult je einen Sitz für Rabbiner und Vorsänger enthält, auch in dem Neubau ein besonderer Almemor; man benutzt als solchen das Vorsänger-Pult, während für die zum Vorlesen aus der Thora aufzurufenden Gemeinde-Mitglieder eine Reihe eigener, durch ihre Form ausgezeichneter Stühle vor der vordersten Sitzreihe des Männer-Raums bestimmt ist. Bei Trauungen, die gleichfalls auf der Estrade und nicht (wie an manchen anderen Orten) in einem lediglich für diesen Zweck bestimmten Trausaal stattfinden, wird das in diesem Falle vom Rabbiner benutzte Vorsänger-Pult bis an die Hinterwand des Raums unter die Kanzel verschoben.

Der künstlerischen Ausgestaltung des Baues, dessen Erscheinung die beigefügten Lichtdruck-Tafeln (Abb. 86 bis 95) in lebensvoller Wirklichkeit widerspiegeln, liegen die Formen des romanischen Stils zugrunde. Bekanntlich hatte schon Oppler für seine Synagogenbauten durchgängig diesen Stil gewählt und die

87   Blick von Südosten

Anschauungen, von denen er sich dabei leiten liess, haben durch das schliessliche Ergebniss der langjährigen, durchaus unabhängigen Studien und Versuche, die Albert Schmidt auch dieser Seite der Aufgabe gewidmet hat, eine werthvolle Bestätigung gefunden. Von der früher bei Synagogenbauten so beliebten Anwendung arabisch-maurischer Stilformen, mit denen man auf die orientalische Heimath des Judenthums hindeuten wollte, ist man ja neuerdings allseitig zurückgekommen — nicht zum letzten, weil die israelitischen Kreise selbst sich gegen die ihnen zugemuthete, willkürliche Aufnöthigung eines solchen, ihren Überlieferungen durchaus fremden Sonderstils verwahrten. Unter den übrigen, von unserer Zeit vorzugsweise für kirchliche Bauwerke angewendeten Stilen muss aber der romanische Stil nicht allein um deshalb als der für den fraglichen Zweck geeignetste erscheinen, weil er trotz seines national-deutschen Gepräges noch die meisten Anklänge an die uralte Bauweise des Orients enthält, sondern vor Allem auch, weil er bei ausreichender Beweglichkeit zugleich die Möglichkeit gewährt, das Bauwerk in jener schlichten Einfachheit und monumentalen Strenge zu halten, die dem Wesen des israelitischen Kultus am besten entspricht.

Diesen künstlerischen Absichten gerecht zu werden, ist dem Architekten der neuen Münchener Synagoge nicht minder

88 Hauptfassade

geglückt, als ihm die Lösung der für den Bau in Betracht kommenden Nützlichkeits-Fragen gelungen ist. Er hat sich weder von den Formen des gewählten Stils beherrschen lassen, noch mit denselben in einer so äusserlichen Weise zu schalten sich erlaubt, wie einst Gärtner und seine Schule, deren dilettantisches Wirken jedes Zurückgreifen auf romanische Baukunst auf Jahrzehnte hinaus in Missachtung gebracht hatte. Niemals den Boden des ihm durch jene Zweckmässigkeits-Rücksichten vorgezeichneten Programms verlassend, war er nicht nur mit den Formen, sondern vor Allem im Geiste des Stils zu schaffen bemüht und hat damit eine Leistung zu Wege gebracht, die ihren modernen Ursprung zwar nicht verleugnet und nicht verleugnen will, aber in ihrer Gesammthaltung dem Gepräge mittelalterlicher romanischer Bauten dennoch näher kommen dürfte, als die meisten anderen Versuche, die neuerdings in gleichem Sinne unternommen worden sind. Allerdings hat sich der Künstler die Freiheit gegönnt, in den Einzelheiten über den Umfang des von einem bestimmten geschichtlichen Zeitabschnitte gelieferten Vorbildes hinauszugreifen; es ist die Formenwelt etwa des letzten Jahrhunderts der deutschen romanischen Kunst bis zum Übergangs-Stil, die er für seine Zwecke verwerthet hat. Auch soll nicht behauptet werden, dass er bei der Ausgestaltung aller dieser Einzelheiten gleich glücklich und streng gewesen sei. Ausstellungen, die in dieser Hinsicht erhoben werden können, würden jedoch dem Werthe der Gesammtschöpfung gegenüber nur unwesentlich in's Gewicht fallen.

Das vorher Gesagte gilt insbesondere für die äussere Erscheinung des Baues, dessen Fassaden über einem Granitsockel aus dunkelrothem Backstein-Mauerwerk mit Werkstein-Gliederungen hergestellt sind, während die Dächer mit Schiefer nach deutscher Art, bezw. in einzelnen Theilen (so z. B. über den offenen Portalhallen der beiden vorderen Seiten-Eingänge) mit Kupfer gedeckt sind. Bekanntlich hängt bei einem in mittelalterlicher Bauweise ausgeführten Bau die sog. „Echtheit" seines Aussehens fast eben so viel von der richtigen Auswahl und Behandlung der Baustoffe ab, wie von den Formen an sich. Es war im vorliegenden Falle ein ausserordentlich glücklicher Gedanke des Architekten, dass er als Werkstein für die Fassaden nicht Kalk- oder Sandstein, sondern oberbayerischen Tuffstein (von Polling bei Weilheim) verwendete, der zudem jenen an Dauer noch überlegen ist; denn das grobe Korn dieses Steins passt ebenso den schlichten Formen des romanischen Stils, wie dem Gefüge des mit ihm verbundenen Backstein-Mauerwerks gleichsam natürlich sich an. Nur die Portale der Vorderfront, deren feinere Gliederungen aus der Nähe betrachtet werden, sind von Sandstein (aus den schon für den Regensburger Dom benutzten Brüchen von Kapfelsberg) hergestellt. Die Beschaffenheit der Backsteine und die Technik des bezgl. Mauerwerks entspricht ganz derjenigen, welche an den mittelalterlichen Bauwerken Münchens beobachtet werden kann.

Wie trefflich auch der architektonische Maassstab des Gebäudes mit demjenigen der älteren Denkmale der Stadt in Einklang gebracht ist, beweist die auf Tafel I (Abb. 86) gegebene Ansicht, die von einem Standpunkt am Eingange des Botanischen Gartens aufgenommen ist und das Bild der Synagoge in Zusammenstellung mit den hinter ihr aufragenden Thürmen der Frauenkirche, mit der Herzog Max-Burg und dem an der Kapellenstrasse liegenden Flügel des ehemaligen Jesuiten-Kollegiums (jetzt Akademiegebäudes) zeigt. Nicht wie ein neuer Eindringling innerhalb seiner Umgebung, sondern wie die von jeher beabsichtigte, endlich zur Ausführung gelangte Ergänzung des be-

89 Rückseite Ecke Maxburg/Kapellenstraße

treffenden Stadtbildes tritt die Synagoge in dieser Ansicht dem Beschauer entgegen. Leider wird dieses Bild vorläufig noch arg entstellt durch die Reste der früheren Bebauung des Stadttheils, einige ärmliche Häuser, die sich mit einem Thurm der alten Stadtbefestigung dem Neubau vorlagern. Der Platz, auf dem diese Bauten stehen, war früher einmal für die Errichtung eines Künstlerhauses in Aussicht genommen und befindet sich noch heute im Besitze der Künstlergesellschaft. Über seine endgiltige Gestaltung — hoffentlich zu einem, höchstens mit niedrigen Baulichkeiten oder einem Denkmal zu besetzenden Schmuckplatze — wird erst entschieden werden können, wenn die schon so lange schwebende Frage des Künstlerhaus-Baues endlich zum Abschluss kommt.

Die auf Tafel II (Abb. 87) gegebene Ansicht, welche einem mehr östlich gelegenen Standpunkt vor dem sogen. „Himbsel-Hause" entspricht, zeigt die Synagoge ohne den störendsten Theil dieses Vordergrundes in einer Darstellung, welche mehr die architektonische Anordnung des Baues als dessen Verhältniss zu seiner Umgebung, deutlich machen will; sie wird ergänzt durch die in grösserem Maassstabe gehaltene Ansicht der Hauptfassade auf Tafel III. (Abb. 88) Selbstverständlich kann es sich angesichts dieser Bilder hier nicht um eine Beschreibung, sondern lediglich um eine kurze Würdigung des Werkes handeln.

Vor Allem ist dem letzteren nachzurühmen, dass es in seinem Aufbaue den Organismus der inneren Anlage ohne jede Pedanterie, aber in durchsichtiger Klarheit zur Anschauung bringt. Es wird zunächst Jeder sehen, dass es bei derselben um einen mehrschiffigen Raum mit ausgedehnter Empore sich handelt, auf dessen leichte Zugänglichkeit besonderer Werth gelegt ist. Aber die ganze Gestaltung des Aufbaues, der unbeschadet seiner maassvollen Einfachheit in Abmessungen und Formen doch über die Grenze des Nothwendigen hinaus zu monumentaler Würde gesteigert ist, lässt zugleich über die Bestimmung des Gebäudes zu gottesdienstlichen Zwecken keinen Zweifel, während doch die eigenartigen Verhältnisse des Ganzen, insbesondere der vorderen Thurmgruppe, von den für christliche Kirchen überlieferten Gestaltungen so weit abweichen, dass es wohl Niemandem einfallen wird, es für eine solche zu halten. In sich sind die Verhältnisse sowohl der einzelnen Bautheile zu einander, wie diejenigen der Einzelheiten zu dem Ganzen mit sicherer Meisterschaft abgestimmt; namentlich hat es der Künstler trefflich verstanden, die Wirkung zu verwerthen, welche durch die Verbindung ernster Massen mit zierlichen Einzelheiten zu erzielen ist und die ohne Frage einen der grössten Reize des romanischen Stils bildet. Nicht minder trägt es zu jenem „echten" Gepräge der Fassade bei, dass es derselben an kräftigen Durchbrechungen nicht fehlt. Als besonders glücklich dürfte es anzusehen sein, dass das oberste lediglich zur Steigerung des Eindrucks aufgesetzte Geschoss der vorderen Treppenthürme dem entsprechend auch wirklich als offene Laube behandelt ist. Dagegen bildet die Ausbildung des mittleren Geschosses dieser Thürme, das dem oberen zu gleichwerthig und mit zu grossen Motiven ausgestattet ist, einen der angreifbaren Punkte der Fassade.

Als Ergänzung des von der letzteren gegebenen Bildes ist auf Tafel IV (Abb. 89) noch eine Aufnahme beigefügt, welche die Gestaltung der Rückseite an der Kapellen-Strasse und der an der Maxburg-Strasse liegenden Langseite des Baues zur Anschauung bringt. Die Formen sind hier natürlich einfacher gehalten, doch hat sich aus der Zusammenstellung der Abside mit den beiden Treppenthürmen und Vorhallen-Bauten eine reichbewegte

90 Haupteingang

91 Innenraum, noch ohne Bestuhlung

92 Blick von der Empore

und lebendige Gruppe entwickelt, die von dem schlichten Giebel des Langhauses gefällig sich abhebt. Sie wird ergänzt durch die beiden minaretartig behandelten grossen Schornsteine der Heizung, die an diesem Giebel emporragen. Ein Beispiel für die Durchbildung der Fassaden-Architektur in den Einzelheiten giebt Tafel IX (Abb. 90), auf welcher die untere Hälfte des vorderen Mittelthurms mit dem durch schöne schmiedeiserne Gitter geschlossenen Haupt-Eingange dargestellt ist.

Wie jeder Neubau hat natürlich auch die Fassade der Münchener Synagoge vorläufig noch in etwas unter dem Eindrukke ihrer Neuheit zu leiden. Sie wird noch wesentlich an Reiz gewinnen und zu ihrer vollen malerischen Wirkung erst gelangen, wenn Regen und Staub im Verein mit niederen pflanzlichen Organismen erst einige Jahrzehnte hindurch thätig gewesen sind, um auch ihr jene Patina zu geben, die wir an jedem älteren Bauwerke bewundern. — —

Die Gesammt-Erscheinung des Innenraums führen die Tafeln V und VI (Abb. 91 u. 92) vor Augen, von denen die erste das (noch nicht mit Gestühl besetzte) Mittelschiff mit seinem östlichen Abschluss und einem Theil des südlichen Seitenschiffs zeigt, während die zweite den Ausblick von der Empore dieses Schiffs nach Nordosten wiedergiebt.

So trefflich dem Architekten auch das Äussere des Baues, insbesondere die westliche Hauptfassade desselben gelungen ist, so hat er — wie dies bei einem Gotteshause nicht anders sein soll — den Höhepunkt seiner schöpferischen Leistung doch erst in der Gestaltung dieses Innenraums erreicht. In den Formen nicht weniger „echt" und vielleicht sogar einheitlicher als die Fassade, erscheint derselbe, in Folge seiner von der üblichen Anordnung mittelalterlicher Bauten abweichenden Anlage, dennoch wesentlich selbständiger und, wenn man will, moderner. Höhe und Breite der Schiffe sowie Jochweiten und Emporen-Höhen sind auf das Glücklichste gegen einander abgewogen. Dank der schlanken Form der Stützen, die oberhalb des Emporen-Unterbaues als Rundsäulen, unten als kurze Rundpfeiler mit einer an die Würfelkapitelle romanischer Ziegelbauten erinnernden Überführung in's Quadrat gestaltet sind, kommt die drei- beziehungsweise fünfschiffige Halle in ihrem, die würdigste, echt kirchliche Stimmung athmenden Gesammt-Eindrucke durchaus als ein einheitlicher Raum zur Geltung. Er wirkt als solcher so mächtig, dass man über seine verhältnissmässig nicht gerade bedeutenden Abmessungen fast getäuscht wird. Die Beleuchtung desselben ist trotz seiner Tiefe eine sehr zufriedenstellende und es sind die Bedenken, aus welchen Oppler Langhaus-Anlagen für Synagogen als weniger geeignet bezeichnen zu müssen glaubte, im vorliegenden Falle glänzend widerlegt worden. Allerdings erfolgt die Beleuchtung des Mittelschiffs nur zu einem Theil durch die beiden Fensterreihen der Seitenschiffe; eine Fülle von Licht strömt demselben auch aus der Kuppelhalle des Westthurmes zu. Die Anlage des letzteren, die ursprünglich wohl nur als ästhetisches Mittel eine Steigerung der monumentalen Wirkung des Gebäudes herbeiführen sollte und diesen Zweck für die innere Erscheinung der Synagoge in nicht minderem Grade erfüllt als für das äussere Bild, hat also auch vom Nützlichkeits-Standpunkte aus eine Bedeutung gewonnen, durch welche die Anwendung des Motivs allein sich rechtfertigen würde. — Beiläufig sei bemerkt, dass auch die Akustik der Synagoge in einer alle Erwartungen übertreffenden Weise gelungen ist. Gesang und Orgelspiel kommen zu herrlicher Wirkung; das gesprochene Wort ist in allen Theilen des Gotteshauses deutlich vernehmbar.

Eine Beschreibung der Ausgestaltung des Innenraums dürfte wiederum nur soweit erforderlich sein, als die Abbildungen allein nicht vollständigen Aufschluss zu geben vermögen. Die für sie verwendeten Formen nähern sich, dem räumlichen Gesammt-Gepräge der lichten freien Halle entsprechend, im Allgemeinen mehr den Bildungen des Übergangs-Stils. Da eine dekorative Ausstattung des Baues durch Malerei nicht beabsichtigt war, so ist ein gewisser Ersatz dafür in der Verwendung verschiedenfarbigen Materials gesucht worden. Nur die grossen glatten Wand- und Gewölbefelder sind mit Mörtelputz versehen, dem eine etwa dem Sandstein-Tone entsprechende Färbung gegeben ist. Der Sockel besteht wie im Aussenbau aus Granit; ebenso kommt an den Sohlbänken der Fenster und ihren steinernen Rosen das Tuffstein-Material derselben auch im Innern zur Erscheinung. Die Säulenstützen, die Bögen und Brüstungen der Empore, die Bogen- und Rippen-Anfänger, die Schlusssteine der Gewölbe, sowie die Abschlusswand der östlichen Abside mit den zur Estrade und zum Allerheiligsten führenden Treppen sind aus demselben Kapfelsberger Sandstein gefertigt, aus dem die Portale der Westfront bestehen. Jedoch hat zu einzelnen bevorzugten Stücken noch ein andersgefärbter Stein Verwendung gefunden — so zu den Schäften der beiden Säulen-Paare, welche die Vorderwand der West-Empore tragen und der Ballaster-Säulchen in den Brüstungen jener östlichen Treppen-Anlage gelbbrauner Sandstein von Burg-Preppach, zu den Schäften der östlichen Abschlusswand violetter und schwarzer Marmor. Die Hauptpfeiler, die Gurtbögen und Gewölberippen, sowie die Fenster-Einfassungen und Pfosten zeigen den kräftigen Ton des natürlichen Ziegels. Mit dem hierdurch hervorgebrachten Farbenwechsel verbindet sich der tiefe Ton des zum Gestühl und den Thüren, sowie den Decken unterhalb der Empore verwendeten Eichenholzes, des blanken Metalls der Beleuchtungskörper, endlich die bunte Verglasung der Fenster, zu einer so gefälligen Gesammtwirkung, dass man Wandmalereien gern vermisst. Unter den Fenstern, deren Bleiverglasung in eisernen Rahmen befestigt ist, zeigen nur diejenigen der Orgel-Empore und die grosse Westrose reichere Teppichmuster in tieferen Farben; die anderen, enthalten innerhalb eines etwas kräftiger gefärbten Frieses einfache (verschieden gestaltete) Muster in hellen Tönen.

Diese verhältnissmässig schlichte Gesammthaltung des Innenraums gewährt natürlich den Vortheil, dass die Aufmerksamkeit der zum Gottesdienst versammelten Gemeinde um so ungetheilter auf

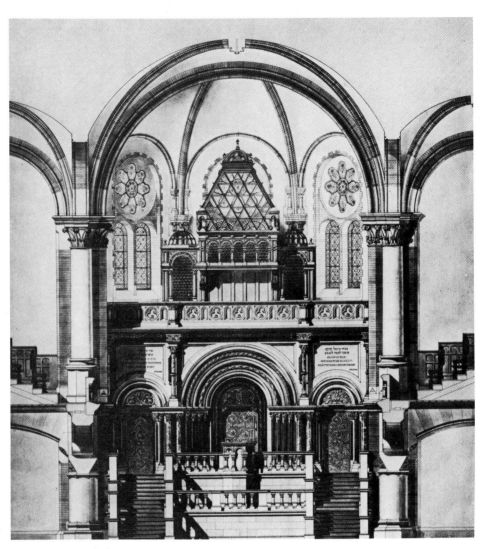

93 Östlicher Abschluß des Mittelschiffs im Aufriß

denjenigen Punkt des Hauses sich richten kann, an welchem die Handlungen des Kultus sich vollziehen: auf den Oraun Hakodesch, die Kanzel und die Estrade. Hier ist demnach auch Alles vereinigt, was innerhalb der Synagoge an dekorativer Pracht entfaltet wurde. Über die architektonische Form der betreffenden Theile geben Tafel VII (Abb. 93), welche den ganzen östlichen Abschluss des Mittelschiffs im Aufriss darstellt, sowie Tafel IX (Abb. 94), welche die zum Allerheiligsten führende Treppen-Anlage und dieses selbst in einer Ansicht aus dem südlichen Seitenschiffe zeigt, in allen Einzelnheiten Aufschluss. Zu den bereits oben gemachten Angaben bezüglich des verwendeten Materials sei ergänzend bemerkt, dass die (mit einem Purpurteppich belegten) Treppenstufen aus dunkelgrauem Marmor bestehen, während der Vorplatz vor dem Allerheiligsten mit Mettlacher Platten in reicher farbiger Musterung belegt ist. Zu den Farben des Sandsteins und der Marmorsäulen (rothlich-violett in den Haupt-Vorlagen,

94 Treppenanlage zum Allerheiligsten

schwarz in den abgetreppten Leibungen der 3 Portale) gesellt sich reiche Vergoldung an der gleichfalls aus schwarzem Marmor hergestellten ornamentirten Hinterwand des Mittelportales, in welcher der Oraun Hakodesch sich öffnet. Der Vorhang, der die bezügliche Thür verhüllt, ist aus Purpursammt mit reichster Goldstickerei hergestellt; entsprechend, aber einfacher, sind die über der Kanzel und das Vorsänger-Pult herabhängenden Decken ausgestattet. Die beiden Eichenholz-Thüren der Seitenportale haben vergoldete schmiedeiserne Zierbänder erhalten. Das Ganze ist bei aller Pracht dennoch von Überladung frei und von harmonischer Wirkung.

Zu der letzteren tragen die sämmtlich nach Entwürfen des Architekten hergestellten Ausstattungs-Stücke der Kultus-Stätte bei, die hier jedoch einfach genannt, nicht beschrieben werden sollen:

die in Bronze gegossene ewige Lampe vor dem Allerheiligsten, 2 Bronze-Kandelaber auf den inneren Wangen-Pfeilern der zur Estrade führenden Treppen und der aus blankem Messing hergestellte grosse achtarmige Leuchter, der seinen Platz auf dem obersten Vorplatz an der südlichen Wand des Mittelschiffs erhalten hat. Auch die Erscheinung der über dem Oraun Hakodesch aufragenden, in ein schön geschnitztes Holzgehäuse mit durchbrochener Kuppeldecke eingeschlossenen Orgel (eines trefflichen Werks von 32 Registern) fügt sich gefällig dem interessanten Bilde ein.

Unter den übrigen im Hauptraum vertheilten Ausstattungs-Stücken sind hauptsächlich die Beleuchtungskörper für die im israelitischen Gottesdienst besonders wichtige künstliche Erhellung der Synagoge zu erwähnen. Bei der Unsicherheit, welcher die Anwendung des elektrischen Lichtes noch immer unterliegt und auch wohl des Kostenpunkts wegen, hat man sich für Gasbeleuchtung entschieden. Im Mittelschiff einschliesslich der West-Empore sind 3 grössere, in jedem Joche der inneren Seitenschiffe 2 kleinere Messing-Kronen (über und unter der Empore) angeordnet, denen die Form des mittelalterlichen Ringleuchters zu Grunde liegt; eine kleinere Krone derselben Art erhellt die Orgel-Empore. Für eine etwaige Nothbeleuchtung sind in den äusseren Seitenschiffen Laternen mit je einer Öl- und Petroleum-Lampe vorgesehen. Neben 2 Ehrentafeln in Marmor (für Stifter und Wohlthäter), die an der Westwand angeordnet sind, kommen im Übrigen nur die an den Eingängen befindlichen Opferstöcke in Betracht, deren in Bronzeguss hergestellter Einwurf (nach einem der alten Synagoge entnommenen Modell) als eine offene Hand gestaltet ist. In technischer Beziehung sei noch bemerkt, dass die Heizung der Synagoge, welche sich während des vergangenen Winters sehr bewährt hat, mit erwärmter Luft bewirkt wird, und dass der Fussboden-Belag der Gänge aus gelb- und blaugrauen Solnhofer Platten besteht.

Noch einfacher als die Ausbildung des Synagogenraums selbst, doch nicht minder ansprechend, ist diejenige der Vorräume. Tafel X (Abb. 95) zeigt das Innere eines der grossen Haupt-Treppenhäuser an der Westfront, dem die in geschwärztem Schmiedeisen hergestellten Geländer und Gaskronen einen charakteristischen Schmuck verleihen. In der Haupt-Vorhalle des unteren Männer-Raums, deren Fussboden mit geriefelten Mettlacher Platten belegt ist, kommt neben den schönen schmiedeisernen Abschlussgittern der äusseren Öffnungen die reich durchgebildete innere Hauptthür mit ihrem kunstvollen Beschlage zu entsprechender Geltung; auch hier sind die als Ringleuchter mit je 3 Laternen ausgestatteten Kronen aus Schmiedeisen gefertigt. An den Seitenwänden des vorderen Joches befinden sich 2 auf Füssen von schwarzem Marmor ruhende Wasserbekken von röthlich-violettem Marmor, in die sich aus einem schmiedeisernen Ausläufer ein ständig fliesender Strahl ergiesst. Über denselben sind 2 Marmor-Tafeln angebracht, deren Inschriften in lapidarer Form die Geschichte des Baues verkünden.

95   Eines der beiden Haupt-Treppenhäuser an der Westfront

Linke Tafel: „Der Bau dieser Synagoge wurde i. J. 1884 unter der Regierung weiland S. M. des Königs Ludwig II. von Bayern begonnen und i. J. 1887 unter der Regierung S. Kgl. Hoheit des Prinzen Luitpold, als des Königreichs Bayern Verweser, vollendet. Die Einweihung derselben fand am 16. September 1887 statt."

Rechte Tafel: „Dieses Gotteshaus wurde entworfen und erbaut in den Jahren 1884—87 von dem Baumeister Albert Schmidt in München, geb. zu Sonneberg in Thüringen. In Ehrung seines Verdienstes wurde diese Tafel errichtet von der israelitischen Kultusgemeinde in München i. J. 1887."

Es erübrigt nichts weiter als eine kurze Mittheilung über die an der Ausführung betheiligten Unternehmer und Werkleute, sowie über die Kosten des Baues.

Erd-, Maurer-, Zimmer- und Schreiner-Arbeiten (einschliesslich der Möbel, jedoch ohne Gestühl) sind durch das eigene Baugeschäft von Albert Schmidt geliefert worden, die Bildhauer-Arbeiten durch Carl Fischer, die Steinmetz-Arbeiten durch Georg Beyrer und Seb. Gschwendner, die Asphalt-Arbeiten und Mettlacher Pflasterungen durch Aufschläger Nachf., die Kupferschmiede-Arbeiten durch Gg. Wersing, die Schieferdecker-Arbeiten durch Fr. Schweitzer, die Schlosser-Arbeiten durch Carl Moradelli, Reinhold Kirsch und D. Bussmann, die Glaser-Arbeiten durch Math. Waigerleitner, die Malerarbeiten durch A. Wagner, die Gasleitungen durch die Gasbeleuchtungs-Gesellschaft, die Wasserleitung und Kanalisation durch Holzmann & Comp., das Gestühl durch Ballin, die Orgel durch Merz — sämmtlich in München. Von auswärtigen Firmen haben geliefert: Gebr. Hergenhahn in Frankfurt a. M. die Marmorarbeiten, Anspach, Förderreuther & Comp. in Martinlamnitz die gusseisernen Fenster, Rietschel & Henneberg in Dresden die Heizungs-Anlage, L. A. Riedinger in Augsburg die Beleuchtungs-Körper.

Die Gesammtkosten des eigentlichen Baues haben auf 703384 Mark sich gestellt. Dieselben vertheilen sich wie folgt:

Erd-Arbeiten	11 197 Mark
Maurer-Arbeiten	204 170 Mark
Steinmetz-Arbeiten ausschl. des Allerheiligsten	198 033 Mark
Asphalt-Arbeiten	1 845 Mark
Bildhauer-Arbeiten	37 359 Mark
Zimmer-Arbeiten	31 257 Mark
Kupferschmied-Arbeiten	31 590 Mark
Schieferdecker-Arbeiten	7 636 Mark
Schreiner-, Schlosser-, Glaser- und Anstreicher-Arbeiten	56 949 Mark
Stein- und Bildhauer-Arbeiten am Allerheiligsten	21 036 Mark
Zu übertragen	601 072 Mark
Übertrag	601 072 Mark
Versetz-Gerüste	54 530 Mark
Heizungs-Anlagen	14 540 Mark
Maler-Arbeiten	3 007 Mark
Wasserleitung	4 808 Mark
Gasleitung	4 427 Mark
Kanalisation	5 288 Mark
Ausbau der Emporen, der Böden unter den Männersitzen, Vertäfelungen des Oraun Hakodesch u. s. w.	15 712 Mark
Zusammen	703 384 Mark

Da der Flächeninhalt des Gebäudes rund 1625 qm, der körperliche Inhalt desselben rund 3096 cbm beträgt, so stellen sich die Kosten für 1 qm überbaute Fläche auf 432,70 Mark, für 1 cbm des körperlichen Inhalts (von Strassengleiche bis Hauptgesims) auf 22,90 Mark. Die Kosten eines Sitzes, auf welchen 0,90 qm überbaute Gesammtfläche, 17 cbm körperlicher Inhalt und 0,56 qm Fläche des eigentlichen Synagogen-Raumes kommen, betragen 390 Mark.

In der oben angegebenen Bausumme sind die Kosten der Ausstattung des Gotteshauses nicht einbegriffen. Dieselben haben für das Gestühl 60 300 Mark; für die Beleuchtungs-Körper 14 879 Mark und für die Orgel einschliesslich ihres Gehäuses 15 500 Mark, d. i. im Ganzen

90 679 Mark betragen. Die Herstellungskosten der gesammten Anlage belaufen sich demnach auf 794 063 Mark. — —

In der Überzeugung, dass der neuen Münchener Synagoge unter den Bauten unserer Tage ein hervorragender Rang gebührt, dürften Laien und Künstler übereinstimmen. Der Architekt hat sich mit der Aufgabe nicht in geschäftlicher Weise abgefunden: sie ist ihm Gegenstand jahrelanger ernster Studien gewesen und er hat an ihre Lösung sein Herzblut gesetzt. Das wird jeder Kundige dem Gebäude selbst ansehen, auch wenn er seine Vorgeschichte nicht kennt. Nicht als Beispiel unter vielen oder doch mehreren, sondern als ein völlig selbständiges Werk von ausgeprägter Eigenart tritt es dem Beschauer entgegen. Es ist mit einem Wort das, was jede reife baukünstlerische Schöpfung sein soll: ein Denkmal — nicht nur des Meisters, der es geschaffen hat, sondern auch der Zeit, in der es entstanden ist. Möge es als solches, vor widrigen Schicksalen bewahrt, bis in ferne Jahrhunderte übergehen! Es wird sich allezeit mit Ehren behaupten.

Berlin, im Dezember 1888.

Karl W. Schubsky

Jüdische Friedhöfe

Seit der 1. Hälfte des 13. Jahrhunderts sind jüdische Kultuseinrichtungen für München zu vermuten, belegbar sind sie aber erst für spätere Jahre. Mit der Vertreibung der Juden aus München und Altbayern in der 1. Hälfte des 15. Jahrhunderts verschwanden auch ihre kultischen Einrichtungen, die entweder wie die Synagoge in der späteren Gruftstraße christianisiert wurden oder aber wie der mittelalterliche jüdische Friedhof aus der Landschaft verschwanden.

Erst am Ende des 18. Jahrhunderts konstituierte sich wieder eine kleine jüdische Gemeinschaft in der Stadt München. Diese wiedererstandene Kultusgemeinde stand bezüglich ihrer kultischen Einrichtungen vor einem Nichts, da Friedhof und Synagoge nicht mehr vorhanden waren. Weil man im Judentum zum Beten keiner besonderen Einrichtungen bedarf, verursachte das Abhalten von Gebetsgottesdiensten keine Schwierigkeiten, denn hierfür konnte man jederzeit in private Räumlichkeiten ausweichen[1]. Viel schmerzhafter dagegen war das Fehlen einer eigenen Begräbnisstätte, denn die Verstorbenen wurden den weiten Weg bis zum Friedhof von Kriegshaber bei Augsburg gebracht, wo sie in geweihter Erde beigesetzt werden konnten.

Erst im Jahre 1816 durften die in München lebenden Juden wieder einen eigenen Begräbnisplatz einrichten, nämlich den Friedhof an der Thalkirchner Straße.

Dieser Friedhof reichte während des 19. und am Anfang des 20. Jahrhunderts für die Bedürfnisse der Israelitischen Kultusgemeinde aus. Das Friedhofsareal

---

[1] Seit 1763 ist eine private Betstube im Tal 13 bekannt. vgl. oben S. . . .

mußte im 19. Jahrhundert mehrere Male erweitert werden. Allerdings waren die Grenzen der Aufnahmemöglichkeiten dieser Friedhofsanlage bereits anfangs der achtziger Jahre des 19. Jahrhunderts absehbar und die Kultusgemeinde war gezwungen, für die Zukunft die Anlage eines neuen Friedhofes in Planung zu nehmen. Im Jahre 1904 wurde ein neues Gelände seitens der Israelitischen Kultusgemeinde München erworben, das Platz für weitere hundert Jahre bieten sollte: der Neue Friedhof an der Ungererstraße wurde angelegt. Diese damals neugeschaffene Anlage wird auch heute noch als Begräbnisstätte für den gesamten Bezirk Oberbayern genutzt. Selbst in den dunklen Jahren während der Naziherrschaft fanden hier Juden ihre letzte Ruhestätte.

Geschichte und Bedeutung des jüdischen Friedhofs

Für jeden Menschen kommt der Augenblick, an dem er dieses irdische Dasein verlassen muß und er einer letzten Heimat bedarf. Juden brauchen einen Ort, an dem ihre sterblichen Überreste bis ans Ende aller Zeiten eine ewige Ruhe finden. Es ist daher im Judentum ein religiöses Gebot, eine Mitzwa, einen Verstorbenen an einen Ort geweihter Erde zu bringen, der diese Voraussetzung, die Gewährleistung der ewigen Todesruhe, erfüllen kann. Darum wird der Jüdische Friedhof auch, neben „Beit-Hachajim" — „Stätte des Lebens" und „Beit-Haquarot" — „Statte der Gräber", „Beit Olam" — „Stätte der Ewigkeit" genannt.

Ein Verstorbener muß mit Respekt behandelt werden und es ist untersagt, den Körper zu schänden bzw. zu mißachten. Die Bestattung soll baldmöglichst erfolgen, damit die Leiche nicht über längere Zeit aufgebahrt bleibt. Dies war im Orient wegen der drohenden Seuchengefahr, bedingt durch das dort herrschende

Klima, ja auch nicht möglich. „Sofern jedoch das Staatsgesetz eine Wartefrist vorschreibt (in Deutschland 48 Stunden vom Tod bis zur Bestattung), muß man sich an das Gesetz halten ..." Nach alter jüdischer Tradition wurde jeder Verstorbene binnen 24 Stunden nach seinem Ableben begraben[2]." Das Stoppen der Herz- und Lungentätigkeit galten als Eintritt des Todes.

Die Anlegung eines Friedhofs

Es war für eine jüdische Gemeinde in der Diaspora (= außerhalb Israels) kein einfaches Unternehmen, für ihre Verstorbenen einen geeigneten Begräbnisplatz zu finden, der die Voraussetzung der ewigen Todesruhe erfüllte. Schwierigkeiten verursachte über viele Jahrhunderte hindurch die Tatsache, daß Juden keinen Grundbesitz haben durften. Des weiteren bestand stets für eine jüdische Gemeinde die Gefahr ihrer Vernichtung oder Vertreibung vom Begräbnisplatz, wenn ein anderer Bedarf dafür engemeldet wurde. Die Drohung der Vertreibung vom Friedhof war ein häufig angewandtes Mittel, aus einer Gemeinde zusätzliche Zahlungen herauszupressen. Darum wählte man von den Wohnstätten oft weit entfernte Plätze aus, die für andere Zwecke, z.B. landwirtschaftliche, ungeeignet waren. Damit erfüllte man gleichzeitige auch religiöse Reinheitsgebote, denn die Nähe von Leichen verunreinigt die Menschen. Darum sollen Friedhöfe auch immer außerhalb der Bebauungsgrenzen angelegt werden[3]. So entstanden die vielerorts noch vorhandenen, abseits in Wald und Flur gelegenen jüdischen Friedhöfe, die auf den heutigen Menschen so romantisch wirken. Aber welch große Mühen verursachten in alter Zeit der Transport zu diesen Plätzen, für den es meist vorgeschriebene Routen gab, und die Beisetzung bei jeder Wetterlage.

[2] Meir Ydit, Kurze Judentumskunde für Schule und Selbstunterricht. Neustadt/Weinstr. 1983

Da auch nicht jeder Territorialherr die Anlage eines jüdischen Friedhofes innerhalb seiner Grenzen erlaubte, mußten die Leichen oft noch dazu über mehrere Landesgrenzen zu entfernten Plätzen transportiert werden. An den jeweiligen Landesgrenzen wurden die Toten dann wie Waren verzollt.

Oft schlossen sich mehrere Gemeinden zu einem Begräbnisverband zusammen, damit sie sich das Gelände für die Anlage eines Friedhofes leisten konnten. So bestatteten z.B. auf dem größten Landfriedhof Bayerns, in Kleinbardorf bei Bad Königshofen im Grabfeld in der Rhön, um die dreißig jüdische Gemeinden aus Unterfranken und Thüringen ihre Toten.

Wurde eine jüdische Gemeinde vertrieben oder ausgelöscht, wie es im Mittelalter oft geschehen ist (so auch 1519 in Regensburg), blieben die Friedhöfe schutzlos zurück. Bald schon verschwanden die Grabsteine und die Einfriedung, die jeder jüdische Friedhof haben muß, und fanden als Baumaterialien andere Verwendung. So tauchen alte Mazzeboth (hebräische Bezeichnung für Grabsteine) immer wieder als Spolien beim Abbruch alter Bauten auf, wie es im vergangenen Jahr wieder in Würzburg geschehen ist. Auf diese Art und Weise verschwand wohl auch der mittelalterliche Judenfriedhof Münchens, der an anderer Stelle behandelt werden wird.

Auch während des Dritten Reiches wurden in Bayern jüdische Friedhöfe zerstört, wie in Küps und Rehweiler, oder in Schnaittach, wo die Grabsteine des mittleren der drei Friedhöfe zu Straßenschotter „verarbeitet" wurden. Von anderen Friedhöfen wurden wertvolle Grabsteine zur „Neubearbeitung" von Steinmetzen abgeholt.

[3] Heutzutage hat die rasante Stadtentwicklung wie am Beispiel Münchens ersichtlich ist, die Friedhöfe eingeholt und eingeschlossen.

In Gunzenhausen stehen noch heute ehemalige jüdische Steine auf dem christlichen Friedhof. So geschah es auch mit Grabsteinen der beiden Münchner Friedhöfe (siehe Abb. 116).

Das Grab

Es würde den Rahmen dieses Beitrages sprengen, auf die Entstehungsgeschichte des jüdischen Friedhofes in toto einzugehen. Zum Begriff „Friedhof" ist allerdings noch anzuführen, daß dies keine jüdische Bezeichnung für eine Begräbnisstätte ist. Die drei wichtigsten hebräischen Bezeichnungen wurden bereits erwähnt. Im deutschsprachigen Raum nennt man einen jüdischen Begräbnisplatz auch den „Guten Ort". Der „Friedhof" aber war im Mittelalter der umfriedete Bereich um eine Kirche, in dem Asyl gewährt werden konnte.

Bereits in biblischer Zeit wurden die Körper der verstorbenen Juden beigesetzt und nicht — wie es bei anderen antiken Kulturen häufig der Fall gewesen ist — verbrannt. So kaufte Abraham in Hebron ein geeignetes Feld, damit er seine Frau Sarah beisetzen konnte. Für die Entstehungszeit des Talmuds (abgeschlossen um 500 n.) werden öffentliche Begräbnisplätze erwähnt, jedoch wurde auch noch immer in Familiengrüften beigesetzt. Auch die Existenz von Katakomben ist bekannt.

Das sichtbare Zeichen für das Vorhandensein eines Grabes ist der Grabstein, der immer in Richtung nach Osten ausgerichtet ist, damit der Tote in Richtung Heiliges Land und Jerusalem blickt. Natürlich können Grabsteine verschwinden, etwa in weichen Untergrund einsinken, es gibt natürlichen Zerfall im Lauf der Jahre oder Diebstahl. Damit hört ein Grab aber weder auf zu existieren noch wird es wieder belegt. Auf einem jüdischen Friedhof wird jedes Grab nur ein einziges Mal belegt und es geht in den Besitz des Verstorbenen über. Somit gibt es auch keine Umlagezeiten für Gräber, wie das von christlichen Friedhöfen her bekannt ist. Exhumiert wird auf einem jüdischen Friedhof nur dann, wenn der Tote in ein Grab in Israel überführt werden soll. Das Judentum kennt auch keine spezielle Grabpflege. Der Tote soll eins werden mit der Natur. Blumen und Kränze als Grabschmuck kennt das Judentum als Brauch nicht. Im Altertum markierte man ein Grab mit Steinen und sicherte es damit auch gegen Raubtiere. Noch heute hat sich dieser Brauch bewahrt, indem beim Grabbesuch ein Steinchen mitgebracht und auf das Grab gelegt wird.[4]

Der Grabstein

„Seit den ersten Jahrhunderten unserer Zeitrechnung fand die Form der Stele Verwendung, in der seit dem Mittelalter die allermeisten Grabsteine gefertigt werden: ein Stein im Hochformat, oben rechteckig, mit einem Halbbogen oder Giebel abschließend. Über Jahrhunderte versuchte man so, dem religiösen Ideal der Schlichtheit und der äußerlichen sichtbaren Gleichheit aller durch den Tod zu entsprechen. Es wäre aber verfehlt zu meinen, der Zeitgeschmack, alle Umwelteinflüsse und -moden sogar hätten erst in der Neuzeit ihren Einfluß ausgeübt."[5] Die ältesten noch erhaltenen jüdischen Grabsteine haben eine kaum geglättete Oberfläche und wirken wuchtig. Später wurden sie mehr und mehr bearbeitet und gestaltet. Heute sind am häufigsten noch die vom Klassizismus geprägten Grabmale des späten 18. und des 19. Jahrhunderts erhalten. Aber die schlichten Grabsteine existieren noch immer. Im Laufe der Zeit paßten sich jüdische Grabsteine

[4] siehe M. Ydit, S. 126.
[5] Michael Brocke u. a., Eingebunden in das Bündel des Lebens. Jüdische Friedhöfe. Ein Leitfaden. Manuskript. Duisburg 1986, S. 14.

mehr und mehr bürgerlich-christlichen Grabmalen an und lassen sich von ihnen kaum unterscheiden. Wie bei den christlichen Grabsteinen breiteten sich im 19. Jahrhundert Obelisken, Säulen, klassische Ornamente etc. immer mehr auch auf dem jüdischen Friedhof aus[6]. Seit dem Mittelalter wurden die Grabmale zumeist aus Sandstein angefertigt, der sich leicht bearbeiten läßt, aber häufig nicht sehr widerstandsfähig gegen Verwitterung ist. Es sind aber auch hölzerne Grabstelen bekannt, von denen allerdings nur noch wenige vorhanden sind[7]. Auf Nordbayerischen Friedhöfen finden sich neben den zahlreichen Sandsteinen gerade im mittelfränkischen Bereich auch oft Grabsteine aus sogenanntem „Jura-Marmor".

„Im 19. und 20. Jhdt. traten Marmor, Granit, Syenit und auch Zementguß in den Vordergrund. Eine nur sehr kleine Rolle scheinen gußeiserne Male oder Inschrifttafeln gehabt zu haben."[8] Leider fielen dieses metallenen Tafeln wie auch Reliefbuchstaben größtenteils den Metallsammelaktionen während der NS-Zeit zum Opfer. Doch auch nach 1945 wurden noch Metallteile entwendet. So wurden im Februar 1952 von Unbekannten 54 Kupferplatten von Grabsteinen im Thalkirchner Friedhof gestohlen.

Neben den Merallplatten wurden im 19. Jahrhundert auch Inschriftenplatten aus weißem Marmor populär, die entweder in den Grabsteinen eingelassen oder aufgesetzt sind.

Grabinschriften

Seit dem frühen Mittelalter erhielten jüdische Grabsteine in Deutschland hebräische Inschriften. Im Lauf der Jahrhunderte wurden die Texte ausführlicher. Seit dem 19. Jahrhundert traten zunehmend auch deutschsprachige Angaben auf — zunächst auf der Rückseite-, an manchen Orten mehr und von Grabstein zu Grabstein verschieden, je nach Religiosität des Verstorbenen. Zunächst war es der Name, später waren es auch die Lebensdaten nach dem bürgerlichen Kalender. „Diese Daten wandern von der Rückseite des Steins nach vorn unten und verdrängen im Lauf der Jahrhunderte das Hebräische immer mehr, bis es völlig verschwindet oder, wie in den meisten Fällen, nur in Formeln überlebt... Bei dieser Entwicklung machten allerdings einige traditionell- oder neoorthodoxe Gemeinden eine Ausnahme, indem sie stets an der hebräischen Inschrift festhielten und der deutschen Sprache nur zusätzlich, wenn überhaupt, Namen und Daten überließen."[9]

Bei Steinen mit hebräischen Inschriften gibt es ein einheitliches Grundschema. Sie beginnen meist mit der Abkürzung für „Hier ruht" oder „Hier liegt" und im Anschluß daran ein kürzerer oder längerer Text mit einem Lob auf den Verstorbenen. Danach folgen Namen und Abstammung bzw. Familienverhältnisse. Daran können sich das Geburtsdatum und der Geburtsort anschließen. Todesdatum und eventuell das Begräbnisdatum schließen den Text ab. Mit dem Segenswunsch „Seine/Ihre Seele sei eingebunden in das ewige Leben", der Eulogie, endet die Inschrift. Dieser Segenswunsch ist immer abgekürzt. Natürlich kann dieses Schema variiert bzw. umgestellt werden. Ergänzungen innerhalb des Textes, wie Funktionen, die der Verstorbene innerhalb der Gemeinde ausübte u.a. können in den Text Aufnahme finden.[9]

---

[6] nach Brocke u. a., S. 14.
[7] Meines Wissens existieren in Bayern nur noch auf den jüdischen Friedhöfen in Kriegshaber und Fischach Holzstelen.
[8] Brocke u. a., S. 14.
[9] Brocke u. a., S. 16.
[10] Brocke u. a., S. 25.

Symbole auf Grabsteinen

Der auf dem jüdischen Friedhof herrschende Grundgedanke ist die Gleichheit aller Verstorbenen im Tode. Trotzdem wird man bei genauerer Betrachtung der Grabsteine feststellen, daß sich die Steine voneinander unterscheiden. Besonders kraß traten diese Unterschiede im 19. und 20. Jahrhundert auf, als mit der zunehmenden Assimilation und Emanzipation fremde Gestaltungseinflüsse Einkehr hielten. Monumentale Grabanlagen und pompöse Einzelsteine stellten die schlichten Grabsteine in den Schatten. Antiken Bauwerken nachempfundene Gebilde wie Tempelchen, Sarkophage, Obelisken u.a.m. konnten aber den schlichten Grabstein nicht verdrängen.

Zahlreiche auf Grabsteinen auftauchende Symbole unterstreichen und erweitern die Grabinschriften. Sie können Auskünfte über Zugehörigkeiten, Berufe, besondere Eingenschaften und Namen geben. Ehrenämter innerhalb der jüdischen Gemeinschaft können aus den Symbolen ebenso abgelesen werden. Die Symbole, die auf den Grabsteinen der beiden Münchner Friedhöfen zu sehen sind, werden im folgenden Abschnitt anhand von Beispielen erläutert.

Die segnenden Hände des Priestertums

Oft werden von Nichteingeweihten Rabbiner und Priester gleichgesetzt. Das ist nicht richtig, denn das Priestertum innerhalb des Judentums bezieht sich auf die Abstammung. Als Priester wird man geboren und stammt vom Stamme Arons ab. Ein Priester kann Rabbiner sein, ein Rabbiner aber, so er kein geborener Aronide ist, kann nie Priester werden. Zum Priester wird man kraft Geburt und alle Nachfahren Arons männlichen Geschlechts gehören automatisch dazu.

Die Priester oder „Kohanim" besitzen auf vielen Friedhöfen eigene Grabreihen, die entweder in der Nähe eines Einganges oder dicht an den Einfriedungsmauern liegen, da es für Kohanim nur im Trauerfall gestattet ist (beim Tod eines nahen Verwandten), das Friedhofsgelände zu betreten.

96 Schlichter Stein mit Flachbogen. Die voneinander getrennten Hände, die nach oben weisen, stellen eine Besonderheit dar. Alter Friedhof

Eine weitere Möglichkeit ist die Anlage der Gräber an breiten Wegen, damit ein Kohen ein Familiengrab (zur Jahrzeit — Jahrestag des Todes) geradewegs aufsuchen kann, ohne mit anderen Gräbern in Berührung zu kommen. Auf manchen alten Friedhöfen (z. B. in Worms) hat man in der Friedhofsmauer Öffnungen belassen, damit die Kohanim auf die Gräber schauen können.

Auf vielen Priestergräbern weisen zwei dargestellte Hände auf die Herkunft des Beigesetzten hin. Ebenso die Namen Cohen, Katz, Kahn u. ä. In der hebräischen Grabinschrift wird als Namensbestandteil auch der der Titel „Hakohen", der Priester, geführt. Die Bedeutung der Symbolik der segnenden Hände ist auf die Funktion der Priester zurückzuführen, die sie auch heute noch im Synagogengottesdienst ausüben, die Erteilung des sogenannten „aronitischen Segens". Der Segen wird mit erhobenen Händen über die Gemeinde erteilt.

Es gibt verschiedene Variationen in der Darstellung dieses Symbols: "a) Hände senkrecht nach oben gerichtet, alle Finger liegen nebeneinander, die Daumen berühren sich, b) Der Daumen ist abgespreizt, Zeige- und Mittelfinger, sowie Ring- und kleiner Finger berühren sich, die Hände sind mit den Spitzen der Daumen und Zeigefinger aneinandergelegt, c) Finger wie b) gespreizt, berühren sich jedoch nur mit den Daumen, d) Fingerhaltung wie b) und c), Ausrichtung nach außen, Hände liegen an der Handwurzel am dichtesten zusammen. Manchmal werden die Hände auch aus den Wolken herausreichend oder mit Ärmelansatz dargestellt. Auffällig sind die gelegentlich auch nach unten weisenden Hände."

Auch auf den beiden Münchner Friedhöfen ist das Symbol für das Priestertum vertreten. Kohanim haben hier, soweit es erkennbar ist, keine eigenen Grabsektionen. Die Einrichtung besonderer Sektionen war auf dem Neuen Friedhof geplant. Im Februar 1933 sollten bei der Erschließung neu einzurichtender Sektionen (17 und 18) eigene Grabreihen angelegt werden. "Der für die Kohanim zulässige Zugangsweg wird durch einen Plattenbelag vom Eingang des Friedhofs aus gekennzeichnet werden."[11]

[11] Aus: Bayerische Israelitische Gemeindezeitung IX. Jg. Nr. 3. 1. Feb. 1933, S. 45.

Die Kanne des Leviten

Wie die Kohanim so haben auch die Leviten ein eigenes Symbol für ihre Grabmale. Auch dieses Symbol kann auf ver-

97 Beispiel eines Levitengrabes. Grabstein von Hans Lamm im Neuen Friedhof

schiedene Weise dargestellt werden. Zunächst ist es Wasserkrug oder Kanne mit Waschbecken, das Becken allein oder Kanne/Krug allein.

Dieses Symbol für die Leviten weist auf eine ihrer Funktionen hin, die sie in alter Zeit innehatten. Im Tempel assistierten die Leviten den Priestern. "Der Ahronide erteilt nämlich den Priestersegen mit ausgebreiteten Händen und der Levite gießt Wasser auf die Hände des Kohens, bevor dieser die Gemeinde segnet."[12]

[12] Ernst Roth, Zur Halachah des jüdischen Friedhofs II. — Die Grabsteine. In: UDIM. Zeitschrift der Rabbinerkonferenz in der Bundesrepublik Deutschland. Band V, Frankfurt 5735—1974/75, S. 106.

Die Formen der Kanne und des Waschbeckens sind vielfältig, ihre Stellung auf dem Grabstein kann sehr unterschiedlich sein. Bei den Leviten wie auch bei den Kohanim sind die Symbole ihrer Zugehörigkeit auf Frauengrabsteinen nur sehr selten abgebildet.

Die Menorah

Die Menorah, der siebenarmige Leuchter, ist das älteste dargestellte Symbol des Judentums. Auch auf den Mosaikfußböden spätantiker Synagogen ist sie abgebildet. Der Leuchter selbst war das Ner Tamid, das Ewige Licht, das ständig im Tempel zu Jerusalem brannte. Seit der

98 Stein auf dem Grab von Moritz Schindel mit der Menorah. Neuer Friedhof

Zerstörung des Tempels durch die Römer ist er verschwunden. Lediglich Abbildungen existieren noch davon.

Die Menorah auf Grabsteinen mag u. a. auf das Fortleben der Seele des Menschen anspielen, denn in den "Sprüchen" 20, 27 steht geschrieben: "Eine Leuchte Gottes ist die Seele des Menschen."

Der Davidsschild

Das Hexagramm wird im allgemeinen als "Davidstern" bezeichnet und als das Symbol für die Juden angesehen, obwohl es seit frühester Zeit auch in anderen Kulturen als Ornament und magisches Symbol benutzt wurde. Auf Hebräisch heißt diese geometrische Form "Magen David", "Davidsschild". Als rein jüdisches Symbol wurde es erstmals von der jüdischen Gemeinde in Prag benutzt und als Zeichen für die Fahne übernommen. Es hat also keine religiöse Bedeutung.

Ende des 19. und im 20. Jahrhundert wurde der "Davidsschild" zum weitverbreiteten Symbol für das Judentum. Seit dieser Zeit taucht er als Symbol auf jüdischen Grabsteinen auf.

Der dreiarmige Leuchter

"Der dreiarmige Leuchter ... symbolisiert die den Sabbath- und Festtag-Eingang verschönende Pflicht des Lichtentzündens. Dieses Wahrzeichen jüdischer Fraulichkeit, das inhaltlich wie gestaltlich an tiefste Empfindungen rührt und deshalb auf alten Stelen ein beliebtes Motiv bildete, findet neuerdings wieder mehr Verwendung."[13]

Auf dem Thalkirchner Friedhof steht das schlichte Grambmal für Jenny Goldschmitt. Hier ist der dreiarmige Leuchter "in gewolltem Archaismus in die Fläche eingetieft."[14] Rechts und links des Symboles für eine gute Hausfrau sind die hebrä-

---

[13] Theodor Harburger, Ein Gang durch Münchens jüdische Friedhöfe. In: Bayerische Israelitische Gemeindezeitung VIII. Jg. Nr. 9, 1. Mai 1932, S. 131.
[14] ders., S. 131.

ischen Buchstaben "Pei" und "Nun" für "Po nikbar" — "Hier ruht" — eingeschlagen. Dieser Grabstein stammt vom Architekten Fritz Landauer.

Als ein weiteres Beispiel für das Symbol des dreiarmigen Leuchters sei vom Neuen Friedhof der Grabstein für Paula Marschütz genannt. Er wurde vom Bildhauer

99 Dreiarmiger Leuchter auf dem Grab von Jenny Goldschmitt. Alter Friedhof

Arnold Zadikow geschaffen und auch dieser dreiarmige Sabbath-Leuchter ist sehr schön herausgearbeitet.[15]

Tiersymbole

Ab und zu trifft man als Symbole auf Grabsteinen auch Tierzeichen an. Dann gehört dieser Grabstein mit zu den sogenannten "erzählenden Grabsteinen", da er etwas über den hier Beigesetzten aussagt, wie auch die anderen schon aufgezählten Symbole.

Tiersymbole können verschiedene Aussagen machen. Da ist z. B. der Löwe als Sinnbild des Stammes Juda: "Ein junger Löwe ist Juda" (1. Mose 49, 9). Er kann auch als Symbol für den Vornamen Leib

100 Der Hirsch als Symbol auf dem Grabstein von Caroline Hirsch. Alter Friedhof

oder Löw stehen. Ebenso gibt es ja auch den Familiennamen Löw. Weitere Tierdarstellungen für Familiennamen auf dem Alten Friedhof sind der Bär (Familienname des Dichters Michael Beer) oder der Hirsch (Familie von Hirsch auf Gereuth). Ein Symbol kann als Attribut auch für einen Berufstand stehen, wie

[15]) ders., S. 132.

die Eule als Symbol der Weisheit, auf dem Grabmal eines Justizrates.

"Im Gegensatz zu der Symbolik bei anderen Völkern ist der Adler für die Juden ein Sinnbild der Barmherzigkeit und liebevollen Freundlichkeit."[16] Nach jüdischer Überlieferung war der Adler das Kennzeichen des Stammes Dan. Als He-

101 Sanduhr-Symbol auf dem Stein für Nathan Sadler. Neuer Friedhof

rold diente er in der jüdischen Mystik, der den Weisen zukünftige Eregnisse voraussagte. Auch auf dem Thron König Salomons war er abgebildet und erfüllte hier die Funktion, die Krone aufzusetzen. In Polen, Russland, Österreich und Italien wurde der Adler zum Motiv in der Dekoration von Synagogen. Er wurde

[16] Jehuda L. Bialer, Symbole in der Jüdischen Kunst und Überlieferung. In: ariel. Eine Vierteljahrs-Zeitschrift für Kunst und Wissenschaft in Israel, No. 9, Winter 1969, S. 14.
[17] ders., S. 17.

auch zu einem gebräuchlichem Element in der Ornamentik jüdischer Ritualgegenstände.[17]

Die Sanduhr

Als ein Symbol für die Vergänglichkeit alles Seins ist auf manchem älteren Grabstein eine Sanduhr abgebildet. Der

102 Trauernde Gestalt auf dem Grabstein für Marta Vetter. Neuer Friedhof

rinnende Sand soll an die Lebenszeit des Menschen erinnern, die ebenfalls zerrinnt.

Auf dem Neuen Friedhof ist die Sanduhr auf dem Grabstein von Nathan Sadler zu finden.

Figürliche Darstellungen

"Im vorigen Jahrhundert sind — im Zusammenhang mit der Reformbewegung innerhalb des europäischen Judentums-... manche Modernisierungen um die Grabsteine eingeführt worden; Erneuerungen, die bei der Orthodoxie auf einen heftigen Widerstand gestoßen sind. Zu diesen Erneuerungen zählen: a) Grabinschriften mit nichthebräischen Schriftzeichen; b) Sterbedaten nach weltlicher Zählung; c) Schmückung der Grabsteine mit (figürlichen) Gestalten und d) das Anbringen des Bildes (Photo) vom Toten auf dem Grabstein."[18]

Auf dem Neuen Friedhof befindet sich auf einem Grabstein eine figürliche Darstellung in Reliefform. Sie zeigt eine trauernde Gestalt. Das Grab von Marta Vetter liegt direkt an der westlichen Einfriedungsmauer des Friedhofes.

Harfe und Leier (griech. Lyra)

Nach der Bibel fällt die Erfindung der Musikinstrumente bereits in die An-

104   Symbol der Leier auf dem Grabstein für Mina Sänger. Alter Friedhof

fangsgeschichte der Menschheit (Genesis, 4, 21). Die Harfe findet sich bereits als Abbildung auf historischen Darstellungen. Auf Münzen Bar Kochbas ist auch die Leier abgebildet.

Als Instrument ist die Harfe bereits seit den Zeiten König Davids bekannt, der mit seinem Spiel Saul erbaute und sich selbst auch begleitete. Auf Grabsteinen ist sie das Symbol für einen Musiker oder Kantor, das Sinnbild eines Berufes.

Auf dem Friedhof an der Thalkirchner Straße gibt es zwei sehr schöne Beispiele

103   Symbol Leier auf gebrochener Säule. Alter Friedhof

[18]) Ernst Roth, UDIM V, S. 108.

105   Symbol der Harfe auf dem Grabstein der Musikerfamilie Ziegler. Neuer Friedhof

für die Leier. Die eine gehört zusammen mit einer geknickten Rose zu einer gebrochenen Säule, die andere befindet sich zusammen mit einem Band im Rundbogenabschluß des schlichten Grabsteines für Frau Mina Sänger, die vermutlich die Frau des Vorsägers Löb Sänger war (1. Hälfte des 19. Jahrhunderts). Der hebräische Teil der Inschrift ist bis auf den Segensspruch zerstört, aber die deutsche Inschrift bezeichnet die Verstorbene als "Cantors Gattin".

Eine künstlerisch gestaltete Harfe befindet sich auf dem Grabmal von Anna und Wilhelm Ziegler auf dem Neuen Friedhof. Wilhelm Ziegler war Chorsänger am Nationaltheater in München. Die Familie stammte aus Ungarn-Galizien und war über Wien nach München gekommen.

[19]) Nach: Paul Arnsberg, Die Geschichte der Frankfurter Juden seit der Französischen Revolution. Band 3. Darmstadt 1983, S. 525/26.

Wilhelm Ziegler war der Vater von Kammersänger Benno Ziegler. Die Familie hatte noch sechs weitere Kinder, fast alle mit großer künstlerischer Begabung. Der Sohn Joseph war Komponist und Kapellmeister, zuletzt an der Synagoge tätig und ist bei Zwangsarbeiten während der NS-Zeit umgekommen. Der Enkel Wolfgang, ein Sohn Benno Zieglers, starb früh an den Folgen eines KZ-Aufenthaltes und liegt ebenfalls auf dem Friedhof

106   Stein für Imanuel Weiß mit dem Symbol des abgeknickten Baumes. Neuer Friedhof

begraben, ebenso wie sein Vater der 1963 in München verstarb.[19]

Baum und Rose

Der umgeknickte Baum, aber auch die abgeknickte Rose sind Zeichen für ein unerwartetes Sterben in einem frühen Alter.

Ein schönes Beispiel für das Motiv mit dem Baum ist der Grabstein von Emanuel Weiß, der auf dem Grabfeld neben der Trauerhalle des Neuen Friedhofes steht.

Die gebrochene Säule

Eine besondere Gestaltungsform des jüdischen Grabsteines ist die abgebrochene Säule, die die gleiche Bedeutung wie die Rose hat. Der Bruch ist sichtbar und

107 Symbol der gebrochenen Säule auf dem Grabmal für ein Kind. Alter Friedhof

symbolisiert in der gerade aufstrebenden Säule das abrupte Ende einer geraden Linie, d. h. des Lebens.

Mehrere dieser Säulen stehen allein auf den Sektionen 17 und 17 a des Alten Friedhofes, auf denen zwölf Reihen mit Kindergräbern liegen.

108 Grabstein mit Buch-Symbol. Alter Friedhof

Die abgebildete Säule steht auf Feld 17 und ist das Denkmal für Hans Guggenheimer, der im Alter von sechs Jahren verstarb. Als florale Verzierungen trägt die Säule eine Blumengirlande mit gebrochenen Blüten.

Das Buch

Das Buch hat innerhalb des Judentums eine große Bedeutung, und die Juden werden ja auch das „Volk des Buches" genannt. So genießen auch Buchschreiber ein großes Ansehen und ihre Tätigkeit hat sich oft als Symbol auf Grabsteinen niedergeschlagen.

Bei dem gewählten Beispiel, einem Werk des Architekten Fritz Landauer, hat man zur Darstellung seines Berufes ebenfalls ein aufgeschlagenes Buch als Symbol gewählt. Julius Halle war Antiquar in München und somit ist dieses altjüdische Motiv hier „in einem etwas geänderten Sinne, aber mit gutem Recht verwendet" worden[20]. Auf den Seiten des Buches steht die Abkürzung für die Eulogie und „Hier ruht" geschrieben. Dieser Grabstein steht auf dem Alten Friedhof an der Thalkirchner Straße.

Der Schofar

Der Schofar ist ein altes, aber denkbar einfaches Instrument. Es ist aus einem Widder- oder Bockshorn hergestellt, dessen Spitze abgeschnitten wird. So lassen

109 Stein mit den Symbolen Priesterhände und Schofar. Alter Friedhof

sich aus dem ausgehöhlten Horn eine Reihe von Tönen hervorbringen. Da lediglich die Öffnung der abgeschnittenen

[20] Theodor Harburger, S. 131.

Spitze als Mundstück dient, ist das Hervorbringen der Töne nicht einfach und bedarf vieler Übung. Der Schofar wird als rituelles Instrument verwendet und dient der Vorbereitung auf das jüdische Neujahrsfest und den Versöhnungstag. Das Blasen des Schofar ist ein Ehrenamt und gilt als Auszeichnung, da der Bläser in hohem Ansehen innerhalb der Gemeinde stehen muß. Der Schofar als Abbildung auf einem Grabstein symbolisiert ein frommes und angesehenes Leben.

Der abgebildete Stein steht im Alten Friedhofe in der Nähe der ersten Friedhofsmauer. Er ist mit einer der ältesten erhaltenen Steine und hat eine rein hebräische Inschrift. Neben den Priesterhänden ist der Schofar dargestellt. Der Stein steht als einziger mit seiner Schriftseite in Richtung der Mauer.

Die Chewra Kadischa

Eine Chewra Kadischa, die sogenannte „Heilige Bruderschaft", besitzt bzw. besaß jede jüdische Gemeinde. Sie übernimmt die Aufgaben, die mit der Bestattung verbunden sind. Mitglied der Chewra Kadischa zu sein ist eine Ehre, unter anderem deswegen, weil ihre Mitgliederzahl oft auf 18 Personen (die Zahl „18" setzt sich aus den hebräischen Buchstaben Chet und Jud zusammen, die „Chai" — „Leben" bedeuten) begrenzt ist. Die Aufgaben der „Heiligen Bruderschaft" umfassen unter anderem auch Krankenbesuche und die Betreuung Sterbender, die Totenwache, die Reinigung und Einkleidung der Toten in die Totenkleider, die auch „Sargenes" genannt wird, und die Teilnahme an der „Leweija", der Beerdigung. Die Chewra Kadischa ist nach Geschlechtern getrennt. Weiterhin betreut sie den Friedhof und sorgt sich um seine Erhaltung und um die Grabsteine.

Am 28. Adar 5586 (7. März 1826) wurde in München durch den Zusammenschluß der beiden Vereine „Chewra d'Talmud Tora" und „Chewra d'Gemilut Chassodim" der Verein „Chewra Kadischa d'Talmud Tora, Bikur Cholim u'Gemillut Chassodim" gegründet, der Verein für Krankenpflege, Bestattungswesen und religiöse Belehrung, dessen Haupttätigkeit „wie in anderen Gemeinden auf dem Gebiet der Fürsorge für Sterbende — ihnen in den letzten Lebensstunden nahe zu sein, für Tote — sie nach heiliger Lehre und alter Vätersitte dem Erdboden zu übergeben."[21] Der Chewra Kadischa gehörten im 20. Jahrhundert Männer wie Moritz Feuchtwanger, Max Wolf, Josef Spanier und Leo Oppenheimer an. Letzterer war im Jahre 1931 ihr Vorsitzender.

Mit dem Beginn der Machtergreifung der Nationalsozialisten wurde die Arbeit dieser Institution immer schwieriger. Sie hatte in den dreißiger Jahren die traurige Pflicht, sich einer steigenden Zahl von Selbstmördern anzunehmen, die unter den veränderten Verhältnissen nicht mehr leben konnten. Auch im KZ Dachau mußte sie tätig werden, denn anfangs wurde die Chewra Kadischa noch nach Dachau bestellt, „um die rituelle Reinigung der im Lager umgekommenen Gemeindemitglieder vorzunehmen und sie zu bestatten. Den Mitgliedern der Bruderschaft wurde strengstes Schweigen über den Zustand der Leichen und über ihre sonstigen Beobachtungen im Lager auferlegt. Bald ging man aber dazu über, die Toten in versiegelten Bleisärgen nach M. zu transportieren, wo sie die Bruderschaft ohne nochmalige Öffnung beizusetzen hatte. Noch später begnügte man sich mit Holzsärgen, von denen einige trotz des Verbots von Mitgliedern der Bruderschaft geöffnet wurden."[22]

Im Jahre 1931 feierte die Münchner Chewra Kadischa ihr 125jähriges Bestehen, gerechnet seit der Gründung des Vereins „Chewra d'Talmud Tora" am 3. Mai 1806.

Der mittelalterliche Friedhof

„Niemand ist in der Lage anzugeben, wann zum erstenmal Juden nach München kamen, oder wer der erste Juden war, der hier Fuß gefaßt hat"[23]. Woher die ersten Juden kamen, die sich hier niederließen, ist ebenfalls nicht mehr festzustellen.

Zunächst wurden die verstorbenen Münchner Juden vermutlich in Regensburg beigesetzt. Daß es im Jahre 1439 einen jüdischen Friedhof in München gab, geht aus einer Großzollrechnung aus Landhut hervor[24]. Ende des 19. Jahrhunderts gab der Autor des Buches „Das gottselige München" als Lage des mittelalterlichen jüdischen Friedhofes „am Rennweg, jetzt Dachauer Straße" an[25]. Über einen Begräbnisplatz gibt auch eine Urkunde der Herzöge Ernst und Wilhelm aus dem Jahr 1416 Auskunft, in der den Juden in München für sich und alle ihre Nachkommen ein Friedhof zwischen Moosach und dem Rennweg angewiesen wurde[26]. Nagler schreibt 1863, daß die Juden einen „eigenen Gottesacker" an der Dachauer Straße benutzten, „in der Gegend des sogenannten Wiesenfeldes, da wo jetzt das Anwesen Nr. 24 sich befindet"[27]. Weiterhin schildert Nagler diesen Platz als „unwirthsam", darum habe man auch dem Wasenmeister (Abdecker) in

---

[21] Zum 125 jährigen Bestehen der Münchner Chewra Kadischa (israelitischer Verein für Krankenpflege, Bestattungswesen und religiöse Belehrung). In: Bayerische Israelitische Gemeindezeitung, VII. Jg. Nr. 9, 1. Mai 1931.
[22] Baruch Ophir/Falk Wiesemann, Die jüdischen Gemeinden in Bayern 1918—1945. Geschichte und Zerstörung. München-Wien 1979, S. 43.
[23] Leo Baerwald, Juden und jüdische Gemeinden in München vom 12. bis 20. Jahrhundert, in: Hans Lamm. Vergangene Tage, S. 19
[24] Friedolin Solleder, München im Mittelalter, München — Berlin 1938, S. 131
[25] J. A. Forster, Das gottselige München, München 1895, S. 367
[26] Monumenta Boica, 35 II, S. 276f.
[27] G. K. Nagler, Acht Tage in München. Wegweiser für Fremde und Einheimische, München 1863, S. 68.

derselben Richtung einen Platz zugewiesen[28]. Das bei Nagler erwähnte Haus Dachauer Straße 24 lag gegenüber der Einmündung der Sandstraße. Heute zweigt dort die Massmannstraße ab. Die Gegend hieß „Wiesenfeld" und ist bis heute nur zum Teil und locker bebaut (u. a. „Massmannsche Turnanstalt" aus dem 19. Jahrhundert). Das Anwesen Nr. 24 gehörte um 1850 dem Grafen von Arco-Stepperg. Woher Nagler seine Informationen bezog, ist nicht bekannt. Bis zum heutigen Tag konnte nämlich die genaue Lage dieses mittelalterlichen Begräbnisplatzes nicht lokalisiert werden. Eine Anfrage bei der Bodendenkmalpflege für den Bereich der Landeshauptstadt München konnte auch nicht weiterhelfen. In diesem Gebiet wurden bis jetzt keine Spuren entdeckt, die auf das Vorhandensein eines Friedhofes Rückschlüsse erlauben würden.

Nach der Vertreibung der Juden unter Albrecht III. im Jahr 1442 verschwanden wohl schon bald nach den Juden auch die Grabsteine und die Einfriedung ihres Friedhofes.

Der Alte Friedhof an der Thalkirchner Straße

Der Friedhof an der Thalkirchner Straße ist der ältere der beiden heute bestehenden jüdischen Begräbnisplätze Münchens. Er liegt in Höhe des Ditramszeller Platzes und ist umfriedet von einer hohen Backsteinmauer. „Der Gottesacker der Israeliten", wie Nagler den Friedhof bezeichnet, lag zur Zeit seiner Einrichtung „eine Viertelstunde westwärts vom allgemeinen Gottesacker" (Südfriedhof)[29]. Er wurde im Jahre 1816 mit Erlaubnis Königs Max I. Joseph angelegt und umfaßte bei seiner Neuanlage eine Fläche von 2,27 Tagwerk. Die Anlage

[28]) ders., S. 68.
[29]) Nagler, S. 68.
[30]) Theodor Harburger, S. 130.

wurde insgesamt drei Mal erweitert und jedes Mal mit einer neuen Einfriedung versehen ; eine erste kleine Erweiterung fand 1854 statt, eine zweite wurde 1871 vorgenommen und eine dritte, die große Erweiterung, nach der der heutige Flächenbestand erreicht war, im Jahre 1881. Die Friedhofsanlage ist in Sektionen unterschiedlicher Fläche unterteilt, die die

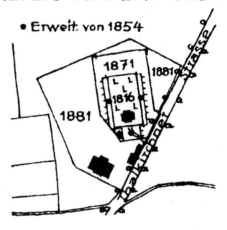

110   Erweiterungen des Alten Friedhofs an der Thalkirchner Straße

Nummern 1 bis 35 tragen, wobei die Nummern 4 und 15 aus unbekanntem Grund fehlen.

Als 1816 der Friedhof angelegt wurde — er bestand damals lediglich aus den beiden Sektionen 11 und 12, die flächenmäßig die größten aller Sektionen sind —, erhielt die Anlage auch eine „Trauerhalle", die auf Sektion 11 stand. Theodor Harburger beschreibt sie als einen „einfachen, aber reizvollen Empirebau"[30]. Von diesem Gebäude heben sich heute lediglich die Umrisse vom Erdreich ab. Das Friedhofsgebäude hatte ungefähr die Maße 25 auf 14 m und setzte sich aus Betsaal, Reinigungssaal, Beisetz- und Leichenwächterzimmer zusammen. Nur die abgebildete Fotografie aus dem 19. Jahr-

111 Die alte Aussegnungshalle im Friedhof an der Thalkirchner Straße, vor 1881

hundert dokumentiert dieses Gebäude. Ein weiteres Bild, ein Sepia-Aquarell, das Carl August Lebschée zugeschrieben wurde und das sich im Besitz des „Vereins für jüdische Museen in Bayern" befunden hatte, ist derzeit im Original nicht auffindbar.

Wie schon oben erwähnt, wurde der Friedhof erstmals 1854 erweitert. Insgesamt acht neue Sektionen dürften anläßlich dieser Erweiterung neu hinzugekommen sein (Nummer 7, 8, 10, 14, 17, 17 a, 18 und 19). 1861 trat für die bayerischen Juden ein Ereignis ein, das zu einem enormen Mitgliederzuwachs der Israelitischen Kultusgemeinde München führte. Am 10. 11. 1861 hob der Landtag den Matrikelparaphen auf, der den Juden bis dahin die freie Wahl des Wohnsitzes versagt hatte. „Immer mehr Juden fühlten sich von München angezogen und verlegten ihren Wohnsitz dorthin. In den 70er und 80er Jahren waren es vor allem jene aus Deutschland, später dann verstärkt auch aus dem Ausland"[31]. Im Jahre 1871 erfolgte die endgültige rechtliche Gleichstellung der Juden Bayerns. Damit waren sämtliche Zuzugshindernisse aufgehoben.

Zwei Jahre nach Anlage des Friedhofes, also 1818, lebten in München 479 Juden, 1840 waren es 1423 und 1867 schon 2097 Juden. 1876 hatte München 3467 jüdische Mitbürger und 1880 bereits 4144[32]. Dieser stete Zuwachs der jüdischen Bevölkerung führte auch zu den beiden weiteren Vergrößerungen des Friedhofgeländes. 1871 wurde der Friedhof um 11 Sektionen erweitert (Nummer 6, 7, 8, 9, 13, 16, 20, 21, 24, 27 und 30). Doch schon zehn Jahre später war ein Ende der Aufnahmekapazität absehbar. Die letzte und gleichzeitig größte Erweiterung wurde durchgeführt. Die Friedhofsfläche wurde mehr als verdoppelt. Achtzehn neue Sektionen wurden geschaffen. Das Friedhofsareal erhielt seine heutige Fläche.

Gleichzeitig mit der letzten Erweiterung erhielt der Friedhof die noch heute vor-

[31] Yvonne Gleibs, Juden im kulturellen und wissenschaftlichen Leben Münchens in der zweiten Hälfte des 19. Jahrhunderts, München 1981, S. 11.

[32] dieselbe, S. 12.

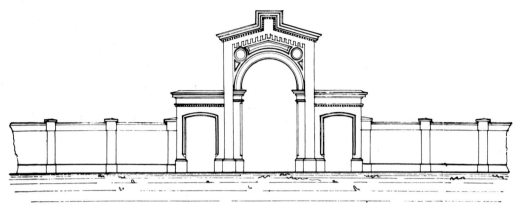

112 Planzeichnung des Eingangstores zum Friedhof an der Thalkirchner Straße

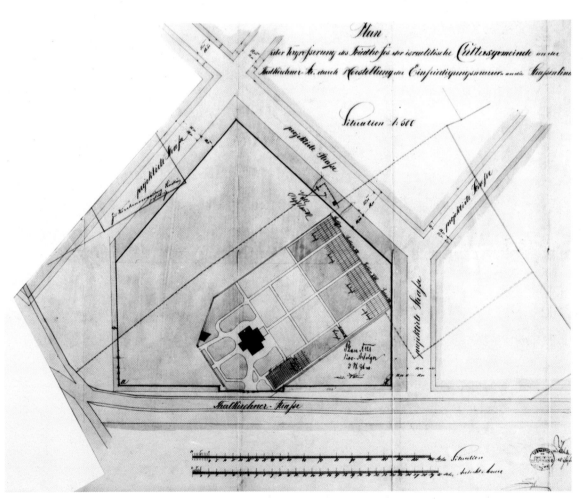

113 Plan des Friedhofs an der Thalkirchner Straße

114   Aussegnungshalle auf dem Alten Friedhof

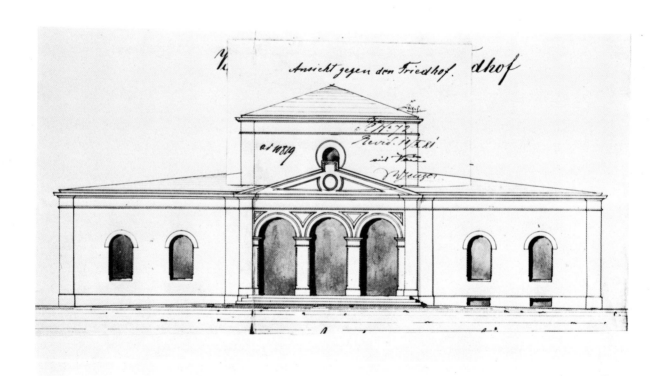

115   Haupt-Fassade der neuen Aussegnungshalle im Friedhof an der Thalkirchner Straße. Plan von 1881

hardene Einfriedungsmauer mit einer Länge von 575 Metern und einer durchschnittlichen Höhe von 2,50 Meter. Die Mauer besteht aus verputzten Backsteinen. Das Portal wurde aus roten Backsteinen erbaut, die unverputzt blieben.

Ebenfalls zu klein wurde im Laufe der Jahre die Trauerhalle, die zuletzt inmitten der Gräber stand. Sie wurde durch einen viel größer dimensionierten Nachfolgebau ersetzt, der im Südteil nahe der Mauer erbaut wurde. Eine Bauinschrift über dem Eingang zur Pflegerwohnung erinnert an diese Maßnahme:

„Erbaut im Jahre 1882
als Ersatz für das im Jahre 1816 errichtete,
im Laufe der Zeit unzureichende gewordene,
nach Vollendung dieses Neubaues abgebrochene erste Leichenhaus der israelitischen Cultursgemeinde München."

Das neue Gebäude ist ein Rechteckbau in schlichten Neurenaissanceformen, mit Fassaden in Rohbackstein.

Der erhöhte vortretende Mittelteil mit Satteldach enthält eine dreibogige, offene Vorhalle — zum Teil in Granit und Sandstein —, hinter der die Aussegungshalle liegt, ein dreiseitig schließender Saal mit vertäfelter Sockelzone und durch Pilaster gegliedertem Obergaden sowie Kassettendecke mit Stuckprofil. Von der Vorhalle führen drei Rundbogentore in den Saal, der durch je zwei seitliche Rechtecktüren mit Dreiecksgiebeln mit den Nebenräumen verbunden ist. Hinter dem Rednerpult (Kanzel) schließt sich als gesondertes Raumelement eine niedrige Apsis mit Kalottengewölbe an, die mit Hilfe einer von der Außenseite zu bedienenden einfachen Zugvorrichtung durch Öffnen eines durch eine Metallplatte geschützten Spaltes in der Dachwölbung symbolisch von der übrigen Halle getrennt werden kann[33].

Diese Vorrichtung an der Apsis hat den Zweck, daß auch Kohanim, die mit einer Leiche nicht unter einem Dach sein dürfen, an einer Trauerfeier teilnehmen können. Auch auf dem Neuen Friedhof ist an der Halle diese Vorrichtung vorhanden[34].

Grabfelder und ausgewählte Grabsteine

Der Besucher des Friedhofsareales geht durch dichtbestandene Sektionen, in denen ein Grabstein neben dem anderen steht[35]. Die dazwischen liegenden scheinbaren Freiräume enthalten ebenfalls Gräber, deren Steine aber nicht mehr vorhanden sind. Entweder wurden diese während des letzten Krieges durch Bomben zerstört (neben dem Friedhofsgebäude liegt ein Berg von Steinfragmenten) oder aber sie fielen dem natürlichen Zerfall anheim. Bereits Theodor Harburger berichtet darüber und schreibt:

„Trotz des verhälnismäßig kurzen Bestehens dieses Begräbnisplatzes sind seine ältesten Grabmäler doch bereits verschwunden. Der Grund liegt vor allem in der Verwendung eines weichkörnigen Sandsteines als vorwiegend gewählten Materials, der leicht zu bearbeiten ist, aber leider den Witterungseinflüssen Münchens auf die Dauer nicht standhielt"[36].

Über die auf den beiden Münchner Judenfriedhöfen für die Anfertigung von Grabsteinen benutzten Gesteinssorten stellte der Geologe Klaus Poschlod im

---

[33]) Baubeschreibung nach Angaben von Dr. Heinrich Habel.
[34]) In Ichenhausen hat man sich damit geholfen, daß man den dortigen Anbau in einem Abstand von mehreren Zentimetern vor die offene Rückwand gebaut hat.
[35]) Es existieren noch ca. 5.500 Monumente von ca. 6.000 Gräbern.
[36]) Th. Harburger, S. 129/130.

Jahr 1986 Untersuchungen an[37]. Dabei stellte er für den Friedhof Thalkirchner Straße fest, daß fast „alle Gesteine, aus denen die ältesten Grabmäler des Alten Israelitischen Friedhofes gefertigt sind ... einerseits aus den bayerischen und österreichischen Kalkalpen und ihrem Vorland, andererseits aus Nordbayern, hier vor allem aus der Oberpfalz und Franken" stammen[38].

Am häufigsten vertreten sind der Rosenheimer Kalk, auch Rosenheimer Granitmarmor genannt. Diese Gesteinssorte wurde seit etwa 1830 verwendet und ist sehr verwitterungsanfällig. Ab 1850 etwa werden Grabsteine aus Kelheimer und Untersberger Kalk angefertigt. Sehr kostbare Steine mit z. T. figürlichen Darstellungen entstanden aus dem bayerischen Molassesandstein, einem sehr verwitterungsanfälligen Stein. „Es fanden auch ausländische Gesteinstypen häufig Verwendung: weiße Marmore aus Italien (ab 1825) sowie Basalte aus Schweden (ab 1880). Eine vorläufige Bestandsaufnahme ergab am Alten Israelitischen Friedhof etwa 40—50 verschiedene Gesteinsarten, die beim Verbau der bearbeiteten Grabmonumente Verwendung fanden. Die Gesteinsvielfalt dieses Friedhofes entspricht etwa der des des alten Südfriedhofes, wo von 1789 bis 1943 bestattet wurde ..."[39].

Die Arbeit Poschlods zeigt, daß auf dem Friedhof ein enormer Materialwert vorhanden ist. Während des Zweiten Weltkrieges, als sich bei den einheimischen Steinmetzen mehr und mehr ein Mangel an Material bemerkbar machte, wollte man auf dieses Reservoir zurückgreifen, um die steigende Nachfrage nach Grabsteinen befriedigen zu können. Zahlreiche Grabsteine wurden zur Neubearbeitung an kleine Steinmetzfirmen verkauft.

Steine wurden u. a. nach Pfarrkirchen, Bad Tölz und Straubing abtransportiert, und erst Benzinmangel und zunehmende Transportschwierigkeiten verhinderten einen weiteren Abtransport. Der damali-

116   Im 3. Reich „umgearbeiteter" Stein mit Kreuz, der nach 1945 in den Alten Friedhof zurückgebracht wurde

ge Friedhofspfleger[40] legte aber insgeheim eine Liste der Firmen an, sodaß nach Kriegsende ein Teil dieser entwendeten Steine an ihre alten Standorte zurückgebracht werden konnte. Einer von jenen Steinen war bereits bearbeitet und so steht heute ein Grabstein mit einem christlichen Symbol, dem Kreuz, auf dem jüdischen Friedhof.

Zahlreiche weitere Steine, zumeist aus Basalt, zeigen noch immer die Spuren rot

---

[37] Klaus Poschlod, Naturwerksteine und ihre Verwitterung am Beispiel von Grabsteinen des alten und neuen israelitischen Friedhofes in München.
[38] ders.
[39] ders.
[40] Die Familie der heutigen Friedhofspflegerin, Frau Angermeier, betreut nun bereits in der vierten Generation der Friedhof.

aufgemalter Ziffern. Auch diese Steine waren für den Abtransport vorgesehen. Basaltsteine lassen sich ohne große Probleme neu bearbeiten und sind vom Material her besonders wertvoll.

117 Doppel-Grabstein für Tobias und Sarah Reich

Einige der Gräber mußten mit Ersatzsteinen versehen werden, da die Originalsteine nicht wiederbeschafft werden konnten.

Vor mehr als fünfzig Jahren boten sich die beiden jüdischen Friedhöfe Münchens dem Begeher noch in ihrem „Originalzustand" dar. In dem Artikel Theodor Harburgers, erschienen im Jahr 1932, und die einzige Beschreibung der beiden Anlagen aus dieser Zeit, hält der Verfasser Informationen fest, die heute nicht mehr zugänglich sind. Beide Anlagen bieten sich so dar, wie sie im Laufe ihrer Belegung gewachsen sind und alle Grabmale stehen auf ihren Plätzen. Er beschreibt in diesem Artikel eine ganze Reihe von Grabsteinen und nennt auch die ausführenden Künstler, sodaß man eine Reihe von Denkmalen nun zuordnen kann.

Harburger beginnt seine Schilderung mit den Monumenten, die den Weg vom östlichen Haupteingang zur Friedhofshalle flankieren. Das erste erwähnte Monument ist der vom Bildhauer Arnold Zadikow geschaffene Doppelstein für Tobias und Sarah Reich, der alte Motive in glücklicher Weise aufnehme. „Die den oberen Abschluß bildenden Bogen gemahnen an die ursprünglichen Formen der Mazzeboth, wie sie in eindringlicher Wucht der Erscheinung auf den ältesten erhaltenen Friedhöfen uns begegnen, während das breite Querband mit der charaktervoll wirkenden hebräischen Schrift die Verbindung und Zusammenfassung der beiden Tafeln bewirkt. Kräftige Plastizität spricht aus den mit Verständnis gewählten Emblemen, die Krone des guten Namens und eine Traube[41].

Dank Harburgers Beschreibung kann ein Grabmal wieder zugeordnet werden, das von seiner Form her Verwunderung aus-

[41] Th. Harburger, S. 130.

118   Sarkophag für Minna Wolff

löst. Es ist der Sarkophag für Frau Mina Wolff, der zu den bemerkenswertesten künstlerischen Schöpfungen auf diesem Friedhof gehört und den der Architekt Fritz Landauer entworfen hat. „In wohlabgewogenen Maßen ist eine Form verwendet worden, die von den klassischen Totenstätten ihren Ausgang nahm und später in den ‚Häuschengräbern', wie wir sie in Prag, Wien und anderwärts antreffen, zu eigentümlicher Gestaltung ausgebildet wurde"[42].

Ebenfalls von Fritz Landauer stammt der einfache Stein für Jenny Goldschmitt. Dieses Grabmal ziert das Symbol des dreiarmigen Leuchters, der die Pflicht der Hausfrau symbolisiert, am Eingang von Sabbath und Feiertagen Lichter zu zünden (siehe dazu Abbildungs Nr. 99 S. 156 mit weiteren Erklärungen).

Nicht unerwähnt bleiben soll auch eine Reihe von zwölf nebeneinanderliegenden Grabmalen, die der Familie Hirsch gehören und auf den Sektionen 12 und 19 stehen. Alle zwölf Denkmale, darunter auch ein ca. 5 Meter hohes in Form eines Obelisken (Metallteile entwendet), weisen als Familienwappen einen springenden Hirschen auf, als Symbol der Freiherren von Hirsch auf Gereuth, einer aus Unterfranken stammenden Familie von Hofbankiers, die im 19. Jahrhundert geadelt wurde.

Am 22. März 1833 verstarb in München der aus Berlin stammende Dramatiker Michael Beer, Sohn des Bankiers Jakob Herz Beer und Amalie Meyer, ein Bruder des Komponisten Giacomo Meyerbeer, der am 19. August 1800 in Berlin geboren worden war.

Bekannt wurde Beer durch sein Trauerspiel „Klytemnestra" (1823) und „Die Bräute von Aragonien" (1823). Beers zweites Trauerspiel, errang keine besondere Anerkennung. Mit seinem einaktigen Trauerspiel „Der Paria" (1826), das

[42] ders., S. 131.

119 Grabmal für den Dichter Michael Beer

für die Gleichberechtigung der Juden in Staat und Gesellschaft kämpfte, hatte er mehr Erfolg. Der Durchbruch gelang Beer aber mit dem Trauerspiel „Struensee" (1829), das mit Musik seines Bruders aufgeführt wurde. Michael Beer lebte abwechselnd in Berlin, Paris, Italien, Wien und München[43].

Begraben wurde er in München, und sein mächtiges Marmormonument ragte damals über die umgebenden Steine weit heraus. „Das im klassizistischen Stil der ludovizianischen Zeit errichtete Kenotaph ruht auf vier starken Pfeilern; Plaketten nennen die Hauptwerke des jung Verstorbenen, von dem ein Vierzeiler kündet: ‚Heilige Liebe zum Schönen verklärte/das Leben des Dichters/welcher das Gute vollzog/das er in Liebe besang.' Zu den Freunden des Poeten gehörte auch sein Gönner König Ludwig I., der diese Form des Nachrufs beeinflußt haben mag. Das stattliche Grabmal bezeugt sichtbar die Wertschätzung, die der heute fast Vergessene unter seinen Zeitgenossen fand"[44].

Das Grabmal des Dichters ist in der Literatur, die auf die jüdischen Friedhöfe Münchens eingeht, das meistaufgeführte Monument. Der Unterbau des Grabes, einschließlich der vier Pfeiler, ist aus Rosenheimer Kalk, der Sarkophag darüber aus weißem italienischem Marmor. Das Denkmal ist im oberen Bereich reich verziert mit flach liegenden Voluten und Palmetten, die aber teilweise fehlen. Auf bei-

[43] Neue Deutsche Biographie, Bd. 1, Berlin 1953, S. 737

[44] Th. Harburger, S. 130.

den Stirn- und auch den Längsseiten ist je ein kleiner Bär herausgearbeitet. Entworfen wurde das Grabmal von Klenze[45].

Theodor Harburger kritisiert den allzu pomphaften Aufbau des Grabmals von Michael Beer als „das Eindringen einer Auffassung in die Gestaltung jüdischer Grabstätten, die dem ursprünglichen einfachen Sinn und tiefen Grundgedanken des Judentums nicht entsprach." Im Gegensatz zur Einfachheit früherer Jahrhunderte, die gerade durch Schlichtheit Ewigkeitscharakter erhalten und dadurch den alten jüdischen Friedhöfen den „Stempel überzeitlicher Größe und erhabener Ruhe" aufgedrückt habe, könne „der maßlose Individualismus, der gerade im 19. Jahrhundert unter den Juden herrschte" dies nicht mehr erreichen[46].

Das Grabmal für Pauline Hesselberger

121 Grabmal für Elise Billmann

entwarf 1890 der bekannte Architekt Friedrich von Thiersch und ausgeführt wurde die Arbeit von dem Bildhauer Wilhelm von Ruemann. „Aus der steinernen Grabeinfassung erhebt sich der Unterbau des Grabmals, auf dem ein Bronzekranz und ein Palmzweig liegen. Die Grabstele ist antiken Vorbildern nachempfunden. Die Vorderseite trägt die Inschrift: „Dem Andenken der heiß geliebten Gattin, Mutter und Schwester, Frau Pauline Hesselberger, geb. Gutmann. Geboren 7. Sept. 1849 Gestorben den 23. März 1890"[47]. Die seitlichen Verzierungen, sowie Bronzekranz und Palmzweig, hatte man im Dritten Reich entfernt. 1983 wur-

120 Grabstein für Pauline Hesselberger von Friedrich von Thiersch

---

[45] Michael Dirrigl, Ludwig I. König von Bayern 1825—1848, S. 696; ebenso Josef H. Biller/Hans-Peter Rasp, München Kunst & Kultur Lexikon. Stadtführer und Handbuch. München 1985, S. 80.
[46] Th. Harburger, S. 130.
[47] Horst Karl Marschall, Friedrich von Thiersch. Ein Münchner Architekt des Späthistorismus 1852—1921, München O. J., S.

de das Denkmal mit Zuschüssen des Landesamtes für Denkmalpflege restauriert, die fehlenden Details wurden wieder ersetzt. Das Monument zeigt seitlich die Signatur „Ruemann-Thiersch".

Das Grabmal von Elise Billmann (13. 08. 1878—31. 05. 1891) stellt von Form und Stil her eine Besonderheit für einen jüdischen Friedhof dar. Es hat die Form eines auf vier ionischen Säulen bzw. Pfeilern ruhenden Halbkuppeltempels, versehen mit einem Felderfries, dessen Kassetten mit pflanzlichen Motiven dekoriert sind. Auch die Innenwölbung ist in Kassetten aufgeteilt.

Der Gedenkstein hat die Form einer dreiseitigen Stele in Art eines antiken Altares, der auf drei Schildkröten ruht. Den oberen Abschluß bildet ein Bukranionfries, darauf ein Blumenbukett mit einem Vogeltorso. In der Rückseite ist der Name MAISON eingearbeitet[48].

Im Sockel des Denkmales befindet sich eine leicht verbogene Bronzeplatte (gewalteinwirkung) mit den Namen und Lebensdaten der Eltern, Josef und Berta Billmann.

Das Grabmal für Blanche Heilbronner (20. 06. 1880—15. 11. 1906) ist aus einem Stein herausgearbeitet, mit einem Hohlkehlen-Kranzgesims als oberem Abschluß. Die obere Hälfte des rechteckigen Aufbaus säumt eine von Bändern umwundene Blumengirlande. Aus dem Stein herausgearbeitet ist eine zweiflügelige, leichtgeöffnete Scheintür mit quadratischen Füllungen[49].

Im Feld über der Tür befindet sich eine Inschrift mit folgendem Text: „Kurz war Dein Leben zählt man es nach Stunden/ doch hast Du Freud und Leid so tief empfunden/dass reichlich Dir Dein Dasein ward bemessen/der Zauber Deiner Seele unbewußt/zog jeden hin, dass er Dich lieben mußt'/und wer Dich kannte wird Dich nie vergessen."

In der Nähe der Südmauer, steht der Doppelstein für das Ehepaar Adolf und Regina Pichler, geb. Morgenthau. Adolf Pichler wurde im Jahre 1835 in Cziffer (Ungarn) geboren und starb im 70. Lebensjahr in München. Pichler war ein Historien-, Genre- und Bildnismaler und ein

122   Grabstein in Form einer Scheintüre

Schüler von Foltz. Sein Beruf „Historienmaler" steht auf seinem Teil des Grabsteines als Teil der Inschrift. Eine Besonderheit sind, und darum wurde dieser Grabstein als Beispiel mit aufgenommen, die herausgearbeiteten Attribute seines

---

[48] Rudolf Maison (1854—1904) war ein bedeutender Münchner Bildhauer des idealisierenden Naturalismus.

[49] Der Begriff „Scheintür" ist ein Terminus der hier aus dem Bereich der altägyptischen Kunst entlehnt wird.

Malerberufes, nämlich Farbenpalette und Pinsel, sein Arbeitswerkzeug also. Damit haben wir hier einen „sprechen-

123   Stein für einen Maler mit Palette und Pinsel

den" Grabstein. Gekrönt werden beide Hälften des Grabmales von je einem Pinienzapfen, ein der orientalischen Kunst entstammendes beliebtes architektonisches Ziermotiv.

Vom alten zum neuen Friedhof

Im Jahre 1890 war die jüdische Gemeinde in München auf 6.108 Personen angewachsen und ständig zog die Metropole neue Zuzügler aus den bayerischen Landgemeinden an. Auch aus Osteuropa wanderten viele Juden zu.

Bereits neun Jahre nach der letzten Geländeerweiterung war die Vorstandschaft der Kultusgemeinde über die Aufnahmefähigkeit des Gemeindefriedhofes besorgt. Eine Choleraepidemie 1892 füllte auch auf dem jüdischen Friedhof die Grabreihen schneller auf, als man erwartet hatte.

Die traurigen Zeugen dieser Epidemie sind die Kindergräber in der 1. Reihe der Sektionen 13 und 16. In einem besorgten Schreiben wandte sich die „Verwaltung der Cultusgemeinde an den Magistrat der kgl. Haupt- und Residenzstadt München" (24. 06. 1892) und schilderte die absehbare Raumnot auf dem Friedhof. Die Verwaltung der Kultusgemeinde gehe davon aus, daß der vorhandene Platz nur noch für ca. 20 Jahre ausreichen werde und weitere Erweiterungsmöglichkeiten im Bereich der Thalkircher Straße nicht zur Verfügung stünden. Auch habe die Erweiterung von 1881 bei den zuständigen Behörden nur unter großen Schwierigkeiten erwirkt werden können. Erweiterungspläne in diesem Bereich würden nun auch an dem viel zu hohen Geländepreis und dem vorhandenen Bebauungsplanung scheitern[50]. Also begann man mit Überlegungen, wo ein neuanzulegender Friedhof eingerichtet werden könnte. Schließlich erwarb die Kultusgemeinde im Oktober 1896 ein rund vier Hektar großes Areal im Anschluß an den „neuen nördlichen Friedhof" in Schwabing an der Ungererstraße. Eine konkrete Planung war bereits angelaufen, Pläne und Kostenvoranschläge für die Erstellung der Einfriedungsmauer, datiert vom 21. 04. 1899, sind vorhanden[51].

Doch diese Pläne kamen nicht zur Ausführung. Am 11. 03. 1904 wurde ein Geländetausch zwischen der Israelitischen Kultusgemeinde und der Stadtgemeinde München protokolliert. Die Kultusgemeinde tauschte ihren Grundbesitz am Nordfriedhof gegen das heutige Grundstück ein. Die Hintergründe, die zu die-

[50] StadtA. Bestattungsamt 739.

sem Tausch geführt haben, sind nicht bekannt. Der Wert des Geländes wurde auf 106.373,58 Mark festgelegt. Das neue Friedhofsareal gehörte teilweise zur Steuergemeinde Freimann, teils lag es innerhalb der Burgfriedensgrenze der Stadt München. Aus dem Vertrag geht weiterhin hervor, daß sich das Gelände für Bestattungszwecke vollständig eigne und daß ein den Bestimmungen des israelitischen Kultus entsprechender Friedhof angelegt werden könne. Die Nutzung war für „alle Zukunft" vorgesehen. Im Vertrag verpflichtete sich die Stadt München auch, „auf ihre Kosten die Herstellung einer Mauer längs der Grenzen des Areals des neuen israelitischen Friedhofes zu übernehmen"[52]. Der Mauerumfang beläuft sich auf 966,50 m, die Mauer hat eine Höhe von 2,20 m.

Weiterhin verpflichtete sich die Stadtgemeinde München, „die elektrische Trambahn von ihrem derzeitigen Endpunkte vor dem Eingangsportale des Schwabinger-Kommunal-Friedhofes in der Ungererstraße bis zu dem Punkte weiterzuführen, von welchem die im Lageplane vom 8. Februar 1904 dargestellten Straßen und Fusswegansalgen zum neuen israelitischen Friedhof von der Ungererstraße abzweigen. Jedoch ist die Stadtgemeinde München nur verpflichtet, diese Verlängerung der elektrischen Trambahnverbindung erst bis 1. Mai 1908 ... fertig zu stellen, sowie den Trambahnbetrieb, solange er nur für den israelitischen Friedhof selbst zu dienen hat, vom nördlichen städtischen Friedhof weg bis zum israelitischen Friedhof zunächst nur auf die Zeit vor und nach israelitischen Beerdigungsfällen im Benehmen mit der Verwaltung der israelitischen Kultusgemeinde einzurichten"[53]. Pläne für die Herstellung einer Trambahnverbindung gab es bereits seit dem 19. 12. 1903, ebenso einen Kostenvoranschlag für die Elektrifizierung der Linie, der vom 22. 12. 1903 stammt und sich auf 22.250 Mark beläuft.

Unter weiteren Vertragsabschnitten verpflichtete sich die Stadt München noch zur Übernahme weiterer Punkte, wie Herstellung und Unterhaltung von Wegen zu den beiden Friedhofseingängen; Verlegung einer Wasserleitung bis zum östlichen Eingang u. a. Die Kultusgemeinde verpflichtete sich dafür, bei Fertigstellung der Friedhofsmauer eine einmalige Pauschale von 53.000 Mark an die Stadt zu entrichten. Als Termin für die Fertigstellung der Mauer wurde der 30. 09. 1904 festgesetzt.

Der neue Friedhof

Mit dem Bau der neuen Friedhofsanlage wurde am 24. Mai 1904 begonnen und die feierliche Einweihung und Übergabe fand am 8. Mai 1908 statt, die Benutzung erfolgte ab dem 1. Juli 1908.

Planung und Bauausführung lagen beim damaligen Baurat und späteren Stadtdirektor Hans Grässel. Grässel entwarf auch die Anlagen des West-, Nord- und Waldfriedhofs und war der Baumeister der Halle am bereits bestehenden Ostfriedhof. „Kennzeichnend für die Friedhöfe Grässels ist das Bestreben, eine neuartige Stimmungshaftigkeit, die menschliche Atmosphäre, Trost und Frieden verbreiten soll, mit modern konzipierten Funktionen und Organisationsformen zu verbinden; die künstlerischen Mittel dazu waren im wesentlichen eine einfühlende gärtnerische Gestaltung (bis hin zum landschaftlichen Charakter des neuen Typus der „Waldfriedhöfe") und formale Anleihen bei den verschiedensten historischen Stilen, die als Stimmungsträger eingesetzt wurden. Diese für die damalige Münchner Architektur überhaupt weitgehend typische Eigenart, konserva-

[51] StadtA. Bestattungsamt 740.
[52] ebd.
[53] ebd. Aus einem Schreiben des Landesamtes für Denkmalpflege an die Israelitische Kultusgemeinde München vom 01. 04. 1982

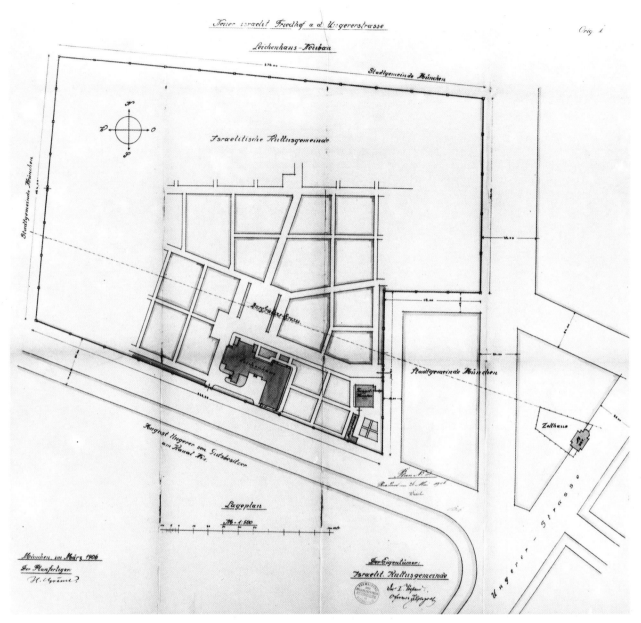

124   Plan für den Neuen Friedhof an der Ungererstraße

tive Formensprache mit fortschrittlicher Funktion zu verbinden, kennzeichnet auch den Neuen Israelitischen Friedhof, der somit in seiner Gesamtheit aus geschichtlichen, künstlerischen und städtebaulichen Gründen ein Baudenkmal darstellt..."54

Der Neue Israelitische Friedhof liegt zwischen der Ungererstraße im Osten und der Autobahn A9 München-Nürnberg im Westen. Seine Zufahrt hat er über die Garchinger Straße. Auf einem alten La-

54) ebd.

geplan hieß das Gelände „Groh'sche Gründe". In diesem Bereich wurde früher Kies gewonnen und auch im Bereich des Wohnhauses für den Friedhofswärter an der Ostmauer befand sich laut Plan eine Kiesgrube, die zur Bauzeit des Friedhofes aber bereits aufgefüllt war.

Das Friedhofsareal bedeckt eine Fläche von etwas mehr als fünf Hektar und hat 22 Grabsektionen. Die Gräberfelder waren für 15.000 bis 16.000 Gräber geplant und für ca. 100 Jahre sollte ausreichend Platz vorhanden sein. Bauliche Anlagen, freie Plätze und die Wege sollten bei vollbelegtem Friedhof eine Fläche von ungefähr 0,6 Hektar ausmachen.

Umgeben wird das Friedhofsareal von einer insgesamt 966,50 m langen, über zwei Meter hohen und einen halben Meter breiten Betonmauer. Die Längen der einzelnen Mauerabschnitte betragen: Nordmauer 278 m, Westmauer 164 m, Ostmauer 220,20 m. Drei weitere Mauerabschnitte haben Längen von 242,35 m, 100,20 m und 62 m. Drei Eingänge ermöglichten früher den Zugang zum Friedhof[55]. Seit dem Bau des Autobahnzubringers wurde auf das westliche Tor verzichtet[56].

Das Hauptportal des Friedhofes befindet sich in der Mauer gegen Osten und besteht aus drei Eingängen. Der mittlere hat eine Breite von 3,10 m, die Breite der Seitentüren beträgt je 1,25 m. Der Bildhauer Bruno Diamant schuf die deutsche und hebräische Inschrift, die vergoldet war. Der Text lautet: „Der Staub kehrt zum Staube zurück — wie er gewesen. Der Geist aber zu Gott, der ihn gegeben." In der Mauer gegen Süden wurde ein plex des Friedhofsgebäudes. Auf diesem Weg werden die Leichen antransportiert. Ebenso gelangen die Kohanim durch diese Tür auf dem schnellsten Weg in die Nische der Aussegnungshalle.

Vom Hauptportal führt ein gerader Weg in nördlicher Richtung. Links des Weges, gleich neben dem Eingang, beginnt die Gruppe der Friedhofsgebäude mit dem Haus des Wärters und einem anschließenden Nebengebäude. Eine Mauer trennt diesen Bereich vom Friedhofsgelände. Ein von Bäumen eingerahmter Rasenplatz liegt zwischen dem zuvor beschriebenen Bereich und dem großen Komplex der Leichen- und Aussegnungshalle. Alle Gebäude liegen nebeneinander zwischen Hauptweg und Einfriedungsmauer in Ost- Westrichtung. Die in Ziegelstein ausgeführten Gebäude waren ehemals weiß verputzt. Gedeckt sind sie mit Biberschwanzziegeln.

Laut Bauinschrift wurde das Friedhofsgebäude in der Zeit von 1905—1907 von Hans Grässel errichtet. „Hauptbestandteil des nach dem Prinzip der Zeit asymmetrisch-malerisch konzipierten Gruppenbaus ist der als mächtiger Block beherrschend ausgebildete Hallentrakt. An seiner Eingangsfront im Norden weist er eine dreibogige, offene Vorhalle mit Kreuzgratgewölben und Bauinschrift an der linken Schmalseitenwand auf; die neubarocke Inschriftkartusche außen am Giebel setzt einen dekorativen Akzent an dem ansonsten bewußt schlicht gehaltenen Äußeren. Die kupfernen Dachrinnen sind an ihren Enden mit runden Zierschilden mit dem Davidstern besetzt —

---

[55]) Ein jüdischer Friedhof braucht immer mehr als einen Eingang, da man ihn, einem alten Brauch folgend, nach einer Beisetzung auf einem anderen Weg wieder verlassen soll.

[56]) „Der Anschluß der Autobahn A9, München-Nürnberg, an den Isarring, wurde so nah an dem Friedhof vorbeigeführt, daß die Nord-West Ecke des Areals verloren ging. Die Mauer wurde parallel zur Autobahn wieder geschlossen. Die neu erbaute Mauer wurde genauso gestaltet wie die ursprüngliche. Der Nebeneingang im Westen wurde nicht mehr gebaut, da der Zugang aus dieser Richtung durch die Autobahn nicht mehr möglich war. Der Gebietsverlust beträgt ca. 0,15 ha."

Georg Schirlitzki, Vegetationsuntersuchungen, Planungsempfehlungen zum Israelitischen Friedhof München, Diplomarbeit. Studiengang Landespflege. Weihenstephan 1987, S. 12.

125   Eingangstor des Neuen Friedhofes

ein für die sorgfältige, liebevolle Gestaltung kennzeichnendes Detail"[57].
Der einzige aufwendig gestaltete Innenraum ist die große, quadratische Versammlungshalle mit den Maßen 14 auf 14 Meter und einer Höhe von 11 Metern. Diese Halle gilt als eine bemerkenswerte Raumschöpfung Hans Grässels und lehnt sich an barocke Gestaltungsformen des 17. Jahrhunderts an, die er allerdings eigenständig abgewandelt hat. Ihre Wände „weisen über einer Sockelzone eine Gliederung durch korinthische Pilaster auf; den Abschluß bildet eine reich ausgebildete, dreiteilige Gebälkzone mit hebräischen und deutschen Inschriften im reich dekorierten Fries. Den Saal überspannt eine Muldendecke über sehr hoher Hohlkehle, die von zylindrischen Stichkappen mit Querovalfenstern durchbrochen ist"[58]. Der Deckenbereich ist im frühbarocken Stil entworfen und besitzt eine sehr reiche Felderteilung sowie Stuckdekoration. Der Fußboden der Aussegnungshalle setzt sich aus quadratischen grauen und gelben Solnhofer Platten zusammen, dazwischen einzelne Rotmarmorplatten.

[57] Schreiben des Landesamtes für Denkmalpflege an die IKG München v. 01. 04. 1982
[58] ebd.

126 Friedhofsgebäude von Hans Grässel im Neuen Friedhof

„Wichtig für das Raumbild ist die reich differenzierte Polychromie, die offensichtlich noch original erhalten ist: rot marmorierte Pilaster (gemalte, unregelmäßige Riefelung im Sinne des Jugendstils), vergoldete Kapitelle; Stukkaturen und Gliederungen grau, ocker, rot golden und grün"[59].

An die Südwand angebaut ist eine Nische, die eine ähnliche Öffnungsvorrichtung besitzt wie die Apsis in der Thalkirchner Straße[60]. Auch diese Nische hat einen Zugang, durch welchen die Kohanim direkt in sie gelangen und so an den Zeremonien in der Halle teilnehmen können. Vor der Nische stehen Bänke für die Trauergemeinde. Eine Bronzeampel und zwei siebenarmige Leuchter schmücken diesen Bereich. An der Decke hängen vier große vergoldete Metallkronleuchter.

Das quadratische Gebäude hat die Außenmaße 15,50 m auf 15,50 m. An der Westseite ist der Frauenraum mit einer Grundfäche von 3,45 m auf 10,80 m angebaut. Im Osten schließt sich mittels eines Zwischentraktes, in dem sich der Condolenzsaal und ein Gang befinden, der nach rückwärts abgewinkelte Flügel mit den beiden Leichensälen und deren Nebenräume an, mit der Grundfläche von 26,70 m auf 12,30 m.

[59] ebd. [60] siehe oben S. 167

Ehrenmal für die 1914—1918 Gefallenen

Während des Weltkrieges 1914—1918 dienten 9.726 Israeliten im bayerischen Heer, das waren laut der 1910 erstellten Bevölkerungsstatistik, die eine „israelitische Gesamtbevölkerung" von 55.117 Köpfen zählte, 17,5 Prozent der jüdischen Bevölkerung Bayerns. Von den jüdischen Kriegsteilnehmern hatten sich mindestens 816 freiwillig gemeldet, also 8,4 Prozent. Für ihr Vaterland fielen 800 bayerische Israeliten, an Kriegsfolgen starben weitere 208 und vermißt wurden 76 Kriegsteilnehmer. Das ist ein Gesamtverlust von 1.084 gleich 15 Prozent der jüdischen Frontsoldaten aus Bayern. Aus München nahmen insgesamt 1.633 reichsdeutsche und nichtreichsdeutsche Juden am Krieg teil. Rund 180 Münchner Juden fielen[61]. Für sie wurden in „einträchtigem Zusammenwirken der Kultusgemeinde München mit dem Bund Jüdischer Frontsoldaten ... würdige und eindrucksvolle Gedenkzeichen errichtet"[62]. Der Bildhauer Arnold Zadikow schuf eine Gedenkplatte, die im Südturm der Synagoge eingelassen war. Diese Tafel existiert nicht mehr, dagegen hat das Ehrenmal auf dem Neuen Friedhof das Dritte Reich überstanden und steht auch heute noch gegenüber der Trauerhalle. Gestaltet wurde diese rechteckige Anlage, an deren beiden Längsseiten je vier Steintafeln stehen, in welche die Namen der Gefallenen eingeschlagen sind und an deren Stirnseite — und somit gegenüber der Trauerhalle — ein gewaltiger Sarkophag steht mit der Aufschrift „Den Gefallenen 1914—1918", vom Architekten Fritz Landauer entworfen, dem Schöpfer der Augsburger Synagoge. Angefertigt wurde die in Muschelkalk ausgeführte Arbeit vom Bildhauer Resch. Am 11. Januar 1925 fand die feierliche Enthüllung der Gedenkplatte an der Synagoge und im Anschluß daran die Übergabe des Gefallenendenkmales auf dem Friedhof statt.

Von den 180 gefallenen Kriegsteilnehmern aus München fanden eine ganze Reihe auf beiden Friedhöfen ihre letzte Ruhestätte. Ihre Grabsteine haben oft

127   Grabstein für einen im ersten Weltkrieg Gefallenen

ein militärisches Gepräge, wie es auch auf christlichen Grabsteinen von gefallenen Weltkriegsteilnehmern zu sehen ist.

Auf dem alten Friedhof an der Thalkirchner Straße befinden sich die Soldatengrabsteine alle in den Sektionen am Friedhofsgebäude, auf dem Neuen Friedhof gleich in der ersten Sektion rechts des Hauptportales.

---

[61] Nach A. Eckstein, Haben die Juden in Bayern ein Heimatrecht? Eine geschichtswissenschaftliche Untersuchung mit kriegsstatistischen Beilagen. 2. verb. Auflage. Berlin 1929, S. 37/38 und S. 70.
[62] Gefallenengedenkfeier. In: Bayerische Israelitische Gemeindezeitung, Nr. 1/1925, S. 3.

128   Ehrenmal für die im ersten Weltkrieg gefallenen Juden im Neuen Friedhof

Das Grabmal für Eugen Maier steht auf dem Neuen Friedhof und zeigt im oberen Drittel einen archaischen Helm mit Helmbusch, dahinter Schwert und Schild.

Grabfelder und ausgewählte Grabsteine

Bei der Neuanlage des Friedhofes wurde er durch fünf Hauptwege in sieben geometrische, meist trapezförmige Felder unterteilt. In diesen Feldern wurden die Gräber in Nord-Süd Richtung verlaufenden Reihen angelegt. Ein eigenes Grabfeld für Kinder wurde eingerichtet. Nach dem Weltkrieg hat sich ein großer Teil der Grabfelder verändert. So wurde z. B. die geplante Wegeführung nicht eingehalten. Die Hauptachsen blieben im wesentlichen erhalten. Die zur Unterteilung der sieben großen Felder notwendigen Nebenwege wurden nicht mehr beachtet[63].

Die ältesten Sektionen der Anlage liegen rechts des Hauptportales. Diese Grabfelder sind aber durch angeflogene Sämlinge, deren Wurzeln große Schäden an den dortigen Grabmalen verursachten, dicht zugewachsen. Darum mußten wegen der

[63] Schirlitzki, S. 15ff.

drohenden Einsturzgefahr diese Gräberreihen für Besucher geschlossen werden. Angehörige, die Pflegemaßnahmen durchführen könnten, gibt es zumeist keine mehr.

Gerade in diesem Teil des Friedhofes liegen die großen Grabstätten, deren größte die Grabanlage der Familie Bernheimer ist. Neben den Bernheimers findet man hier noch weitere bekannte Münchner Namen, außerdem Doppelgräber von Ehepartnern und Einzelgräber. Die Gräber in diesem ältesten Teil besitzen fast

129   Grabstein für Rabbiner Ehrentreu

alle Grabeinfassungen, wie Eisenketten und Eisengitter, Steinbalustraden und Kantsteine.
Der Friedhof beherbergt ca. 6.000 Grabsteine und 8.000 Gräber. Folgende Gesteinssorten wurden u. a. zur Schaffung der Grabmale verwendet: Jura-Kalkstein, Kelheimer und Untersberger Kalk, bevorzugt aber schwedische Basalte und Euville.

„Der nördliche Friedhof wurde in einer Zeit angelegt, in der bereits die Notwendigkeit als dringlich empfunden wurde, der schrankenlosen Willkür bei Aufstellung von Grabmälern entgegenzuwirken."[64] Trotzdem herrscht auf den frühesten Grabfeldern eine enorme Formenvielfalt unter den Grabdenkmalen. „Die Formen der Grabmale reichen von Sarkophagen, liegenden Platten, Stelen (aufrecht stehende rechteckige Steinplatten, die höher als breit sind und oben oft mit gewölbter Oberkante abschließen) und Säulen, bis hin zu tempelartigen Familiengräbern und Breitwandgrabmalen. Besonders auffallend sind die Breitwandgrabmale mit Höhen über 2,0 m und Breiten bis zu 5,0 m, sowie die tempelartigen Familiengräber, die mit ihren Verzierungen in Form von Säulen, Giebeldächern, Treppchen und Balustraden an den neoklassizistischen Stil angelehnt sind."[65]

Die Grabinschriften sind meist in deutscher Sprache. Rein hebräische Inschriften sind in diesem ältesten Friedhofsteil eher die Ausnahme. Eine sprachliche Besonderheit stellt ein Stein mit russischer Inschrift dar, der vielleicht einem kriegsgefangenen russischen Juden des Ersten Weltkrieges gehört.

Der Teil des Friedhofes, der heute benutzt wird, bietet ein anderes Aussehen. In den neueren und neuesten Sektionen wurden Einzelgräber bevorzugt. Doppelgräber sind selten, Familiengräber sind keine mehr zu finden. Die Gräber besitzen alle Grabeinfassungen. Die Grabsteine und Einfassungen wurden zunehmend aus schwarzem Basalt und hellen Marmoren aus Italien hergestellt. Vereinzelt findet man auch Granitsteine aus dem

[64] Th. Harburger, S. 131.
[65] Schirlitzki, S. 17.

Bayerischen Wald und dem Fichtelgebirge sowie Muschelkalk aus Krensheim.

An der Westseite der Gefallenengedenkstätte, getrennt durch den in Nord-Süd Richtung verlaufenden Hauptweg, liegen

130   Stein für Rabbiner Cossmann Werner

die Gräber bedeutender Persönlichkeiten der Israelitischen Kultusgemeinde München. Hier ruhen die beiden Rabbiner Ehrentreu und Werner. Ihre Grabmale sind sehr eindrucksvoll gestaltet. Der Entwurf für Rabbiner Ehrentreus Grabstein stammt von Arnold Zadikow, „dessen plastisches Bildungsvermögen in der lebenserfüllten Durchgestaltung der segnenden Priesterhände zum Ausdruck kommt. Die hebräischen Schriftzeilen tragen in ihrer starken Ausdruckskraft zur Belebung der Fläche bei."[66]

[66] Th. Harburger, S. 131.
[67] Hans Lamm, S. 24.

Heinrich Chanoch Ehrentreu (1854 bis 1925) war seit 1885 der Rabbiner der Synagoge „Ohel Jakob", „dessen Schriften zur talmudischen Wissenschaft seine Gelehrsamkeit bezeugen. Er hatte u. a. das 16-bändige Werk des Privatgelehrten R. N. Rabbinowitz (1835—1888) Dikduke Soferim, das sich mit dem Text des Talmuds befaßt, vollendet."[67] Dies geht auch aus der Grabinschrift hervor, die Ehrentreu als „großen Gelehrten und unseren Lehrer" bezeichnet. Der einzige Schmuck des Denkmales für diesen orthodoxen Rabbiner sind die segnenden Hände des

131   Grabstein für Julius Spanier

Priesters. Links des Grabsteines für Rabbiner Ehrentreu steht der kleinere Stein für seine Frau, die Rebbitzen.

Rechts neben dem Stein des Rabbiners liegt die letzte Ruhestätte eines weiteren großen Führers der Israelitischen

132 Grabanlage der Familie Bernheimer

Kultusgemeinde München, das Grab von Rabbiner Cossmann Werner (1854 bis 1918). Werner war seit 1895 der Rabbiner der Kultusgemeinde und der Nachfolger von Rabbiner Joseph Perles. Er wird als große rhetorische Begabung geschildert, voll starker Aktivität. Auch er hat das Symbol der segnenden Hände, eingerahmt von zwei ionischen Säulen, die von Weinreben umrankt werden. Im Gegensatz zu der rein hebräischen Inschrift Rabbiner Ehrentreus, verzeichnet Rabbiner Werners Gedenkstein auch eine kurze deutsche Inschrift, mit Titel und Namen des Verstorbenen.

Insgesamt neun Grabmale zählt die Ehrenreihe. Grab Nummer 1 ist die letzte Ruhestätte von Philipp Auerbach[68] (08. 12. 1906—16. 08. 1959). Dann folgen die Gräber der Familie Ehrentreu und von Rabbiner Werner. Das zuletzt belegte Grab ist das von Hans Lamm (siehe S.   ), dem langjährigen Vorsitzenden der Israelitischen Kultusgemeinde München. Lamm war ein über die Grenzen Münchens und Bayerns hinaus bekannter Publizist. Neben dem Grab von Hans Lamm liegt das von Julius Spanier (18. 04. 1880—27. 01. 1959) und dessen

[68] Auerbach war Überlebender der KZ Auschwitz und Buchenwald. 1946 wurde er als Staatskommissar für politisch, rassisch und religiös Verfolgte nach München berufen. Von 1949 bis 1952 war er Präsident des Landesverbandes der IKG in Bayern und seit 1951 Präsident des Landesentschädigungsamtes.

Frau Zipora geb. Knoller (28.03. 1886—27. 04. 1970). Spanier war der Mitbegründer der Säuglingsfürsorge, von 1919—1933 Schularzt und von 1939—1942 Leiter des Israelitischen Krankenhauses in München. „1942 kam S. in das Konzentrationslager Theresienstadt und konnte dort vielen Häftlingen helfen. Als Chefarzt des Säuglingskrankenhauses München wirkte er von 1945 bis 1955. Außerdem war S. Mitglied des Bayerischen Landesversammlung und von 1947 bis 1951 des Bayerischen Senats. Er war Präsident der Israelitischen Kultusgemeinde und im Vorstand der Münchner Gesellschaft für christlich-jüdische Zusammenarbeit, tätig"[69].

Das Familiengrab der Familie Bernheimer ist die größte Anlage eines Familiengrabes auf beiden Friedhöfen. Es liegt im Gräberfeld rechts des Hauptportals und kann vom Weg aus gut eingesehen werden. Leider sind gerade die beiden Gräberfelder rechts des Hauptportals in einem sehr schlechten Zustand und es ist derzeit gefährlich, in ihre Gräberreihen hineinzugehen. Zahlreiche Grabanlagen sind durch Wildwuchs vom Einsturz bedroht.

Innerhalb der Grabanlage haben mehrere Mitglieder der Familie Bernheimer ihre letzte Ruhe gefunden, wie Lehmann Bernheimer, Geheimer Kommerzienrat und Kunsthändler, der Begründer des weltbekannten Kunsthauses Bernheimer. Er hatte von Friedrich von Thiersch das „Bernheimer-Palais" errichten lassen.

Otto Bernheimer übernahm die Firma 1918. Er war Konsul und Königlich Bayerischer Kommerzienrat. Nach dem Ende des Zweiten Weltkrieges kehrte er nach München zurück und brachte das Bernheimersche Unternehmen wieder zu neuer Blüte. Otto Bernheimer war u. a. der Initiator der Deutschen Kunst- und Antiquitätenmessen.

Grabanlagen in dieser Gestaltung, mit einem eigenen Parkanlagenbereich, sind ansonsten auf jüdischen Friedhöfen in Bayern ungewöhnlich. Dagegen sind sie z. B. auf dem jüdischen Friedhof in Berlin-Weißensee häufig anzutreffen.

133   Doppelgrab für Markus und Dora Felsen

Das Familiengrab von Markus und Dora Felsen trägt als Schmuck sowohl die von zwei Löwen gehaltene Menorah als auch als weiteren ornamentalen Schmuck einen Weinstock mit Trauben. Die fünf Halbkreise des Gebälks tragen je einen Buchstaben für die Abkürzung des Segensspruches (auf Hebräisch) T.N.Z.B.H. für: „Mögen sie eingebunden sein in das

[69] Erich Scheibmayr, Letzte Heimat. Persönlichkeiten in Münchner Friedhöfen 1784—1984, München 1985, S. 378.

ewige Leben". Es wundert, daß im Jahr 1941 solch qualitätvolle Arbeit für ein jüdisches Grab noch angefertigt wurde.

Kurt Eisner und Gustav Landauer waren beide jüdischer Abstammung. Eisner pro-

134 Stein für Kurt Eisner und Gustav Landauer

klamierte im November 1918 den neuen „Freistaat Bayern", dessen provisorischer Ministerpräsident er wurde. Am 21. Februar 1919 wurde Eisner von Anton Graf von Arco auf Valley erschossen. Nach der Machtergreifung der Nazis 1933 wurde die Urne aus dem Ostfriedhof entfernt und mußte auf dem jüdischen Friedhof bestattet werden, obwohl es innerhalb des Judentums große Widerstände gegen Urnengräber gibt, da ein Körper nicht verbrannt werden darf. Eisner mußte umgebettet werden, um ihn als Juden abzustempeln.

Gustav Landauer war während der ersten Bayerischen Räterepublik „Volksbeauftragter für Volksaufklärung". Bei den blutigen Kämpfen im Mai 1919 wurde Landauer verhaftet und in Stadelheim ohne Gerichtsurteil erschossen (2. Mai 1919). Er wurde auf dem Waldfriedhof beigesetzt. Auch seine Urne mußte auf den Neuen Friedhof überführt werden.

Die Urnen mit den Überresten Eisners und Landauers wurden in einem gemeinsamen Grab beigesetzt.

Eine Besonderheit in Form und Aussage stellt die Grabplatte für Kurt Spielmann dar. Sie hat die Form eines spitzwinkeligen Dreiecks, dessen zentralen Blick-

135 Pyramidenförmiger Grabstein für Kurt Spielmann

punkt die mosaischen Gesetzestafeln bilden, die in einen „Sefirot-Baum" integriert sind. In der Kabbala, einer mystischen Strömung innerhalb des Judentums, ist „Sefirot" die Bezeichnung „von zehn schöpferischen Weltpotenzen, in denen abgestuft und gegliedert das göttliche Ursein sich manifestiert."[70]. Ausgehend von der Gestaltung dieses Grabmales kann gesagt werden, daß sein Eigentümer ein Anhänger dieser mystischen Strömung gewesen sein muß[71].

Während des Zweiten Weltkriegs

Wie der alte Friedhof an der Thalkirchner Straße, so wurde auch der neue Friedhof durch die Kriegsereignisse in Mitleidenschaft gezogen. Bomben schlugen dort ein und richteten großen Schaden an. Weiterer Schaden wurde durch das Entfernen von metallenem Zierat, Tafeln usw. an einzelnen Gräbern angerichtet.

Auch während des Krieges lebten noch Juden in Müchen. Allerdings gab es keine Kultusgemeinde mehr, sondern seit Mitte 1942 die Bezirksstelle Bayern der Reichsvereinigung der Juden in Deutschland. Etwa 630 Juden gab es 1942 noch in München, von denen 171 in der Heimanlage für Juden in Berg am Laim wohnten, wie aus einem Brief von Rabbiner Bruno Finkelscherer hervor geht, den er an den früheren Vorsitzenden der Kultusgemeinde, Alfred Neumeyer, nach Südamerika schrieb. In diesem Brief vom 30. November 1942 berichtete Finkelscherer: „Das Bestattungswesen versieht weiter Rafael Rothschild. Jedoch unterstützt ihn keiner mehr von den alten Helfern, nurmehr ein Herr Seligmann aus der Kaulbachstraße[72], der in privilegierter Mischehe lebt und Frau Schörghofer; der alte Friedhof ist geschlossen. Beerdigungen sind jetzt sehr selten, die letzte war die von Frl. Neumark, die vordem Insassin der Kaulbachstraße war. Jedoch habe ich im vorigen Herbst und Winter und auch im Frühling und Frühsommer viel Beerdigungen gehabt..."[73]

Die genannte Frau Schörghofer war die Frau des Friedhofspflegers Karl Schörghofer, der 25 Jahre lang den Neuen Israelitischen Friedhof betreute. Die Gestapo bereitete ihm Schwierigkeiten und man drohte ihm sogar die Einweisung nach Dachau an, weil er zum Abtransport bestimmte Grabsteine versteckte. Auch Menschen half er trotz der herrschenden Gefahren. Vierzehn Monate lang versteckte Schörghofer sechs Juden und versorgte sie. „In gewissem Sinne half Schörghofer auch den Toten, denn jene Juden, die heimlich starben, mußten ein jüdisches Begräbnis haben, und er, der Friedhofswärter, gab es ihnen"[74]. Die Taten des Karl Schörghofer brachten „in der Epoche der Dunkelheit soviel Licht der Hoffnung und Menschlichkeit..."[75].

Während des Zweiten Weltkrieges erfuhren Teile des Friedhofes eine Fremdnutzung. Eine Gärtnerei richtete im Ostteil ihren Betrieb ein. Die dazu notwendigen Gebäude wurden errichtet, zwei zusätzliche Eingänge in die Südmauer gebrochen. Nach dem Krieg wurden die Anlagen der Gärtnerei bis auf die Grundmauern abgebrochen und nur die beiden neuen Eingäne blieben unverändert erhalten.

---

[70] siehe „Sefirot" in: Jüdisches Lexikon Band IV/2, S. 339.
[71] Häufig werden die Sefirot als Bäume zeichnerisch dargestellt, um ihren organischen Zusammenhang zu unterstreichen. Die zehn Sefirot, „von denen die eine die Hülle der anderen bildet, wurden auch mit den zehn Zahlen der Dekades im pythagoräischen Sinne sowie mit den zehn kosmischen Sphären der Griechen, auch mit den zehn kosmischen Urworten (entsprechend den „zehn Geboten") in Zusammenhang gebracht." Ebenda, S. 339.
[72] Dort befindet sich bis heute das jüdische Altersheim.
[73] Hans Lamm, S. 460.
[74] ders., S. 439.
[75] ders., S. 440.

Nachkriegszeit

Nach Kriegsende soll sich der Friedhof an der Ungererstraße in einem besseren Zustand befunden haben als der an der Thalkirchner Straße. Oberbaurat Karl Meitinger schätzte Anfang März 1946 die Instandsetzungskosten für den Alten Friedhof auf 129.486,— Reichsmark. Meitingers Kostenvoranschlag für den Neuen Friedhof belief sich auf 9.600 Reichsmark. „Was die Reparaturarbeiten verteuerte, war die Restaurierung der ... alten Grabsteine ... Als Folge der Endlösung gab es nur in den wenigsten Fällen noch lebende Angehörige, die sich um die Wiederherstellung ihrer Familiengräber kümmern konnten"[76]. Die Stadt München wollte sich an der Beseitigung der Schäden nur auf freiwilliger Basis beteiligen. „Am 2. Juli 1946 genehmigte der Stadtrat die Übernahme der Kosten für den Friedhof an der Ungererstraße und die teilweise Erstattung jener für den Alten Friedhof. Zu einer vollständigen Wiedergutmachung der Schäden dieser Grabesstätte an der Thalkirchner Straße hatte sich der Stadtrat nicht entschließen können. Die verbleibenden Kosten von 122 720.— RM mußte die IKG selbst aufbringen."[77] Der Kultusgemeinde gelang es, das notwendige Geld aufzubringen.

Am 10. November 1946, zum 8. Jahrestag der Novemberpogrome, wurde auf dem Friedhof der Gedenkstein für die Opfer des Faschismus eingeweiht. „Das Denkmal besteht aus drei aufeinandergelegten Blöcken, die auf die Überlieferung bezugnehmen, daß die Welt auf den drei Werten Gottesfurcht, Lehre und Barmherzigkeit beruht. Es trägt die Inschrift „Opfer schwerer Verfolgungszeit 1933—1945"[78].

Das Denkmal steht in nächster Nachbarschaft der Trauerhalle.

Die beiden jüdischen Friedhöfe Münchens wären es wert, einer ausführlichen wissenschaftlichen Untersuchung unterzogen zu werden. Auch die Suche nach dem verschollenen mittelalterlichen Friedhof und seinen Grabsteinen müßte eine wichtige und interessante Aufgabe sein, um das Dunkel, das die Frühgeschichte der Juden in München noch in weiten Bereichen umgibt, etwas aufzuhellen.

Dringend erforderlich erscheint eine umfassende Inventarisierung und Restaurierung der noch vorhandenen Grabsteine, da der Zerfall rasch voranschreitet. Viele Steine sind bereits irreparabel zerstört. Selbstverständlich darf die Totenruhe nicht sinnlos gestört, doch sollte das Andenken an die Toten vor dem Vergessen bewahrt werden. Dazu müßten aber in nächster Zeit die noch vorhandenen Namen und Inschriften lückenlos erfaßt werden.

Durch das Vernichtungswerk der Nationalsozialisten ist unendlich viel Wissen um die Geschichte des Judentums in Deutschland verlorengegangen. Auch die Geschichte der Müncher Juden weist große Lücken auf, die wegen der Vernichtung von Dokumenten und Akten nicht mehr geschlossen werden können. Gerettetes historisches Material zur Geschichte der Juden in München ist über die ganze Welt verstreut und nur mit großer Mühe aufzufinden. Umso wichtiger ist es, das in München Vorhandene zu bewahren und zu erschließen, um wenigstens diese Geschichtsquellen nicht durch Gleichgültigkeit und Nichtbeachtung ihrer Bedeutung der Zerstörung auszuliefern.

---

[76] Juliane Wetzel, Jüdisches Leben in München 1945—1951. Durchgangsstation oder Wiederaufbau? München 1987, S. 24.

[77] dieselbe, S. 25

[78] dieselbe, S. 26.

Quellen

Literatur

Acht Tage in München. Eine kurzgefaßte Beschreibung der in dieser Hauptstadt befindlichen Sehenswürdigkeiten; als unentbehrliches Handbuch für jeden Fremden. München, 1834.

Arnsberg, Paul: Die Geschichte der Frankfurter Juden seit der Französischen Revolution. Band 3. Biographisches Lexikon, Darmstadt 1983.

Biller, Josef H./Rasp, Hans-Peter: München. Kunst & Kultur Lexikon. Stadtführer und Handbuch, München 1985.

Cohn, Gustav: Der jüdische Friedhof, Frankfurt 1930.

Dirrigl, Michael: Ludwig I. König von Bayern 1825–1848, München 1980.

Fraenkel, Adolf (Hgb): Sigmund Fraenkel. Aufsätze und Reden. Ein Spiegelbild deutsch-jüdischer Geschichte aus dem Beginn des zwanzigsten Jahrhunderts, München 1930.

Fraenkel, Abraham A.: Lebenskreise. Aus den Erinnerungen eines jüdischen Mathematikers, Stuttgart 1967.

Forster, J. M.: Das gottselige München d. i. Beschreibung und Geschichte der kath. Kirchen und Klöster Münchens in Gegenwart und Vergangenheit, München 1895.

Eckstein, A.: Haben die Juden in Bayern ein Heimatrecht? Eine geschichtswissenschaftliche Untersuchung mit kriegsstatistischen Beilagen, Berlin 1929.

Frost, Sal (Hgb.): Hauptsynagoge München 1887–1938. Eine Gedenkschrift mit einem historischen Rückblick von Wolfram Selig, München 1987.

Gleibs, Yvonne: Juden im kulturellen und wissenschaftlichen Leben Münchens in der zweiten Hälfte des 19. Jahrhunderts. Miscellanea Bavarica Monacensia Heft 76, München 1981.

Hanke, Peter: Zur Geschichte der Juden in München zwischen 1933 und 1945. Miscellanea Bavarica Monacensia Heft 3, München 1967.

Jüdisches Lexikon. Ein enzyklopädisches Handbuch des jüdischen Wissens in vier Bänden. Begründet von Georg Herlitz und Bruno Kirscher. 2. Auflage Frankfurt 1987.

Köllmayr, Friedrich: Unser München. Antifaschistischer Stadtführer. Frankfurt 1983.

Lamm, Hans (Hgb.): Vergangene Tage. Jüdische Kultur in München. München 1982.

Marschall, Horst Karl: Friedrich von Thiersch. Ein Münchner Architekt des Späthistorismus 1852–1921. München o. J.

Megele, Max: Baugeschichtlicher Atlas der Landeshauptstadt München, München 1951.

München und seine Bauten. Herausgegeben vom Bayerischen Architekten= und Ingenieur=Verein, München 1912.

Monumenta Boica. 35 II.

Nagler, G. K.: Acht Tage in München. Wegweiser für Fremde und Einheimische, 2. Auflage München 1863.

Ophir, Baruch Z./Wiesemann, Falk: Die jüdischen Gemeinden in Bayern 1918–1945. Geschichte und Zerstörung. München–Wien 1979.

Pettenkofer, Max von: Zum Wert der Gesundheit für eine Stadt. Bearbeitet von W. J. Clemens. Münchner Texte Heft 2, München 1979.

Reber, Franz: Bautechnischer Führer durch München. Festschrift zur zweiten General-Versammlung des Verbands Deutscher Architekten- und Ingenieur-Vereine, München 1876.

Richardi, Hans-Günter: Schule der Gewalt. Das Konzentrationslager Dachau 1933–1934, München 1983.

Roth, Ernst: Zur Halachah des jüdischen Friedhofes. in: UDIM. Zeitschrift der Rabbinerkonferenz in der Bundesrepublik Deutschland, Band IV, Frankfurt 5734/1974.

ders.: Zur Halachah des jüdischen Friedhofs II. – Die Grabsteine. in: UDIM. Zeitschrift der Rabbinerkonferenz in der Deutschland. Band V. Frankfurt 5735/1974/75.

Scheibmayr, Erich: Letzte Heimat. Persönlichkeiten in Münchner Friedhöfen 1784–1984, München 1985.

Selig, Wolfram: Richard Seligmann. Ein jüdisches Schicksal. Zur Geschichte der Judenverfolgung in München während des Dritten Reiches, München 1983.

Söltl, J. M.: München mit seinen Umgebungen, 2. Auflage München 1838.

Solleder, Fridolin: München im Mittelalter, München 1938.

Szklanowski, Benno: Der alte jüdische Friedhof am Klingenteich in Heidelberg 1702 bis 1876. Neue Hefte zur Stadtentwicklung und Stadtgeschichte, Heft 3/1984, Heidelberg 1984.

Ydit, Meir: Kurze Judentumskunde für Schule und Selbstunterricht, Neustadt a. d. Weinstraße 1983.

Zauner, Franz Paul: München in Kunst und Geschichte. Eine Beschreibung von über 500 geschichtlich und kunsthistorisch bedeutsamen Gebäuden und Denkmälern aus alter und neuer Zeit, München 1914.

Ungedruckte Quellen

Brocke, Michael ua.: Eingebunden in das Bündel des Lebens. Jüdische Friedhöfe. Ein Leitfaden. Vorläufige Fassung. Judaistik im Forschungsprojekt. Geschichte und Religion des Judentums. Duisburg 1986.

Poschlod, Klaus: Naturwerksteine und ihre Verwitterung am Beispiel von Grabsteinen des Alten und Neuen Israelitischen Friedhofes in München. Vortrag gehalten während des Symposiums: Jüdische Friedhöfe-Probleme ihrer Erforschung und Erhaltung, Krefeld 11.—13. April 1986.

Neumeyer, Alfred: Erinnerungen. Avigdor 1941—1944.

Schreiben des Bayerischen Landesamtes für Denkmalpflege an die IKG München, 01. 04. 1982.

Stadtarchiv München:
Bestattungsamt 214, 739, 740
  Hochbauamt 605
  Nachlaß H. Grässel 124, 126, 314

Schirlitzki, Georg: Vegetationsuntersuchungen. Planungsempfehlungen zum Israelitischen Friedhof München. Diplomarbeit im Studiengang Landschaftspflege an der FH Weihenstephan, Fachbereich Landschaftspflege. 1987

Zeitungen

Bayerische Israelitische Gemeindezeitung, Nr. 1/1925, S. 1: Gefallenengedenkfeier.
dieselbe, VII. Jg. Nr. 9/1. 5. 1931:
  Zum 125jährigen Bestehen der Münchner Chewra Kadischa (israelitischer Verein für Krankenpflege, Bestattungswesen und religiöse Belehrung)
dieselbe, VIII. Jg. Nr. 9/1. 5. 1932:
  Ein Gang durch Münchens jüdische Friedhöfe. Von Theodor Hargurger (Zitatenangabe: Th. Harburger).
dieselbe, IX. Jg. Nr. 3/1. 2. 1933:
  Bekanntmachung der Israelitischen Kultusgemeinde München betreffend der Gräber für Kohanim.
ariel. Eine Vierteljahres-Zeitschrift für Kunst und Wissenschaft in Israel, No. 9, Winter 1969:
  Symbole in der Jüdischen Kunst und Überlieferung von Jehuda L. Bialer.

Bildnachweis

Stadtarchiv München Abb. 6, 7, 8, 9, 10, 12, 18, 19, 20, 21, 22, 26, 27, 28, 29, 35, 36, 37, 39, 42, 43, 44, 45, 46, 47, 50, 51, 52, 53, 54, 55, 57, 58, 59, 60, 61, 62, 63, 64, 65, 66, 67, 68, 69, 70, 71, 72, 110, 111, 112, 113, 114, 115, 124

Stadtmuseum München Abb. 11, 13, 14, 23, 24, 25, 38, 40, 41, 56, 73, 74, 75, 76, 77, 78, 79, 80, 81, 82, 83, 84

Karl W. Schubsky Abb. 96, 97, 98, 99, 100, 101, 102, 103, 104, 105, 106, 107, 108, 109, 116, 117, 118, 119, 120, 121, 122, 123, 125, 126, 127, 128, 129, 130, 131, 132, 133, 134, 135

Bayerisches Nationalmuseum Abb. 2

Bayerisches Hauptstaatsarchiv Abb. 1

Israelitische Kultusgemeinde München Abb. 86, 87, 88, 89, 90, 91, 92, 93, 94, 95

Architektursammlung der TU München Abb. 85

Historischer Verein f. Oberbayern Abb. 17

Privatbesitz Abb. 15, 16, 30, 31, 32, 33, 34

Bayerische Israelitische Gemeindezeitung 1931 Abb. 48, 49

Inhalt

Oberbürgermeister Georg Kronawitter
   Geleitwort 5

Charlotte Knobloch
   Grußwort 7

Wolfram Selig
   Vorwort des Herausgebers 9

Hellmuth Stahleder
   Die Münchner Juden im Mittelalter und ihre Kultstätten 11
   Der Mord von 1285 11
   Größe der Judengemeinde 12
   Das Juden „viertel" 15
   Die Synagoge 16
   Die „untere Gruftkapelle" — das Bad? 21
   Weitere Gemeinschaftseinrichtungen 24
   Zugänge zur Judengasse und Abgrenzungsversuche 24
   Das „Judenhaus" in der Gruftgasse 28
   Der Name „Judengasse" 28
   Gruftgasse 5—7 29
   Weiteres Schicksal der Synagoge 30
   Hausbesitz von Juden 31
   Rechtsstellung der Münchner Juden 33
   Quellen und Literatur 34

Wolfram Selig
   Die Synagogenbauten der Neuzeit 35
   Von der Betstube zur ersten Synagoge 35
   Die Metivier-Synagoge an der Westenriederstraße 39
   Hauptsynagoge an der Herzog-Max-Straße — städtebaulicher Akzent und Zeichen jüdischer Emanzipation 58
   Die orthodoxe Synagoge an der Herzog-Rudolf-Straße 81
   Die Synagoge der Münchner Ostjuden 88
   Die Zerstörung der Münchner Synagogen 95
   Neubeginn 113
   Quellen und Literatur 120

Gabriele Dischinger
   Die Synagoge an der Westenriederstraße 121
   Quellen und Literatur 130

K. E. O. Fritsch
   Die neue Synagoge in München 131

Karl. W. Schubsky
   Die Jüdischen Friedhöfe 149
   Geschichte und Bedeutung des jüdischen Friedhofes 149
   Die Anlegung eines Friedhofes 150
   Grab 151
   Grabsteine 151
   Grabinschriften 152
   Symbole auf den Grabsteinen 153
   Die Chewra Kadischa 161
   Der mittelalterliche Friedhof 162
   Der Alte Friedhof an der Thalkirchner Straße 163
   Ausgewählte Gräber und Grabsteine 167
   Vom Alten zum Neuen Friedhof 174
   Der neue Friedhof 175
   Ehrenmal für die 1914—1918 Gefallenen 180
   Grabfelder und ausgewählte Grabsteine 181
   Während des Zweiten Weltkriegs 187
   Nachkriegszeit 188
   Literatur und Quellen 189